Uwe Gresser
Stefan Listing

Automatisierte Handelssysteme

Erfolgreich investieren mit Gresser K9

Uwe Gresser
Stefan Listing

AUTOMATISIERTE HANDELSSYSTEME

Erfolgreich investieren mit Gresser K9

FinanzBuch Verlag

Bibliografische Information der Deutschen Bibliothek:
Die Deutsche Bibliothek verzeichnet diese Publikation in der Deutschen Nationalbibliografie; detaillierte bibliografische Daten sind im Internet über http://dnb.ddb.de abrufbar.

Gesamtbearbeitung: Druckerei Joh. Walch, Augsburg
Lektorat: Dr. Renate Oettinger
Covergestaltung: Melanie Feiler
Druck: Druckerei Joh. Walch, Augsburg

Uwe Gresser · Automatisierte Handelssysteme
1. Auflage 2008

FinanzBuch Verlag GmbH
Frundsbergstraße 23
80634 München
Tel. 089/65 12 85-0
Fax 089/65 20 96

Für Fragen und Anregungen:
gresser@finanzbuchverlag.de

ISBN 978-3-89879-383-4

Weitere Infos zum Thema:
www.finanzbuchverlag.de

Inhalt

Abbildungsverzeichnis

Tabellenverzeichnis

Symbolverzeichnis

Zeichen	Erklärung
K_t	Kurs zum Zeitpunkt t
K_{t-1}	Kurs zum Zeitpunkt t–1
ε	Zufälligkeitsprozess
μ_i	erwartete Rendite des Wertpapiers i
p_z	Eintrittswahrscheinlichkeit von z
r_z^i	Rendite des Wertpapiers bei Eintritt von z
z	Umweltzustand
σ_i^2	Varianz des Wertpapiers i
μ_p	erwartete Rendite eines Portfolios
x_i	Anteil des Wertpapiers am Portfolio
Cov_{ij}	Kovarianz
μ_i	erwartete Rendite des WP i
μ_j	erwartete Rendite des WP j
$Corr_{ij}$	Korrelationskoeffizient zwischen WP i und j
σ_p	Standardabweichung (Risiko) des Gesamtportfolios
μ_i	erwartete Rendite des Wertpapiers
α_i	erwartete unternehmensspezifische Rendite
β_i	Betafaktor – Sensitivität des Wertpapiers zum Index
μ_I	erwartete Rendite des Index
ε_i	Residualrendite (Zufallsrendite)
Cov_{iI}	Kovarianz zwischen Wertpapier und Index
σ_I^2	Varianz des Index
$\sigma_{e_i}^2$	Residuenvarianz
p_z	Eintrittswahrscheinlichkeit des Szenarios z
μ_M	erwartete Rendite Marktportfolio
σ_M	Varianz Marktportfolio
M	Marktportfolio
Cov_{iM}	Kovarianz zwischen Wertpapier i und Marktportfolio
β_i	β-Faktor des Wertpapiers i
r_f	risikoloser Zinssatz

Vorwort

Im vergangenen Jahr wurden mehr als 30 Prozent der Umsätze an den US-Börsen von automatisierten Handelssystemen generiert. Diese Tatsache ist weitgehend unbekannt und im ersten Moment erstaunlich. Dies ist jedoch erst der Beginn einer Neudimensionierung des gesamten Investmentverhaltens. Insbesondere Investmentbanken und Broker gehen immer mehr dazu über, sich performancestarker automatisierter Handelssysteme zu bedienen, um auch kleinste Kursbewegungen profitabel zu nutzen. Die technologischen Voraussetzungen sind vorhanden: Es existieren vollelektronische Börsen, Schnittstellen zu Kundenkonten, hochentwickelte Tradingalgorithmen. Die Entwicklung der Programmiersprachen und der mathematischen Algorithmen ist so weit fortgeschritten, dass eine neue Dimension des Investierens entsteht, die das bisherige Anlageverhalten neu definieren und revolutionieren wird. Bislang profitieren noch wenige von dieser Entwicklung.

Das vorliegende Buch präsentiert den aktuellen Stand dieser Entwicklung und zeigt insbesondere, wie institutionelle und private Anleger automatisierte Handelssysteme im Rahmen ihres Portfoliomanagements nutzen können.

Der Verfasser entzaubert den Mythos von automatisierten Handelssystemen und zeigt, wie solche Systeme grundsätzlich aufgebaut sind, welche Programmiersprachen, grundsätzliche Algorithmen und Schnittstellen zugrunde liegen.

Das Buch bringt die aktuelle Entwicklung in Einklang mit den Ansätzen des modernen Portfoliomanagements. So werden auch theoretische Schnittpunkte mit den traditionellen Ansätzen der Portfoliotheorie wie beispielsweise von Markowitz aufgezeigt.

Es wird nachvollziehbar gezeigt, warum automatisierte Handelssysteme weitaus höhere Renditen als traditionelle Investmentmethoden erzielen. Die Systeme kaufen und verkaufen Aktien an vollelektronischen Börsen, profitieren von steigenden und von fallenden Kursen. Ordergebühren von unter einem Cent ermöglichen Gewinnmitnahmen bereits bei einer Kursbewegung von zwei Cent. Profitable Handelssysteme generieren täglich einige tausend Kauf- und Verkaufssignale und führen die Orders in

Bruchteilen von Sekunden automatisiert aus. Verglichen mit dem traditionellen Anlageverhalten verwundert es somit nicht, dass automatisierte Systeme eine weitaus höhere Performance aufweisen.

Die grundsätzlichen Methoden und Ansätze dieser Vorgehensweise werden im Buch offengelegt. Allein im vergangenen Jahr investierten Investmentbanken in den USA ca. eine Milliarde Dollar in die Entwicklung von automatisierten Handelssystemen. Die meisten Investmentbanken unterhalten inzwischen Abteilungen von hoch qualifizierten Mitarbeitern, um, basierend auf mathematischen Algorithmen, Handelssysteme zu entwickeln, die kleinste Kursbewegungen gewinnbringend nutzen. Einer der bekanntesten von Investmentbanken verwendeten Algorithmen ist das VWAP-System. Dieses Handelssystem berechnet sekündlich den gewichteten volumenbasierten Durchschnitt einer Aktie und positioniert an dieser Marke Kauf- und Verkaufsorders. Da die VWAP-Kurse mehrmals täglich erreicht werden, liefern diese Systeme eine hohe Trefferquote.

Der Aufbau und die Funktionsweise von profitablen automatisierten Handelssystemen wird am Beispiel des vom Gresser Institute of Finance & Investment entwickelten Systems K9 präsentiert.

Dubai, Januar 2008
Uwe Gresser
Stefan Listing

Aufbau des Buches

Das Buch gibt Antwort auf die Frage, wie automatisierte Handelssysteme im Detail funktionieren und welche Voraussetzungen für eine erfolgreiche und profitable Umsetzung erfüllt sein müssen.

Das Buch besteht aus drei Hauptkapiteln: Kapitel I (Einsatz von automatisierten Handelssystemen im modernen Portfoliomanagement) zeigt die Schnittstellen zu traditionellen Methoden des modernen Portfoliomanagements. Kapitel II (Konzeption eines

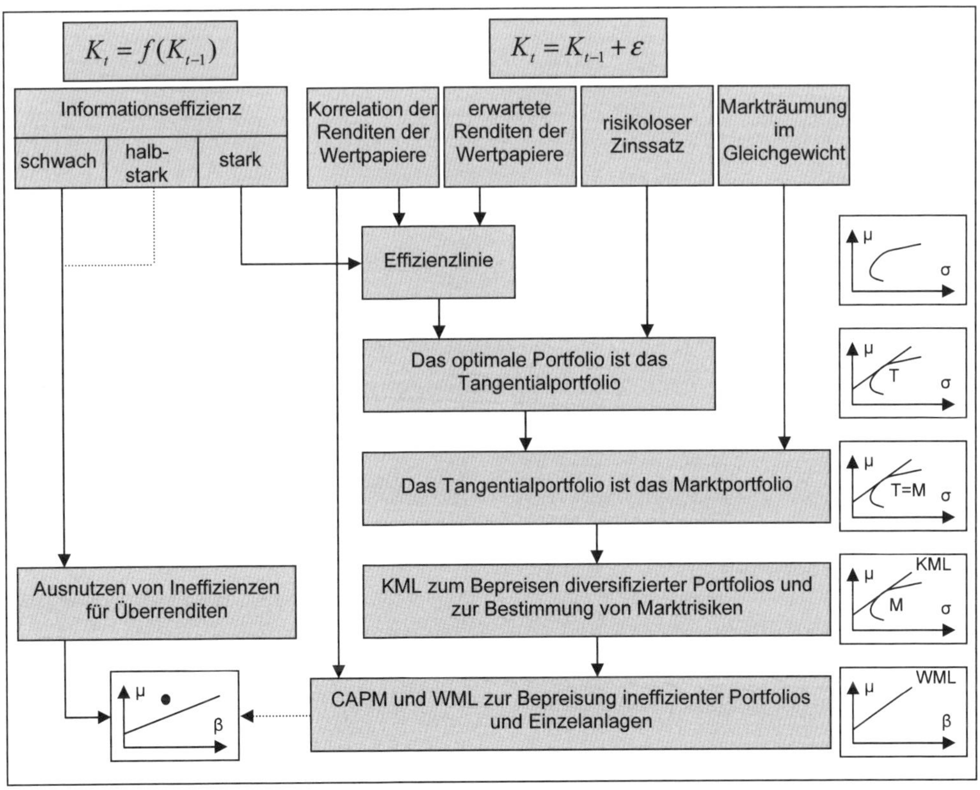

Abbildung 1: Einordnung von automatisierten Handelssystemen in die moderne Portfoliotheorie

automatisierten Handelssystems) zeigt, wie automatisierte Handelssysteme grundsätzlich im Detail konzipiert und programmiert sind. Kapitel III (Performanceanalyse von automatisierten Handelssystemen) präsentiert eine portfoliotheoriekonforme und risikoadjustierte Performanceanalyse auf Grundlage der modernen Portfoliotheorie. Alle Ausführungen werden am Beispiel des automatisierten Systems K9 präsentiert. Abbildung 1 veranschaulicht die Gesamtstruktur des Buches aus kapitalmarkttheoretischer Sicht.

1 Einsatz des automatisierten Handelssystems Gresser K9 im Portfoliomanagement

Portfoliotheorie nach Markowitz

Risiko- und Renditequantifizierung eines Wertpapiers

Die klassische Portfoliotheorie basiert auf den Betrachtungen von Harry M. Markowitz. Er geht zunächst von folgenden zentralen Prämissen aus:

- Ein Investor verhält sich bei einer Anlageentscheidung risikoscheu. Der Grad der Risikoaversion ist individuell unterschiedlich.
- Der Anleger handelt rational und nutzenmaximierend.
- Jede Anlagealternative wird nicht nur auf ihre Renditechance, sondern auch auf ihr Verlustpotenzial untersucht.
- Der Kapitalmarkt ist vollkommen.

Ziel der Portfoliotheorie ist es, durch geschickte Wahl der Anlagen eine Diversifikation im gesamten Portfolio des Anlegers zu erreichen. Es soll dabei das Risiko im Gesamtportfolio bei gleicher Rendite geringer sein als in einer Einzelanlage. Im folgenden Kapitel soll die Ermittlung eines theoretisch optimalen Portfolios untersucht werden.

Um Anlagen unterschiedlicher Natur vergleichbar zu machen, sind Messgrößen zur Ermittlung von Risiken und Renditechancen eingeführt worden. Diese Ertragsaussichten können als Zufallsvariablen angenommen werden, deren Realisation von verschiedenen zukünftigen Umweltzuständen – zum Beispiel Zins- und Konjunkturentwicklungen – abhängt. Im nächsten Schritt werden diesen prognostizierten Szenarien spezifische Eintrittswahrscheinlichkeiten zugeordnet. Anschließend erfolgt eine Schätzung der durch die Szenarien hervorgerufenen Renditeausprägungen der untersuchten Wertpapiere.

Der Erwartungswert der zukünftigen Rendite eines Wertpapiers berechnet sich nach der Formel:

$$(3)\quad \mu_i = \sum_{z=1}^{z} r_z^i \cdot p_z$$

μ_i = erwartete Rendite des Wertpapiers i
p_z = Eintrittswahrscheinlichkeit von z
r_z^i = Rendite des Wertpapiers i bei Eintritt von z
z = Umweltzustand

wobei die Summe aller Eintrittswahrscheinlichkeiten gleich 1 sein muss:

$$(4)\quad \sum_{z=1}^{z} p_z = 1$$

Der Erwartungswert ergibt sich somit aus der Summe der mit den jeweiligen Eintrittswahrscheinlichkeiten gewichteten entsprechenden Renditeausprägungen. Er ist eine erste Messgröße, um verschiedene Wertpapiere bezüglich ihrer Renditeerwartungen miteinander zu vergleichen. Allerdings fehlt – den Grundprämissen folgend – eine Aussage über die jeweiligen Risiken. Diese lassen sich über die abweichenden Schwankungen der Renditen vom Erwartungswert ermitteln. Dabei findet die Varianz Anwendung, um das Risiko einer Investition abzubilden:

$$(5)\quad \sigma_i^2 = \sum_{z=1}^{z} (r_z^i - \mu_i)^2 \cdot p_z$$

σ_i^2 = Varianz des Wertpapiers i

Da die Dimension der Varianz nicht mit der des Erwartungswertes übereinstimmt, wird die Standardabweichung berechnet, die als Volatilitätsmaß – und damit als Risikomaß – betrachtet werden kann. Sie berechnet sich wie folgt:

$$(6)\quad \sigma = \sqrt{\sigma^2}$$

Die Standardabweichung beschreibt die durchschnittliche Abweichung der Rendite vom Erwartungswert eines Wertpapiers.

Eine isolierte Betrachtung der Rendite beziehungsweise eine isolierte Betrachtung des Risikos eines Wertpapiers führen zu keinem aussagekräftigen Ergebnis, welche Anlagealternative für den Investor die günstigere ist. Eine Kombination der Messgrößen führt jedoch zu indifferenten Aussagen, wie in der folgenden Tabelle für zwei fiktive Wertpapiere dargestellt wird:[1]

Szenario z	p_z	WP 1	WP 2
1	20 %	8 %	10 %
2	20 %	−16 %	8 %
3	20 %	42 %	2 %
4	20 %	0 %	-4 %
5	20 %	26 %	24 %
Rendite μ		12 %	8 %
Risiko σ		20,2 %	9,4 %

Tabelle 1: Risiko- und Renditequantifizierung für zwei einzelne fiktive Wertpapiere

Risiko- und Renditequantifizierung eines Portfolios

Da aus dem vorigen Abschnitt die Betrachtung von Rendite und Risiko keine eindeutige Entscheidung für das eine oder das andere Wertpapier hervorgebracht hat, soll nun die Rendite- und Risikoquantifizierung für ein Portfolio bestimmt werden. Dabei wird in diesem Zusammenhang unter einem Portfolio der Bestand von zwei oder mehreren Wertpapieren im Depot eines Anlegers verstanden. Das Vermögen eines Investors wird dementsprechend auf mehrere Anlagen aufgeteilt. Die erwartete Gesamtrendite eines solchen Portfolios setzt sich aus den Renditen der einzelnen Wertpapiere und ihrer Gewichtung im Portfolio zusammen.

$$(7) \quad \mu_p = \sum_{i=1}^{n} \mu_i \cdot x_i$$

μ_p = erwartete Rendite eines Portfolios
x_i = Anteil des Wertpapiers i am Portfolio

wobei auch hier gilt, dass die Summe der Anteile aller Wertpapiere 1 ergeben muss.

$$(8) \quad \sum_{i=1}^{n} x_i = 1$$

1 Die Berechnung wurde im Anhang 1 durchgeführt.

Die Bestimmung des Risikos gestaltet sich jedoch nicht so einfach. Eine schlichte Addition der gewichteten Risiken reicht dazu bei weitem nicht aus. In der Regel sind die Renditeausprägungen der einzelnen Wertpapiere nicht völlig gleichgerichtet. Beispielsweise kann der in einem Investment erlittene Verlust durch den Gewinn in einem anderen Investment teilweise oder gänzlich kompensiert werden. Zur Bestimmung des Portfoliorisikos müssen zunächst die Kovarianz sowie der Korrelationskoeffizient ermittelt werden.

Die Kovarianz ist ein Maß für den Gleichlauf zweier Renditen und berechnet sich nach folgender Formel:

$$(9) \quad Cov_{ij} = \sum_{z=1}^{z} (r_z^i - \mu_i) \cdot (r_z^j - \mu_j) \cdot p_z$$

Cov_{ij} = Kovarianz
μ_i = erwartete Rendite des WP i
μ_j = erwartete Rendite des WP j

Da sich aus der Kovarianz nur schwer ein Ergebnis ablesen lässt, inwieweit sich die Renditen zweier Anlagen ähnlich verhalten, wird die Kovarianz durch das Produkt der jeweiligen Standardabweichungen dividiert, wodurch der Korrelationskoeffizient ermittelt wird.

$$(10) \quad Corr_{ij} = \frac{Cov_{ij}}{\sigma_i \cdot \sigma_j}$$

$Corr_{ij}$ = Korrelationskoeffizient zwischen WP i und j $-1 \leq Corr_{ij} \leq +1$

Die Korrelation stellt den Gleichlauf zwischen zwei Wertpapieren normiert dar. Sie schwankt zwischen den Extremwerten –1 und +1, wobei –1 eine ideale negative Korrelation – die beiden Anlagen verhalten sich völlig gegensätzlich – und +1 eine ideale positive Korrelation – die beiden Anlagen verhalten sich völlig gleich – aufweisen. Bei einer Korrelation von Null ist kein zusammenhängendes Verhalten zwischen den beiden Renditen zu erkennen. Die Bildung eines Portfolios ist immer dann vorteilhaft, wenn die Renditen der Wertpapiere nicht vollständig positiv zueinander korrelieren. Das Augenmerk einer Diversifikation liegt darin, dass das Risiko der gehaltenen Wertpapiere verringert wird, ohne dass dabei bei der Renditeerwartung ein zu großer Kompromiss eingegangen werden muss.

Mithilfe der Kovarianz beziehungsweise des Korrelationskoeffizienten lässt sich nun das Portfoliorisiko bestimmen:

$$(11)\ \sigma_p = \sqrt{\sum_{i=1}^{n}\sum_{j=1}^{n} x_i \cdot x_j \cdot Cov_{ij}} = \sqrt{\sum_{i=1}^{n}\sum_{j=1}^{n} x_i \cdot \sigma_i \cdot x_j \cdot \sigma_j \cdot Corr_{ij}}$$

σ_p = Standardabweichung (Risiko) des Gesamtportfolios

Es sollen nun im Folgenden auf Basis der in Tabelle 1 verwendeten fiktiven Wertpapiere die Risiken verschiedener Portfoliozusammensetzungen bestimmt werden. Der Korrelationskoeffizient beträgt k_{12} = 0,19.[2] Zwischen diesen beiden Wertpapieren herrscht nur ein geringes Maß an Gleichlauf. Dies sind sowohl ein günstiger Umstand als auch eine gute Voraussetzung, um eine Risikoverminderung des Anlagebetrages zu erreichen, indem der Betrag auf mehrere Wertpapiere aufgeteilt wird. Um verschiedene Portfoliorenditen und -risiken ermitteln zu können, müssen zunächst unterschiedliche Mischungsverhältnisse aus den beiden Wertpapieren festgelegt werden.

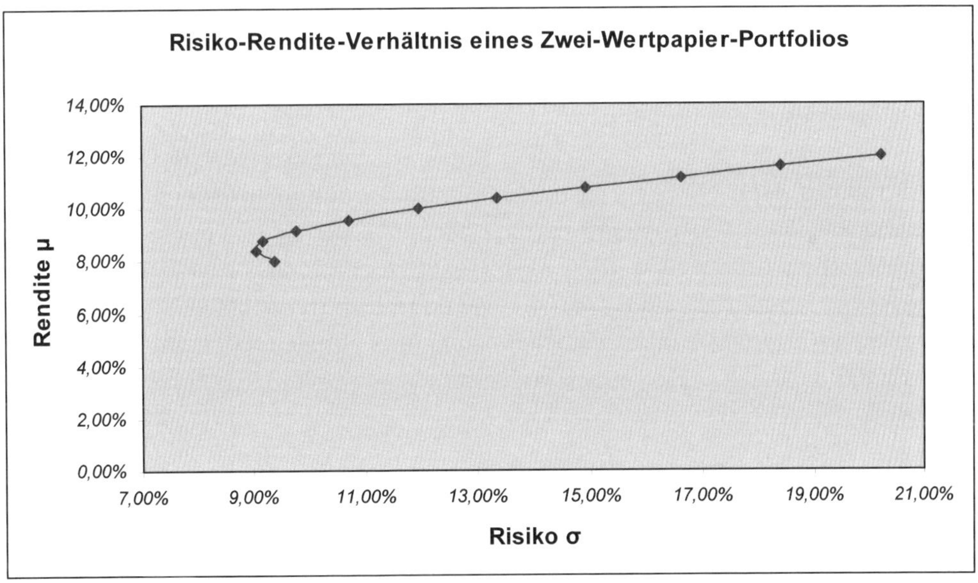

Abbildung 2: Risiko-Rendite-Verhältnis eines Zwei-Wertpapier-Portfolios

2 Die Berechnung wurde im Anhang 2 durchgeführt.

Abbildung 2 verdeutlicht mögliche Portfolios mit den zugehörigen Renditen und Risikomaßen auf Basis der Ausgangsdaten der Tabelle 1.[3] Die Problematik der Zusammenstellung diverser Wertpapiere in einem Portfolio soll dabei primär verdeutlicht werden. Jeder Punkt charakterisiert genau eine bestimmte Zusammenstellung der beiden Wertpapiere aus Tabelle 1. Es ist zu erkennen, dass Portfolios existieren, die bei gleichem Risiko höhere Renditen aufweisen als andere. Deshalb gilt für Investoren, dass sie ihre Investmententscheidungen nach den Rendite-Risiko-Tabellen treffen sollten, um somit ein Konstrukt, das ihren Vorstellungen entspricht, aus den zur Verfügung stehenden Wertpapieren zusammenstellen zu können.

Diversifikation und Portfolioeffizienz

Im bisherigen Verlauf wurde ermittelt, wie die Rendite- und Risikochancen bei einzelnen Anlagen mathematisch quantifiziert werden können. Danach wurde erläutert, wie in der Portfoliotheorie durch geschickte Auswahl von zwei oder mehr Wertpapieren die Risiken der Anlagen gesenkt und gleichzeitig die Ertragsaussichten verbessert werden können. So kann das Risiko eines Portfolios durch Diversifikation oftmals unter das Einzelrisiko des risikoärmsten Wertpapiers gesenkt werden. Da nach den vorgegebenen Prämissen typischerweise von einem risikoscheuen Investor ausgegangen wird, nimmt er einen Anstieg des Risikos nur bei überproportional steigendem Ertragszuwachs in Kauf. Deshalb wird der Investor das Risiko-Rendite-Verhältnis immer auf die Effizienz hin prüfen.

Ein Portfolio ist dann effizient, wenn keine Portfoliozusammensetzung mit den zur Verfügung stehenden Wertpapieren existiert, bei der bei geringerem Risiko eine gleiche oder höhere Rendite erzielt werden kann. Dadurch ergibt sich eine Effizienzlinie – auch Efficient Frontier genannt –, auf der alle Portfolios liegen, die im Sinne der Theorie für eine Anlage interessant sind. Alle anderen Anlagekombinationen sind nicht effizient, das heißt, sie weisen ein im Verhältnis zur erwarteten Rendite unnötig hohes Risiko auf.

Dabei spielt das Minimum-Varianz-Portfolio eine entscheidende Rolle, befindet es sich doch im Ursprung der Effizienzkurve und beschreibt das Portfolio, das bei vollständiger Investition des Anlagebetrages in riskante Wertpapiere das geringstmögliche Gesamtrisiko aufweist. Im laufenden Beispiel liegt der Risikowert dieses Punktes bei

3 Risiko-Rendite-Verhältnisse und Berechnungen sind in Anhang 3 aufgeführt.

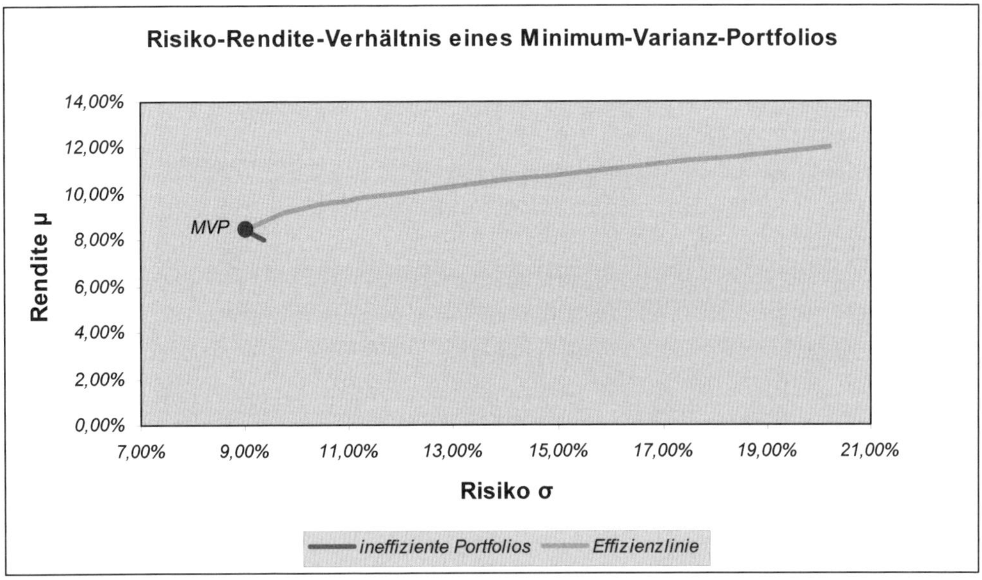

Abbildung 3: Risiko-Rendite-Verhältnis eines Minimum-Varianz-Portfolios aus zwei Wertpapieren

9,03 Prozent[4], was ein niedrigeres Risiko aufweist als das risikoärmste Wertpapier. Die Renditechance liegt in diesem Fall bei 8,49 Prozent, womit die Rendite also höher ist als bei dem renditeschwächsten Wertpapier. In Abbildung 3 sind das Minimum-Varianz-Portfolio (MVP) sowie der Übergang von ineffizienten zu effizienten Portfolios grafisch dargestellt.

Die Effizienzlinie weist einen konkaven Verlauf auf. Es ist zu erkennen, dass das Risiko durch die Diversifikation gesenkt werden konnte. Jedoch ist ebenso deutlich geworden, dass das Risiko nicht gänzlich eliminiert werden kann. Dies liegt daran, dass sowohl systematische als auch unsystematische Risiken in den verschiedenen Anlagen existieren.

Unsystematische Risiken sind titelspezifisch und können durch Diversifikation verringert beziehungsweise eliminiert werden. Systematische Risiken sind dagegen Marktrisiken; sie können kaum eliminiert werden. Hier kann lediglich durch Risikostreuung in verschiedene, möglichst voneinander unabhängige Branchen eine Verringerung erreicht werden. So wird ein ausgewogenes Portfolio in einer schwachen Konjunkturphase bei sinkenden Märkten tendenziell an Wert verlieren (systematisches Risiko),

4 Herleitung und Berechnung wurden im Anhang 4 durchgeführt.

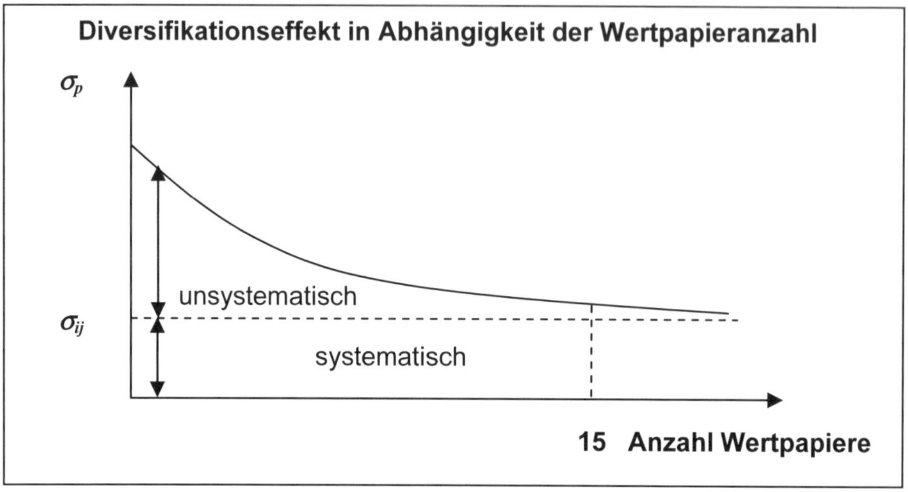

Abbildung 4: Risikoverminderung in Abhängigkeit der Wertpapierzahl

auch wenn einzelne Aktien möglicherweise an Wert zulegen können. Genauso wird in einer Hochkonjunktur, wenn die Gesamtmärkte steigen, das Portfolio an Wert zunehmen, auch wenn einige Titel auf Grund unternehmensspezifischer Sachverhalte Verluste einfahren werden (unsystematisches Risiko). Die Diversifikation beschränkt sich somit ausschließlich auf die unsystematischen Risiken. Schon bei einer Anzahl von etwa 15 Wertpapieren im Portfolio lässt sich das unsystematische Risiko durch Aufnahme neuer weiterer Wertpapiere kaum noch reduzieren. Abbildung 4 stellt dar, wie das unsystematische Risiko gesenkt werden kann und wie das Gesamtrisiko des Portfolios gegen den Grenzwert des systematischen Risikos konvergiert.

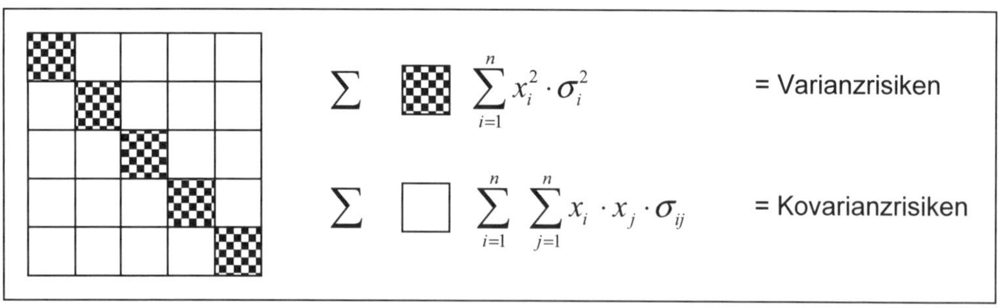

Abbildung 5: Bedeutung der Risiken eines Fünf-Wertpapier-Portfolios

Durch Abbildung 4 wird nicht nur deutlich, dass das unsystematische Risiko durch Aufnahme mehrerer Wertpapiere in ein Portfolio gesenkt werden kann, sondern dass auch das Einzelrisiko einer Anlage eine umso kleinere Rolle spielt, je mehr Wertpapiere im Bestand sind. Dagegen steigen die Kovarianzrisiken bei einer höheren Anzahl von Wertpapieren stärker an.

Abbildung 5 veranschaulicht, wie sich die Bedeutung der Kovarianz (normiert der Korrelation) bei steigender Wertpapieranzahl erhöht, während die Einzelrisiken der Wertpapiere an Bedeutung verlieren.

Risikoneigung des Investors

Nachdem in den vorherigen Abschnitten die Rendite-Risiko-Verhältnisse von verschiedenen Wertpapiermischungen bestimmt wurden, soll nun auf die Risikoneigung der einzelnen Investoren eingegangen werden. Entsprechend den zentralen Prämissen der Portfoliotheorie handelt jeder Anleger rational und nutzenmaximierend.

Er selektiert das Portfolio, das ihm den größten Nutzen bringt, nach seiner individuellen Risikoaversion. Ein Anleger ist nur dann bereit, höhere Risiken einzugehen, wenn diese durch überdurchschnittliche Renditeerwartungen kompensiert werden können. Daraus

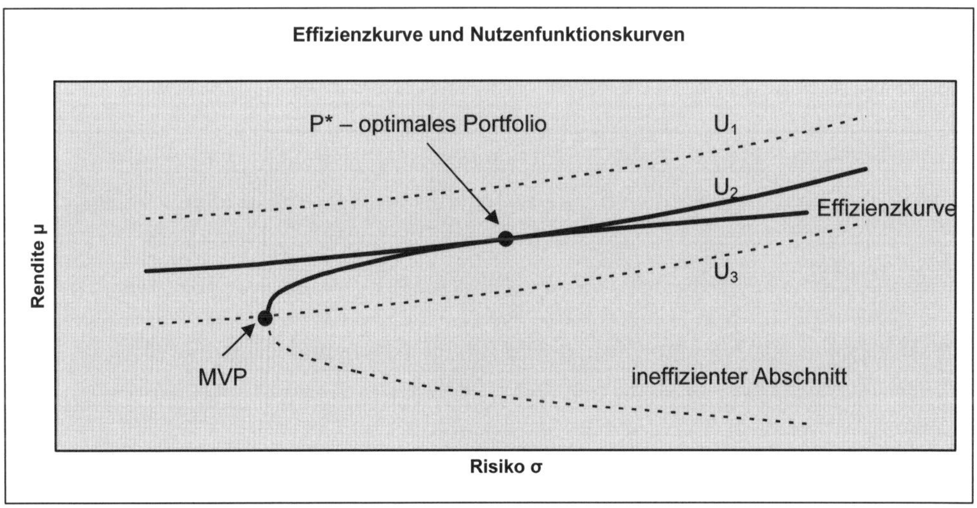

Abbildung 6: Effizienzkurve und Nutzenfunktionskurven, optimales Portfolio

ergeben sich Nutzenkurven, die die Risikoneigung eines Investors individuell darstellen. Der Punkt P* charakterisiert das optimale Portfolio für den Investor, denn dort tangiert die Indifferenzkurve U_2 die Effizienzlinie. Dieser Punkt liefert dem Investor die optimale Wertpapiermischung. An dieser Stelle erwirtschaftet das optimale Portfolio eine erwartete Rendite in Höhe von μ_{P*} bei einem Risiko in Höhe von σ_{P*}. Je nachdem, ob ein Investor eine höhere Risikoneigung hat als ein anderer, können sich die Indifferenzkurven verschieben, sodass sich der Punkt des optimalen Portfolios nach links oder rechts verschieben kann.

Problematik der praktischen Umsetzung

Im Rahmen der Portfoliotheorie werden als zentrale Größen für die optimale Portfoliozusammenstellung die erwarteten Renditen und Risiken benötigt. Es wurde gezeigt, wie die Risiko- und Renditequantifizierung für einzelne Wertpapiere und für Portfolios bestimmt werden kann. Danach wurde auf den Diversifikationseffekt eingegangen und aufgezeigt, dass der Gleichlauf zwischen verschiedenen Wertpapieren von großer Bedeutung ist. Anhand der Nutzenfunktionskurven der Investoren, die die individuelle Risikoneigung darstellen, konnte das optimale Portfolio ermittelt werden.

Dennoch bleiben einige Fragen und Problemstellungen in der Portfoliotheorie von Markowitz offen. Insbesondere bei der praktischen Anwendung wird eine Reihe von Schwierigkeiten offenbar. Die Datenbeschaffung stellt dabei ein zentrales Problem dar. Häufig können die Daten zur Berechnung von Rendite und Risiko nur geschätzt werden oder sie werden ex post in die Zukunft extrapoliert. Die Unsicherheit, historische Daten in die Zukunft zu prognostizieren, und die Problematik der Kursprognose bleiben damit bestehen.

Des Weiteren ist das unsystematische titelspezifische Risiko eines Wertpapiers im Prinzip eliminierbar, jedoch kann das systematische Marktrisiko nicht verringert werden. Dies stellt jedoch auf Grund konjunkturpolitischer Einflusselemente ein nicht zu vernachlässigendes Kalkül dar.

Die Menge der für die Berechnung benötigten Daten und Informationen stellt bei großer Titelanzahl ein Problem dar, da bei n Wertpapieren $\frac{n \cdot (n+3)}{2}$ Werte zur Berechnung der Renditen und Risiken eines Portfolios benötigt werden. Diese Daten kann ein Investor durch eigene empirische Auswertungen nicht selbstständig analysieren. Dazu verhelfen ihm in der Praxis automatisierte Handelssysteme, die die Informationen schnell und zuverlässig verarbeiten können. Nicht nur die Menge der Daten, sondern auch die Vollständigkeit und Richtigkeit sind hierbei kritisch zu betrachten. So stellt die Annahme eines vollkommenen Kapitalmarktes eher ein Modell denn die Realität dar.

Ein letzter Kritikpunkt ist im Maß der Standardabweichung als Risikomessgröße zu finden. So reflektiert sie nicht nur die negativen, sondern auch die positiven Abweichungen vom Erwartungswert. Wird Risiko nun als ein Schadenspotenzial definiert, so können jedoch auch nur negative Abweichungen als Risiko verstanden werden. In diesem Fall würde lediglich das Down-Side-Risk erfasst werden.

Im Folgenden soll deshalb untersucht werden, ob – neben den bereits betrachteten Grundlagen – auch aus der Perspektive des Gesamtmarktes Vorteile für den Investor abgeleitet werden können.

Indexmodell

Der vorgestellte theoretische Ansatz zur Berechnung optimaler Portfolios für den individuellen Investor ist in der Praxis mit einem hohen Schätz- und Rechenaufwand verbunden. Marktbezogene Bewertungsansätze verfolgen das Ziel, die Eigenschaften von Wertpapieren aus dem jeweiligen Marktsegment abzuleiten. Dadurch soll die Anzahl der Daten und der Prognosesysteme verringert werden.

Risiko- und Renditequantifizierung eines Wertpapiers

Das Indexmodell von Sharpe gründet auf der empirischen Erfahrung, dass die Renditen von Wertpapieren tendenziell eine positive Korrelation aufweisen. Der Gleichlauf ist auf fundamentale Sachverhalte zurückzuführen, die den gesamten Markt betreffen. Diese können unter anderem volkswirtschaftliche oder konjunkturelle Ursachen haben. Ein geeigneter Index wird gesucht, der diese Faktoren möglichst gut abbildet.

Demnach setzt sich die Rendite eines Wertpapiers aus zwei Faktoren zusammen: der unsystematischen unternehmensspezifischen und der systematischen indexbezogenen Komponente. Weiterhin werden Residuen zur Bestimmung der Gesamtrendite der Anlage herangezogen. Die Residualrendite verkörpert große Ausreißer, die meist einmalig auftretende Zufallseinflüsse darstellen (zum Beispiel Tod des Geschäftsführers).

(12)

$$\mu_i = \alpha_i + \beta_i \cdot \mu_I + \varepsilon_i$$

μ_i = erwartete Rendite des Wertpapiers
α_i = erwartete unternehmensspezifische Rendite
β_i = Betafaktor – Sensitivität des Wertpapiers zum Index
μ_I = erwartete Rendite des Index
ε_i = Residualrendite (Zufallsrendite)

Die Werte für α_i und β_i ermitteln sich aus der Gegenüberstellung der Einzelrenditen einer Aktie und der relativen Veränderung des herangezogenen Index. Durch lineare Regression wird eine Gerade bestimmt, die am besten die verschiedenen Renditen approximiert. Diese Regressionsgerade wird durch die Regressionskonstante α_i und den Steigungsfaktor oder auch Regressionskoeffizienten β_i determiniert.

α steht in keinem Zusammenhang mit der Entwicklung am Markt und ist damit ein Ausdruck für das unsystematische Verhalten einer Aktie. Der Regressionskoeffizient β hingegen stellt die Verbindung zwischen Index und Wertpapier dar, indem die Kovarianz mit der Indexvarianz normiert wird.

$$(13) \quad \beta = \frac{Cov_{iI}}{\sigma_I^2}$$

Cov_{iI} = Kovarianz zwischen Wertpapier und Index
σ_i^2 = Varianz des Index

Das β ist Ausdruck dafür, wie sich die Renditen zwischen dem Index und dem Wertpapier gleichmäßig verhalten, und gibt damit eine Aussage über das systematische Verhalten einer Aktie. Ein β von 1 bedeutet, dass Index und Wertpapier eine völlig identische Reagibilität aufweisen. Ein β-Wert größer als 1 beziehungsweise kleiner als 1 heißt, dass eine Aktie relativ gesehen eine größere beziehungsweise kleinere Reaktion aufweist als der Referenzindex. Ist das β sogar kleiner als Null, so ist die Korrelation zwischen dem Index und dem Wertpapier negativ. Ist dies langfristig der Fall, so sollte die Wahl des Index überdacht werden. Die jeweiligen Abweichungen der Renditeausprägungen von der Regressionsgeraden werden als Residuen bezeichnet. Die Annahme des Modells der linearen Regression besagt, dass die Summe der Residuen gleich Null ist. Unter Beachtung dieser Prämisse gilt für die Renditeformel:

$$(14) \quad \mu_i = \alpha_i + \beta_i \cdot \mu_I$$

Abbildung 7 stellt mögliche Ausprägungen des β-Faktors sowie die Renditequantifizierung im Indexmodell nach Sharpe dar:

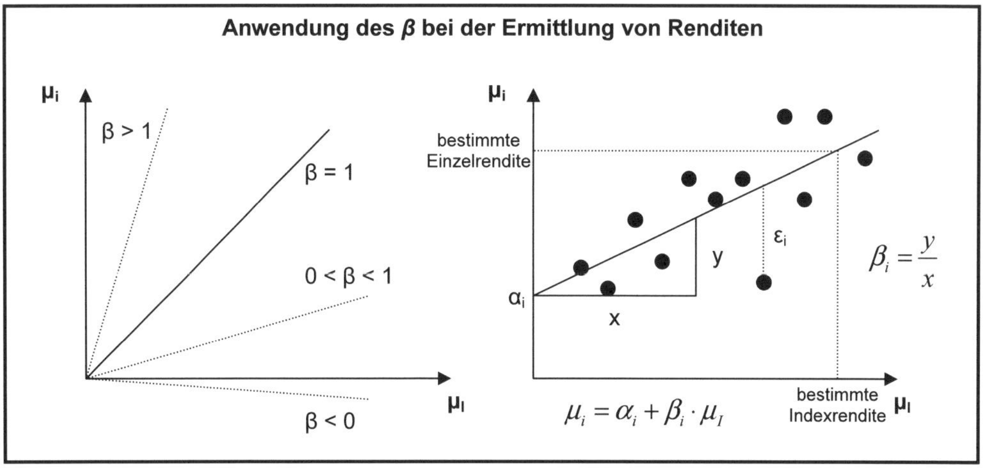

Abbildung 7: Anwendung des Betafaktors bei der Ermittlung von Renditen

Für das bereits gewählte Beispiel aus Tabelle 1 soll nun die Berechnung für das α und β durchgeführt werden. Dazu müssen zunächst ein geeigneter Index sowie seine zukünftigen Renditeerwartungen bestimmt werden. Es wird davon ausgegangen, dass im gewählten Beispiel Aktien als Grundlage verwendet wurden, und deshalb erscheint ein Aktienindex wie beispielsweise der DAX oder Dow Jones als geeignetes Instrument. Das bereits verwendete Beispiel soll nun um folgende Informationen zu den Erwartungen des Index erweitert werden.

Szenario z	p_z	Index
1	20 %	6 %
2	20 %	4 %
3	20 %	12 %
4	20 %	4 %
5	20 %	8 %
Rendite μ		6,8 %
Risiko σ		3 %

Tabelle 2: Risiko- und Renditequantifizierung eines Index

Nun können mithilfe des zu ermittelnden Regressionskoeffizienten und der Regressionskonstanten die erwarteten Renditen der verschiedenen Aktien berechnet werden:[5]

5 Die Berechnung wurde im Anhang 5 durchgeführt.

	WP 1	WP 2
β-Faktor	6,429	0,446
α	-31,714 %	4,964 %
Rendite	12 %	8 %

Tabelle 3: Indexbezogene Renditequantifizierung der Wertpapiere 1 und 2

Die aus dem Indexmodell abgeleiteten Renditeerwartungen entsprechen genau den bereits zuvor errechneten. Der Rechenaufwand konnte allerdings gesenkt werden, da die Summe der Residuen gleich Null ist.

Nachdem die Renditeerwartungen mithilfe der Marktentwicklung eines Referenzindex ermittelt wurden, muss nun entsprechend das Risiko betrachtet werden. Die Varianz findet auch im Indexmodell von Sharpe Anwendung. Durch die Bestimmung des β-Faktors kann die Varianz eines einzelnen Wertpapiers marktbezogen unter Zuhilfenahme des zugehörigen Index ermittelt werden. Auch hier wird zwischen dem systematischen und unsystematischen Risiko unterschieden. Der Betafaktor und die Indexvarianz können zur charakteristischen Quantifizierung des systematischen Risikos herangezogen werden. Der unsystematische Teil des Risikos kann durch die Varianz der Residuen ermittelt werden.

$$(15)\quad \sigma_i^2 = \beta_i^2 \cdot \sigma_I^2 + \sigma_{\varepsilon_i}^2$$

$\sigma_{\varepsilon_i}^2$ = Residuenvarianz

Hierbei gilt für die Residuenvarianz:

$$(16)\quad \sigma_{\varepsilon_i}^2 = \frac{1}{z}\sum_{z=1}^{z}(r_z^i - \alpha_i - \beta_i \cdot r_z^I)^2$$

Werden in diese Formeln die Werte aus dem bestehenden Beispiel eingesetzt, so ergeben sie die in Tabelle 6 gezeigten Risikomaße für die beiden Wertpapiere.[6]

Die ermittelten Standardabweichungen mithilfe der Indexformel entsprechen genau den bereits berechneten Werten.

6 Die Berechnung wurde im Anhang 6 durchgeführt.

	WP 1	WP 2
β-Faktor	6,429	0,446
α	-31,714 %	4,964 %
Residuenvarianz	0,00377	0,00862
syst. Varianz	0,03703	0,00018
Gesamtvarianz	0,04080	0,00880
Standardabw.	20,2 %	9,4 %

Tabelle 4: Indexbezogene Risikoquantifizierung

Risiko- und Renditequantifizierung eines Portfolio

Wie bereits beschrieben, reicht in der Portfoliotheorie nach Markowitz die isolierte Betrachtung von nur einem Wertpapier nicht aus, um eine Portfoliozusammenstellung unter Rendite-Risiko-Verhältnissen ermitteln zu können. Deshalb soll nun diese Ermittlung mithilfe des Indexmodells in diesem Abschnitt genauer beleuchtet werden.

Zunächst müssen die Faktoren α und β ermittelt werden, damit die Rendite des Portfolios berechnet werden kann. Dazu werden die jeweiligen Faktoren für jedes Wertpapier mit ihrer Gewichtung im Portofolio berücksichtigt.

$$(17) \quad \alpha_P = \sum_{i=1}^{n} \alpha_i \cdot x_i$$

$$(18) \quad \beta_P = \sum_{i=1}^{n} \beta_i \cdot x_i$$

Mit den beiden ermittelten Größen kann nun die erwartete Portfoliorendite ermittelt werden:

$$(19) \quad \mu_P = \alpha_P + \beta_P \cdot \mu_I$$

Die Berechnung des Risikos des Portfolios nach dem Indexmodell gestaltet sich wesentlich schwieriger. Dabei findet auch hier die Kovarianz Anwendung. Wie bereits beschrieben, ist der Erwartungswert der Residuen bei der Normalverteilung gleich Null. Des Weiteren stehen die Residuen eines Wertpapiers weder mit denen anderer Wertpapiere noch mit denen des Index in einem Verhältnis. Dies impliziert die Annahme, dass der Index die Gemeinsamkeiten in der Renditeausprägung verschiedener

Anlagen vollständig abbildet. Somit müssen die Kovarianzen nicht mehr einzeln geschätzt werden, sondern können unter Zuhilfenahme der β-Faktoren berechnet werden.

$$(20) \quad Cov_{ij} = \beta_i \cdot \beta_j \cdot \sigma_I^2$$

Nach der Ermittlung der Kovarianz kann nun die Standardabweichung beziehungsweise das Risiko des gesamten Portfolios ermittelt werden.

$$(21) \quad \sigma_P = \sqrt{\sum_{i=1}^{n} x_i^2 \cdot \beta_i^2 \cdot \sigma_I^2 + \sum_{i=1}^{n} x_i^2 \cdot \sigma_{\varepsilon_i}^2 + \sum_{i=1}^{n}\sum_{j=1}^{n} x_i \cdot x_j \cdot Cov_{ij}}$$

$$= \sqrt{\underbrace{\sum_{i=1}^{n} x_i^2 \cdot \beta_i^2 \cdot \sigma_I^2 + \sum_{i=1}^{n} x_i^2 \cdot \sigma_{\varepsilon_i}^2}_{\text{Einzelvarianzen}} + \underbrace{\sum_{i=1}^{n}\sum_{j=1}^{n} x_i \cdot x_j \cdot \beta_i \cdot \beta_j \cdot \sigma_I^2}_{\text{Kovarianz}}}$$

In dieser Formel errechnet sich die Portfoliostandardabweichung aus der Summe der Einzelrisiken und der Kovarianz. Der Vorteil und somit der verringerte Rechenaufwand ergibt sich daraus, dass lediglich die Korrelation jedes Wertpapiers zum Index ermittelt werden muss. Entsprechend der Annahme, dass die Wertpapiere untereinander nicht korrelieren, müssen nicht die Korrelationen eines Wertpapiers zu allen anderen im Portfolio ermittelt werden. Gerade bei steigender Anzahl von Anlagen nehmen die zu berechnenden Daten nicht überproportional zu, sondern lediglich in linearer Form. Für jeden dazukommenden Titel muss ausschließlich der β-Faktor berechnet werden.[7]

Selektion und Portfolioeffizienz

In dem Indexmodell von Sharpe wurden nun ebenso die Rendite- und Risikokennzahlen für verschiedene Wertpapiermischungen in einem Portfolio ermittelt. Die Ergebnisse stimmen mit den bereits berechneten aus der klassischen Theorie von Mar-

7 Die Berechnung des Portfolio-β, des Portfolio-α, der Portfoliorenditen und der Portfoliovarianzen wurde im Anhang 7 durchgeführt.

kowitz überein. Die Entscheidung des Investors für eines dieser Portfolios hängt nun wieder von seiner persönlichen Risikoaversion ab. Es wird genau die gleiche Effizienzkurve wie in Abschnitt »Diversifikation und Portfolioeffizienz« erhalten. Allerdings wurde in diesem Kapitel festgestellt, dass durch geschickte Diversifikation innerhalb eines Portfolios die unsystematischen Risiken nahezu gänzlich eliminiert werden können. Das Portfoliorisiko liegt schlussendlich also nur noch beim systematischen Teil, dem sogenannten Marktrisiko. Die Eigenschaften der einzelnen Wertpapiere werden nun mithilfe des β-Faktors charakterisiert. Erwartet der Investor einen steigenden Markt, so wird er für sein Portfolio Wertpapiere mit einem hohen β-Faktor auswählen, da diese Titel stärker steigen werden als der Referenzindex. Er kann somit von einer günstigen Hebelwirkung profitieren. In fallenden Märkten hingegen wird er eher Titel mit niedrigem β-Faktor auswählen, um hier an einem möglichen Verlust innerhalb des Index nur geringfügig teilzuhaben. Über die Portfolio-β-Werte kann der Investor somit sein Risiko steuern, indem er die Gewichte der diversen zur Verfügung stehenden Wertpapiere innerhalb seines Portofolios entsprechend bestimmt. Je nachdem, wie hoch der Anleger sein Portfolio-β wählt, legt er fest, wie viel Marktrisiko bezogen auf seinen Referenzindex er bereit ist einzugehen.

Praktische Bedeutung des Indexmodells

Das Indexmodell stellt die Zusammenhänge zwischen Rendite und Risiko über einen marktbezogenen Index her. Dies kann sowohl für ein einzelnes Wertpapier als auch für ein gesamtes Portfolio bestimmt werden. Die Ergebnisse sind mit denen der klassischen Portfoliotheorie von Markowitz zu vergleichen. Stimmen die Annahmen des Indexmodells, so sind die Ergebnisse sogar gleich denen von Markowitz. Sind jedoch nicht alle Annahmen erfüllt, so werden die Ergebnisse nur näherungsweise erhalten. Der Vorteil von Sharpe liegt jedoch darin, dass zur Berechnung der Portfoliowerte weniger Daten benötigt werden. Durch den ersparten Rechenaufwand können Zeitaufwand und Kosten gesenkt werden; diesen betriebswirtschaftlichen Vorteilen stehen jedoch Informationsverluste im Vergleich zum Modell von Markowitz gegenüber. Die bereits angesprochenen Kritiken zum Markowitz-Modell gelten ebenso für das Indexmodell. Insbesondere betrifft das die Anmerkungen bezüglich Risikopräferenz, Risikomaß, zeitliche Stabilität und Vollkommenheit des Kapitalmarktes. Dennoch ist das Indexmodell bis zu einem gewissen Grad geeignet, die Entscheidung für die Investition in ein oder mehrere Wertpapiere zu unterstützen. Der Anleger muss der größeren Ungenauigkeit des Indexmodells die praktischen Vorteile gegenüberstellen.

Capital Asset Pricing Model (CAPM)

Prämissen

Die Portfoliotheorie nach Markowitz und das Indexmodell von Sharpe haben als Grundlage für Investitionen ausschließlich risikobehaftete Anlagemöglichkeiten betrachtet. Das CAPM erweitert die bereits vorgestellten Prämissen um folgende Annahmen:

- Der angenommene vollkommene Kapitalmarkt impliziert die Existenz eines risikolosen Zinssatzes, zu dem jederzeit in unbeschränkter Höhe Gelder aufgenommen und angelegt werden können.
- Die Investoren hegen homogene Erwartungen bezüglich der Anlagealternativen. Dies bedeutet, dass sämtliche Wertpapiere betrachtet werden und die Marktteilnehmer dieselben Renditeerwartungen und Risiken der Kapitalanlagen haben. Es existieren folglich keine Informationsvorsprünge einzelner Investoren gegenüber anderen.
- Die Anzahl der handelbaren Wertpapiere ist exogen vorgegeben. Sie können in beliebiger Größenordnung aufgenommen sowie geteilt werden und sind frei handelbar.
- Die Preise, zu denen Wertpapiere gehandelt werden können, sind von einzelnen Investoren nicht beeinflussbar.
- Der Markt ist frei von Transaktionskosten und Steuern.
- Die Investition in eine Anlage wird nur für eine Periode geplant, die zeitlich nicht weiter definiert zu werden braucht.

Kapitalmarktlinie

Als Ausgangspunkt zur Ermittlung der Kapitalmarktlinie wird die bereits ermittelte Effizienzkurve verschiedener Portfolios verwendet. Die Effizienzkurve beinhaltet lediglich risikobehaftete Wertpapieranlagen, die nun laut den Prämissen des CAPM durch risikofreie ergänzt werden. Die Portfolios einzelner Anleger unterscheiden sich im Rahmen des CAPM somit ausschließlich durch das Mischungsverhältnis aus Markt-

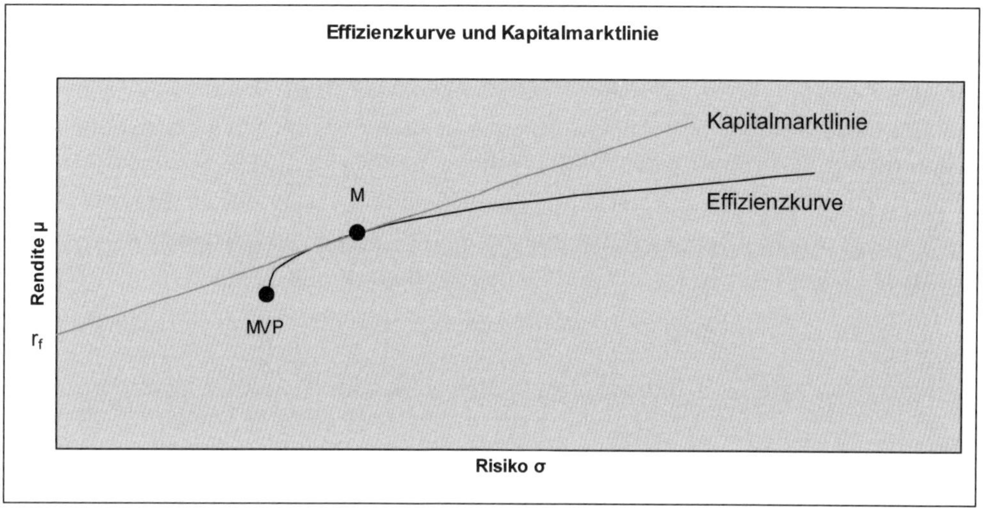

Abbildung 8: Effizienzkurve und Kapitalmarktlinie

portfolio und risikofreier Anlage. Dieses Mischungsverhältnis ist ausschlaggebend für eine neue Effizienzlinie, die Kapitalmarktlinie.

Der Schnittpunkt der Ordinate – r_f – stellte den risikolosen Zinssatz dar. Ein Investor, der ein Risiko von Null eingeht, kann durch Anlage seines gesamten Kapitals genau diesen Zinssatz erwarten. Ersetzt er jedoch Teile der risikofreien Anlage durch risikobehaftete Wertpapiere, so möchte er gemäß seiner Risikopräferenz eine höhere Rendite erzielen, da sein Risiko nun nicht mehr Null beträgt. Alle Punkte auf der Kapitalmarktlinie zwischen der Ordinate und M symbolisieren eine Aufteilung des Anlagebetrages in risikofreie und risikobehaftete Wertpapiere. Portfolios, die sich rechts des Punktes M auf der Kapitalmarktlinie befinden, haben die Eigenschaft, dass der Investor zum risikolosen Zinssatz Kredite aufgenommen und in weitere risikobehaftete Wertpapiere investiert hat. Das Tangentialportfolio M muss aus allen risikobehafteten Wertpapieren strukturiert sein.

Die Wertpapierzusammensetzungen, die nicht auf der Kapitalmarktlinie liegen, sind im Rahmen des CAPM ineffizient, da sie eine geringere Rendite bei konstantem Risiko beziehungsweise ein höheres Risiko bei konstanter Rendite in Aussicht stellen. Da entsprechend der Annahme die Investoren rational handeln, wird sich jeder Anleger für ein Portfolio auf der Kapitalmarktlinie entscheiden. Es werden auf Grund homogener Erwartungen ausschließlich der risikolose Zinssatz r_f und das Tangentialportfolio M nachgefragt. Somit zählt in diesem Falle auch das MVP zu den ineffizienten Portfolios.

Im laufenden Beispiel der Wertpapiere 1 und 2, bei denen angenommen wird, dass sie die einzigen Anlagealternativen weltweit sind und ihre Rendite-Risiko-Erwartungen von allen Marktteilnehmer geteilt werden, besteht das Tangentialportfolio aus 64 Prozent Wertpapier 1 und 36 Prozent Wertpapier 2.[8] Damit ergibt sich an dieser Stelle ein Risiko von 13,96 Prozent sowie eine erwartete Rendite in Höhe von 10,56 Prozent. Wenn – den Prämissen entsprechend – alle Marktteilnehmer, die in risikobehaftete Wertpapiere investieren, das Tangentialportfolio M halten, müssen ihre Portfolioanteile genau den Marktwertanteilen entsprechen, da sich alle Anlagen in den Händen der Investoren befinden. Deshalb wird das Tangentialportfolio auch als Marktportfolio bezeichnet. Wie der Investor seine Anlagen auf den risikolosen Zinssatz r_f und das Marktportfolio aufteilt, hängt wiederum von der individuellen Risikopräferenz ab.

Der risikolose Zinssatz r_f setzt voraus, dass Kreditnachfrage und Kreditangebot einander entsprechen, da sich der Kapitalmarkt auch im Gleichgewicht befinden muss. Ist dies nicht der Fall, so verändert sich der risikolose Zinssatz so lange, bis das Gleichgewicht wiederhergestellt ist. Die Kapitalmarktlinie und das Tangentialportfolio verändern sich entsprechend.

Abbildung 9 stellt das Rendite-Risiko-Verhältnis von Kreditnachfragern und Kreditanbietern dar. Investoren, die einen Teil ihres Anlagebetrages zum risikolosen Zinssatz

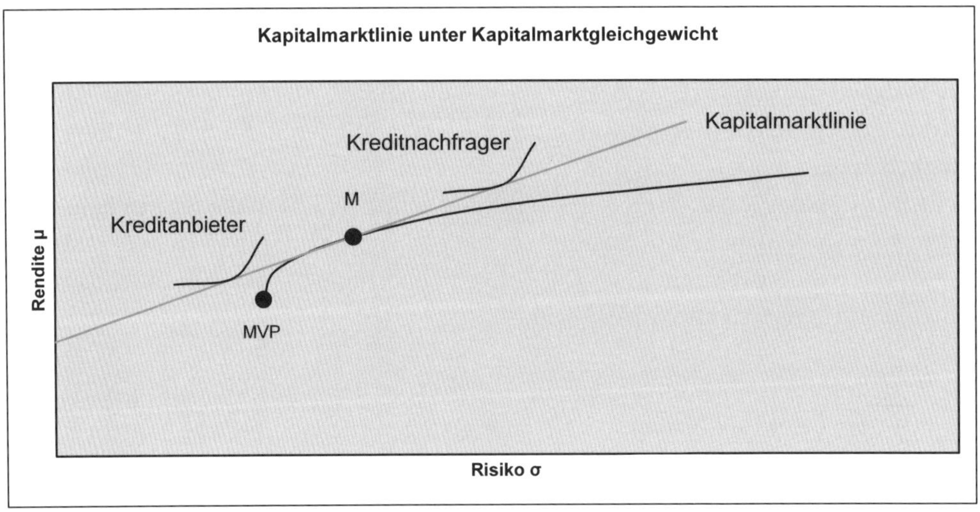

Abbildung 9: Kapitalmarktlinie und Kapitalmarktgleichgewicht

8 Die Berechnung wurde im Anhang 8 durchgeführt.

anlegen, stellen dabei Geld zur Verfügung. Diese können sich dann Investoren zum risikolosen Zinssatz ausleihen, um sie risikobehaftet in Wertpapiere zu investieren. Die Renditeerwartung ist dabei bei den Anbietern kleiner, dafür mit weniger Risiko versehen. Bei denjenigen, die Kredite aufnehmen, steigt das Risiko entsprechend an, während auch die Renditeerwartung ansteigen muss. Diese Aussage gilt wegen der Risikopräferenz der Investoren.

Für die Kapitalmarktlinie ergibt sich folgende allgemeine Gleichung:

$$(22) \quad \mu_P = r_f + \frac{\mu_M - r_f}{\sigma_M} \cdot \sigma_P$$

μ_M = erwartete Rendite Marktportfolio

σ_M = Varianz Marktportfolio

Damit ergibt sich für die Kapitalmarktlinie im laufenden Beispiel folgende Formel:

$$(23) \quad \mu_P = 7\% + \frac{10{,}56\% - 7\%}{13{,}96\%} \cdot \sigma_P = 0{,}255\% \cdot \sigma_P + 7\%$$

Aus der Formel für die Kapitalmarktlinie lässt sich erkennen, welche höhere Rendite zu erwarten ist, wenn der Investor bereit ist, eine weitere Risikoeinheit zu übernehmen. Daraus begründet sich auch die Bezeichnung Marktpreis des Risikos. Grafisch sieht die Kapitalmarktlinie im Beispiel folgendermaßen aus:

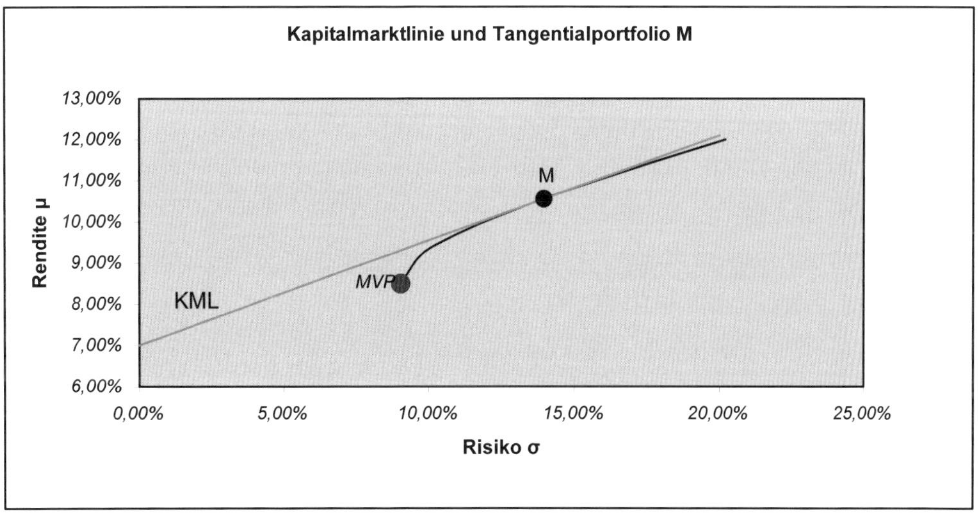

Abbildung 10: Kapitalmarktlinie und Tangentialportfolio

Im Marktportfolio sind sämtliche Anlagealternativen gewichtet. Der Diversifizierungsgrad ist deshalb als optimal anzusehen, wodurch die unsystematischen Risiken gänzlich aus dem Portfolio eliminiert wurden. Es besteht also lediglich systematisches Risiko. Die Risikoprämie gibt somit das Portfoliorisiko wieder, dessen Höhe vom Anteil des Marktportfolios am Gesamtportfolio eines Investors abhängig ist. Am Kapitalmarkt wird also nur das Eingehen von systematischen Risiken belohnt.

Das Eingehen von unsystematischen Risiken wird vom Markt nicht belohnt. Deshalb können bei ungenügend diversifizierten Portfolios unterschiedliche Risikoprämien auftreten, obwohl das Gesamtrisiko der Portfolios gleich groß ist. Das Konzept der Kapitalmarktlinie ist somit lediglich für die Bewertung effizienter Portfolios geeignet.

Wertpapiermarktlinie

Bei der Wertpapiermarktlinie handelt es sich um ein auf der Kapitalmarktlinie basierendes Konzept. Denn allein auf der Grundlage der Kapitalmarktlinie lässt sich noch keine Bewertung einer einzelnen Aktie oder eines Gesamtportfolios vornehmen, weil es sich dabei jeweils um ineffiziente Positionen handelt. Zur Bewertung eines Wertpapiers muss das gesamte Risiko in den systematischen und den unsystematischen Teil zerlegt werden. Wie bereits erläutert, zahlt der Kapitalmarkt für das unsystematische Risiko keine Risikoprämie, da dieses durch geschickte Diversifikation eliminiert werden kann. Dagegen honoriert der Markt das systematische Risiko in Form von höheren Renditen.

Das Konzept der Wertpapiermarktlinie betrachtet lediglich den Anteil der Kovarianz zwischen dem riskanten Portfolio und dem Marktportfolio am Risiko des Gesamtmarktes. Bei der Kapitalmarktlinie wurde dagegen die gesamte Portfoliovarianz berücksichtigt.

$$(24) \quad \mu_P = r_f + \frac{\mu_M - r_f}{\sigma_M} \cdot \frac{Cov_{PM}}{\sigma_M} = r_f + (\mu_M - r_f) \cdot \beta_P$$

Cov_{PM} = Kovarianz zwischen riskantem Portfolio und Marktportfolio
β_P = β-Faktor des riskanten Portfolios

Der β-Faktor in der obigen linearen Funktion ist Ausdruck des Gleichlaufs zwischen der Renditeausprägung eines beliebigen Portfolios und dem Marktportfolio. Für das Marktportfolio selbst beträgt der β-Faktor 1 wegen

$$(25)\quad \beta_M = \frac{1}{\sigma_M} \cdot \frac{Cov_{MM}}{\sigma_M} = \frac{\sigma_M \cdot \sigma_M}{\sigma_M \cdot \sigma_M} = 1$$

Von der Formel 23 ausgehend lässt sich eine Bewertung auch für einzelne Wertpapiere vornehmen. Hier wird nicht das gesamte Portfolio mit dem Marktportfolio verglichen, sondern nur das jeweilige Wertpapier:

$$(26)\quad \mu_i = r_f + \frac{\mu_M - r_f}{\sigma_M} \cdot \frac{Cov_{iM}}{\sigma_M} = r_f + (\mu_M - r_f) \cdot \beta_i$$

Cov_{iM} = Kovarianz zwischen Wertpapier i und Marktportfolio
β_i = β-Faktor des Wertpapiers i

Die erwartete Rendite einer Aktie setzt sich genau wie die Rendite des Marktportfolios M aus dem risikolosen Zinssatz und einer Risikoprämie zusammen. Je nach Größe des β-Faktors lässt sich die Risikoprämie entsprechend ermitteln. Anhand der Daten des Marktportfolios, das bereits bestimmt wurde, kann nun die Bewertung für die Wertpapiere 1 und 2 vorgenommen werden:

Rendite Marktportfolio	10,56 %
risikoloser Zinssatz	7,00 %
Kapitalmarktrisikoprämie	3,56 %

Tabelle 5: Marktdaten im CAPM

	WP 1	**WP 2**
β-Faktor	6,429	0,446
Rendite	12 %	8 %
Rendite WML	29,9 %	8,6 %
Überrendite	−17,9 %	−0,6 %

Tabelle 6: β-Faktor, Gleichgewichtsrenditen und erwartete Renditen

Es fällt auf, dass beide Wertpapiere eine negative Überrendite erzielen, was bedeutet, dass die Investition in diese Titel unvorteilhaft wäre. Auf Grund des hohen β-Faktors, aber der geringen erwarteten Rendite ist vor allem das erste Wertpapier wenig lukrativ. Eine Berechnung für das Tangentialportfolio braucht nicht durchgeführt zu werden, da der β-Faktor – wie bereits bewiesen wurde – gleich 1 ist. Abbildung 11 stellt die Wertpapiermarktlinie sowie die Bewertungen der beiden Wertpapiere und des Marktportfolios grafisch dar.

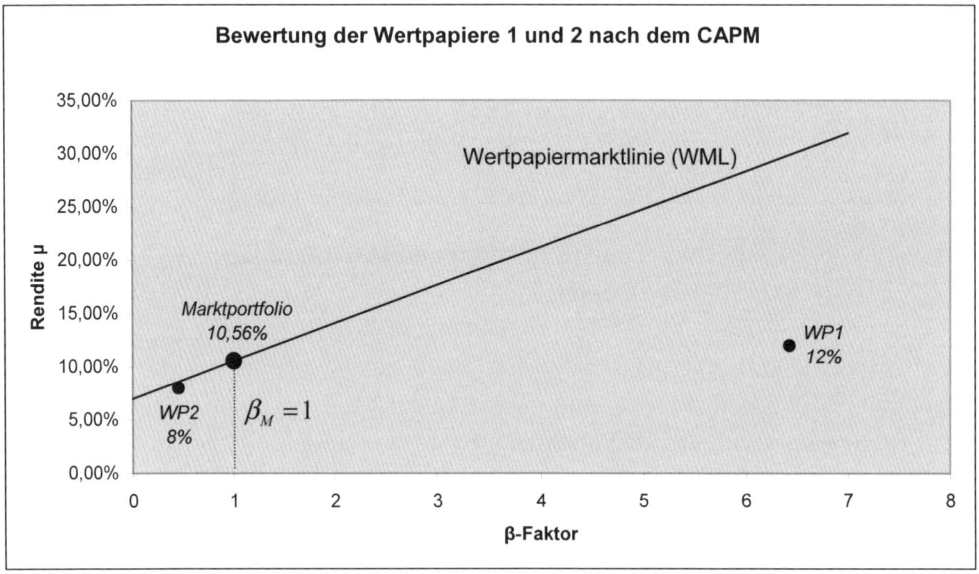

Abbildung 11: Bewertung der Wertpapiere 1 und 2 nach dem CAPM im Verhältnis zur WML

In Abbildung 11 wird die Linearität der Wertpapiermarktlinie deutlich. Sie wird charakterisiert durch den risikolosen Zinssatz und den Punkt des Marktportfolios.

Anwendbarkeit des CAPM in der Praxis

Im Rahmen des Capital-Asset-Pricing-Modells wurde als Ergänzung zur Portfoliotheorie von Markowitz ein risikoloser Zinssatz eingeführt. Dadurch ergab sich eine andere, linear gerichtete Effizienzlinie, die Kapitalmarktlinie. Der Berührungspunkt zwischen neuer und alter Effizienzlinie wurde als Tangential- beziehungsweise

Marktportfolio bezeichnet. Die Rendite- und Risikoerwartung dieses Portfolios wiederum wird zur Bewertung riskanter Portfolios und Einzelanlagen mithilfe der Wertpapiermarktlinie herangezogen. Das CAPM stellt damit eine allgemeine Grundlage zur Bewertung risikobehafteter Einzeltitel und Wertpapierportfolios bereit, die individuell strukturiert sein können.

Es lassen sich jedoch einige scheinbar nur theoretisch haltbare Prämissen durchaus auch in der Praxis wiederfinden. So ist die Existenz von Steuern in der Realität durchaus nicht zu vernachlässigen, allerdings sind in den letzten Jahren einige Vergünstigungen für Investoren hinzugekommen. So zeigt sich eine Vervollkommnung des Kapitalmarktes durch Wegfall der Kuponsteuer und Börsenumsatzsteuer sowie eines anteiligen Freibetrags bei Erhebung der Körperschaftsteuer bei Dividendenzahlungen. Auch durch den Konkurrenzdruck unter den Anbietern von Wertpapieren ist der Anteil der Transaktionskosten in den letzten Jahren dramatisch gesunken. Sogenannte Flatrates einiger Anbieter lassen in der jüngsten Zeit die variablen Kosten sogar gänzlich wegfallen. Es fällt für den Anleger ausschließlich ein fixer Kostensatz an, den er einfacher überblicken und handhaben kann.

Ebenso stellt sich die Frage nach dem risikolosen Referenzzinssatz, zu dem unbeschränkt Kapital angelegt und aufgenommen werden kann. Da dies in der Realität jedoch nicht existiert, kann näherungsweise ein Geldmarktzins wie beispielsweise der Euribor herangezogen werden.

Dagegen darf die Beobachtbarkeit des Marktportfolios angezweifelt werden, da einzelne Marktteilnehmer unterschiedliche Renditeerwartungen hegen. Deshalb werden oftmals Aktienindizes als Marktportfolio für die Berechnungen angeführt. Dies jedoch hat zur Folge, dass die Ergebnisse des CAPM nur näherungsweise als realistisch einzuschätzen sind.

Des Weiteren ist eine vollkommene Informationseffizienz des Investors nicht gegeben. Die mangelnde Information gleicht ein Anleger also durch individuelle Erwartungen und Sicherungsgeschäfte aus, um ein möglichst gut diversifiziertes Portfolio zu erhalten. Dies führt jedoch zu zusätzlichem Aufwand und Kosten.

2 Konzeption eines automatisierten Handelssystems am Beispiel Gresser K9

Das automatisierte Handelssystem K9 baut auf folgenden drei strategiespezifischen Grundprämissen auf:

- Der Einblick in das Orderbuch eines jeden handelbaren Wertpapiers ist eine elementare Voraussetzung, um die Preisfeststellungen und Handelbarkeit zukünftiger Kurse abschätzen zu können.
- Die aktuellen Kursbewegungen der entsprechenden Wertpapiere müssen genauestens analysiert und verglichen werden.
- Die Betrachtung der gehandelten Volumina sowie die Bewertung und der Vergleich von Wertpapieren bringen entscheidende Indizien für die finale Handelsentscheidung.

Das Handelssystem ist für Day-Trader und Positions-Trader anwendbar, die von kurzfristigen Schwankungen innerhalb weniger Minuten bis zu wenigen Tagen partizipieren und möglichst schnell und unkompliziert in den Markt ein- und aussteigen wollen. Deshalb gilt als wichtigstes Kriterium, Werte zu suchen, die den Ansprüchen dieser Prämissen genügen. Als hilfreich erweisen sich dazu die inzwischen von nahezu allen Handelsplattformen offerierten Marketscanner oder RadarScreens sowie die Möglichkeiten, eigene Programmcodes zu entwickeln und Schnittstellen zu externen Anwendungen herstellen zu können. Die Verwendung eines Datenfeed, der den Investor realtime bis auf Tickebene mit Informationen versorgt, wird dabei vorausgesetzt. Somit kann der Anwender Kursdaten in Echtzeit erhalten und schnellstmöglich verarbeiten.

Wie Abbildung 12 zeigt, baut das K9 Handelssystem auf verschiedenen Modulen auf. Grundsätzlich kann gesagt werden, dass zunächst eine Überprüfung und Analyse der genannten Prämissen unternommen wird. Neben der Auswertung der aktuellen Marktbewegung, dem K9 Movement, werden sowohl das Orderbuch, das sogenannte K9 Pricing, als auch alle stattgefundenen Matchings – Modul K9 Volume – eines Handelstages untersucht.

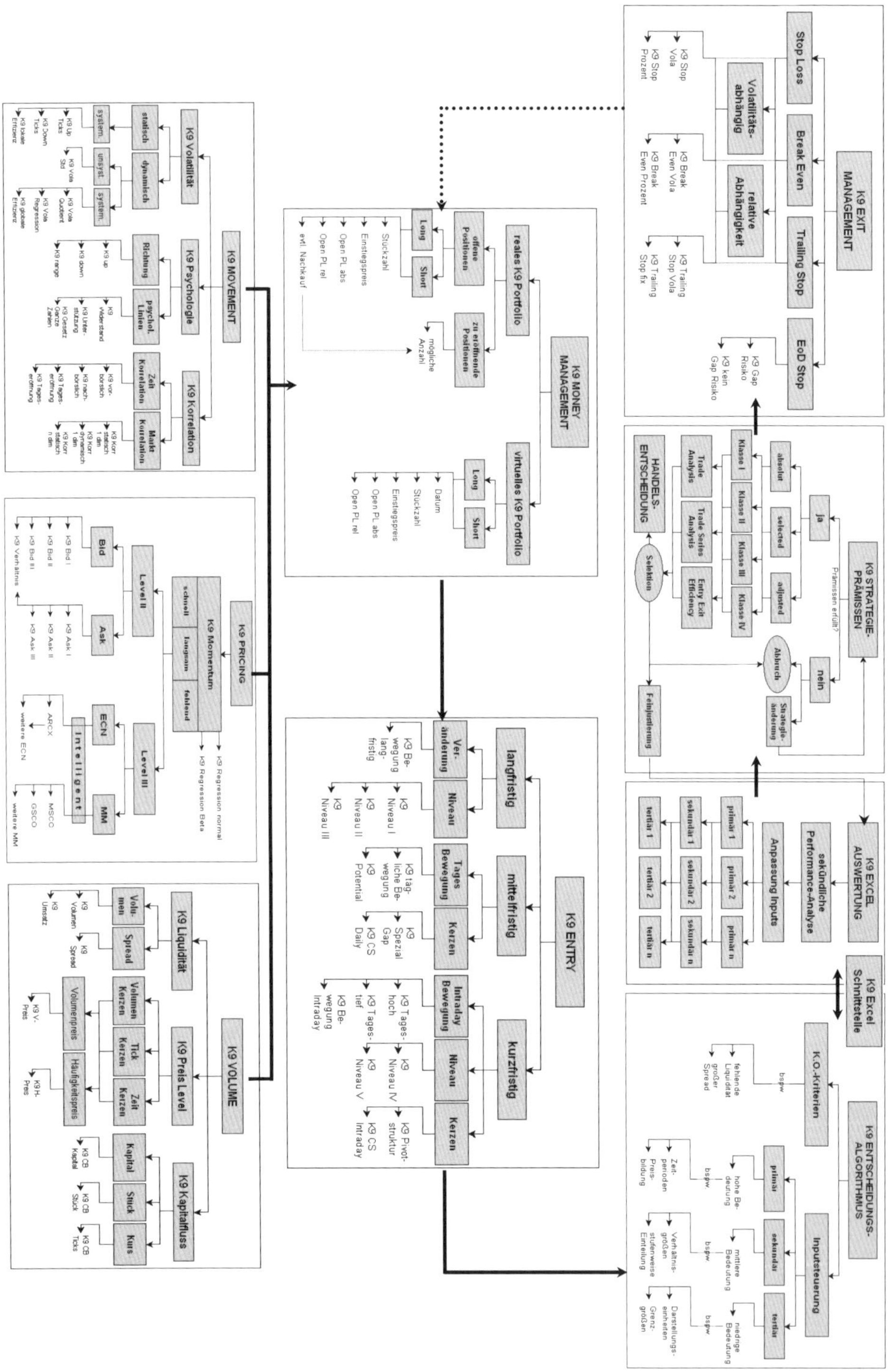

Abbildung 12: Konzeptioneller Aufbau des Handelssystems K9

Analyse der Volatilität und Korrelation mittels Modul K9 Movement

Im folgenden Abschnitt wird das Modul K9 Movement als erste Einheit des Handelssystems K9 erläutert.

Das Modul K9 Movement ist Teil der Überprüfung der Prämissen. Hier werden bereits erste Informationen und Betrachtungen bezüglich der Handhabbarkeit von Wertpapieren ausgewertet. So werden im Rahmen der K9 Volatilität die zuletzt gezeigten Kursschwankungen bezüglich ihrer absoluten und gerichteten Bewegungsintensität untersucht. Die Komponente K9 Psychologie beleuchtet die Verhaltensmuster der breiten Masse der Marktteilnehmer. Damit lassen sich auf der Tatsache der self-fulfilling prophecy Verhaltensmuster auf die zukünftige Kursentwicklung projizieren. Einen Vergleich zwischen dem Gesamtmarkt und Aktien oder auch zwischen einzelnen Aktien untereinander stellt die K9 Korrelation her. Hier können konträre oder auch gleichmäßige Bewegungen herausgefiltert werden.

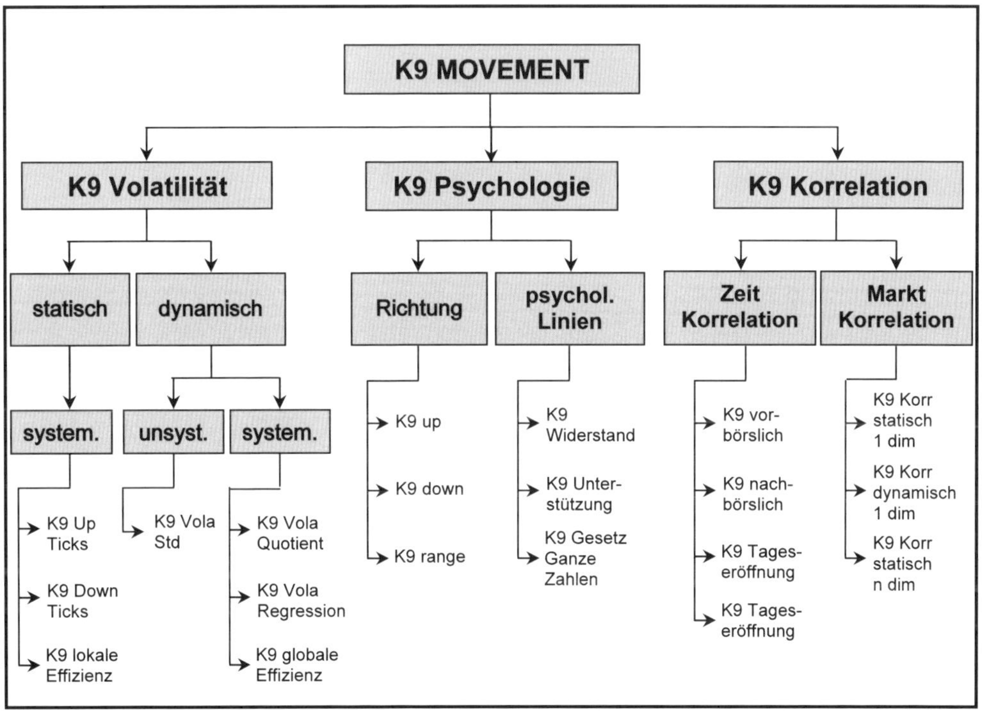

Abbildung 13: Aufbau des Moduls K9 Movement

Richtungsadjustierte Volatilitätsmaße

In diesem Abschnitt wird das Modul K9 Volatilität erläutert.

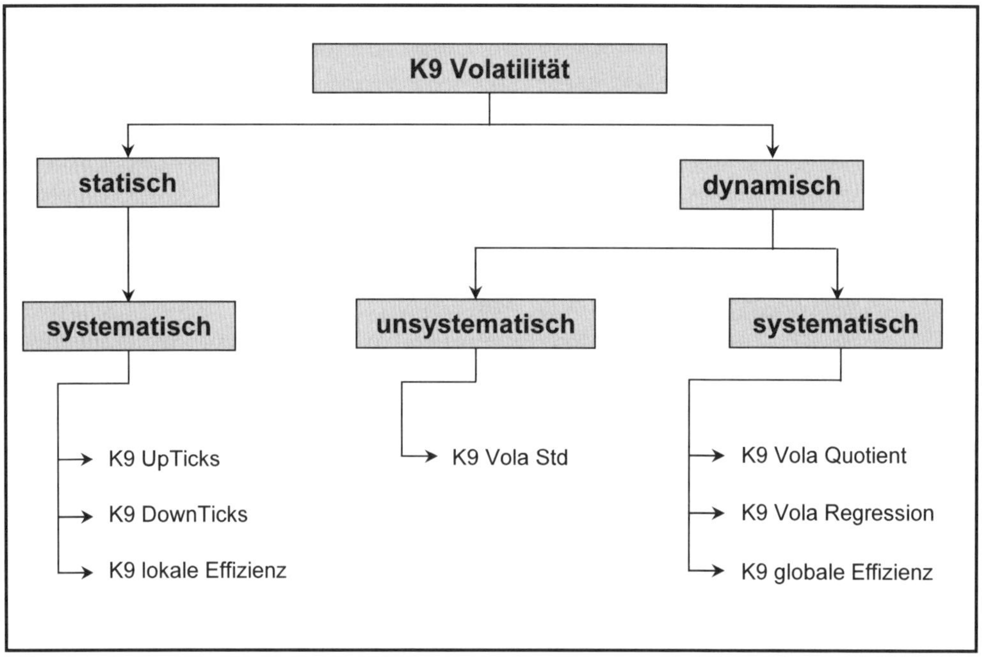

Abbildung 14: Aufbau des Moduls K9 Volatilität

Die Volatilität als Teil des Moduls K9 Movement lässt sich grundsätzlich in statische und dynamische Volatilität unterteilen. Die statische Volatilität betrachtet isoliert jede Zeitperiode für sich und stellt keine Zusammenhänge mit anderen Zeitperioden her. Innerhalb der statischen systematischen Volatilität können die einzelnen Kurszuwächse sowie Kursverluste berücksichtigt werden. Dabei wird jede einzelne Kursfeststellung in die Betrachtung einbezogen.

Im Folgenden wird ein Systemteil herausgegriffen, in dem die prinzipielle Vorgehensweise bei der Ermittlung der statisch systematischen Volatilität erläutert wird. Das System K9 UpTicks basiert beispielsweise auf der Analyse der Effizienz der einzelnen Tickbewegungen. Die Vorgehensweise wird in Abbildung 15 kurz erläutert.

Abbildung 15 zeigt, dass bei diesem Kursverlauf in der betrachteten Periode von 20 Kursfeststellungen acht Kurssprüngen nach oben zwei Kurssprünge nach unten gegen-

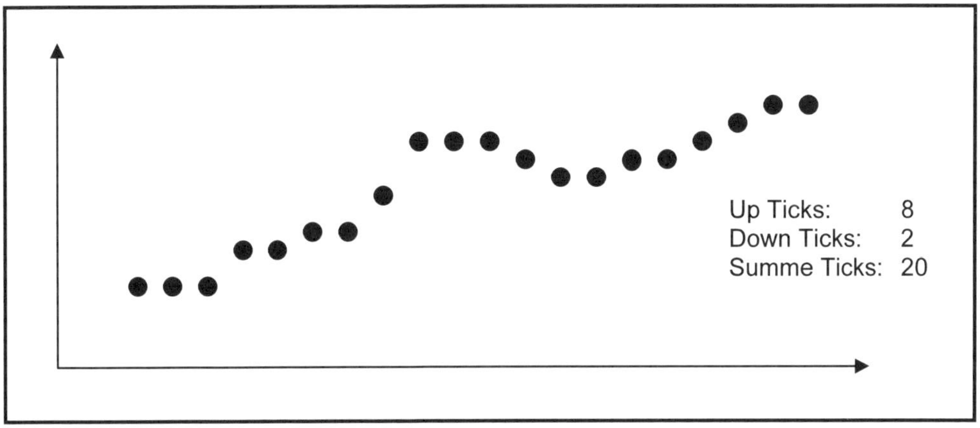

Abbildung 15: Fiktiver Kursverlauf auf Tickebene

überstehen. Es ist somit eine 80-prozentige Aufwärtstendenz zu erkennen. Allerdings kann diese Aussage nur für die 20 letzten Kursfeststellungen getroffen werden. Ein Vergleich mit anderen Perioden und somit eine zuverlässige Prognose für die Folgeperiode lässt sich bei isolierter Betrachtung dieses Moduls nicht ermitteln, da die Analyse auf zeitinvarianten Betrachtungen beruht.

Neben einer isolierten Betrachtung der Tickeffizienz im Rahmen des Moduls K9 Volatilität ist es auch möglich, die statisch systematische Volatilität als Mittel der lokalen Marktanalyse zu verwenden. Mithilfe des RadarScreen können somit die effizientesten Bewegungen auf Tickebene aus Tausenden von Aktien herausgefiltert werden. Das entspricht der grundsätzlichen Vorgehensweise des Handelssystems K9, das über den Weg der Selektion die Aktie findet, die die Voraussetzungen der einzelnen Systemmodule am besten erfüllen. Die folgende Abbildung zeigt am Beispiel die Bewertung der Systemteile K9 UpTicks, K9 DownTicks und K9 lokale Effizienz.

Das Modul K9 Volatilität versucht, auf Basis seiner Systemstruktur die effizientesten Bewegungen auf Tickebene herauszufiltern. Das Handelssystem versucht, Positionierungen in ineffizienten, das heißt hohen dynamischen unsystematischen und systematischen wie auch hohen statischen systematischen Bewegungen zu vermeiden.

Die dynamische Volatilität lässt sich im Gegensatz zur statischen Volatilität sowohl in unsystematische als auch in systematische Volatilitäten untergliedern. Im Chart stellt sich die dynamische unsystematische Volatilität als die Schwankungsintensität eines

	Symbol	Description	Interval	Last	Net Chg	Net %Chg	Bid	Ask	High	Low	Volume Today	K9 M V SS Up Ticks	K9 M V SS Down Ticks	K9 M V SS lokale Eff
39	EXPD	Expeditors Intl of Washington	1 Min				0.00	0.00	46.66	45.69	2,003,946	16	18	47 %
40	EXPE	Expedia Inc	1 Min	29.48	-0.02	-0.08%	0.00	0.00	29.66	29.38	1,929,285	13	13	50 %
41	FAST	Fastenal Co	1 Min	48.09	-0.48	-1.00%	0.00	0.00	48.93	47.57	1,468,551	21	22	49 %
42	FISV	Fiserv Inc	1 Min				0.00	0.00	57.32	56.53	917,385	24	23	51 %
43	FLEX	Flextronics Intl	1 Min				0.00	0.00	11.71	11.27	10,794,226	17	19	47 %
44	GENZ	Genzyme Corporation	1 Min				0.00	0.00	61.12	60.25	2,298,208	20	16	56 %
45	GILD	Gilead Sciences	1 Min	39.19	-0.43	-1.09%	0.00	0.00	39.78	39.03	8,095,528	21	22	49 %
46	GOOG	Google Inc Cl A	1 Min	551.00	-1.99	-0.36%	0.00	0.00	557.73	552.38	4,331,404	17	31	35 %
47	GRMN	Garmin Ltd	1 Min	80.05	-2.69	-3.25%	0.00	0.00	84.32	79.65	2,899,987	30	25	55 %
48	IACI	IAC/InterActiveCorp New	1 Min				0.00	0.00	33.34	32.88	2,119,139	18	15	55 %
49	INFY	Infosys Technologies ADS	1 Min				0.00	0.00	53.01	52.20	2,332,053	21	27	44 %
50	INTC	Intel Corp	1 Min	25.05	-0.90	-3.47%	0.00	0.00	26.52	25.98	122,067,752	14	19	42 %
51	INTU	Intuit Inc	1 Min	29.94	-0.13	-0.43%	0.00	0.00	30.14	29.67	4,133,736	19	17	53 %
52	ISRG	Intuitive Surgical	1 Min				0.00	0.00	150.75	146.00	717,506	26	14	65 %
53	JNPR	Juniper Networks	1 Min				0.00	0.00	27.19	26.65	9,773,312	22	15	59 %
54	JOYG	Joy Global	1 Min	63.16	-1.18	-1.83%	0.00	0.00	64.88	62.65	1,669,387	17	21	45 %
55	KLAC	KLA-Tencor Corp	1 Min				0.00	0.00	62.00	57.14	17,676,122	24	31	44 %
56	LAMR	Lamar Advertising 'A'	1 Min	61.63	-0.53	-0.85%	0.00	0.00	62.34	61.32	446,886	16	24	40 %
57	LBTYA	Liberty Global Inc Cl A	1 Min				0.00	0.00	44.87	44.11	1,239,341	14	15	48 %
58	LINTA	Liberty Media Hldg Inter Ser A	1 Min	22.87	-0.09	-0.39%	0.00	0.00	22.99	22.78	3,198,675	15	13	54 %
59	LLTC	Linear Technology Corp	1 Min				0.00	0.00	38.41	37.63	6,195,354	14	23	38 %
60	LOGI	Logitech Intl ADR	1 Min				0.00	0.00	28.64	28.32	894,624	19	16	54 %
61	LRCX	Lam Research	1 Min				0.00	0.00	60.82	54.80	12,177,068	11	29	28 %
62	LVLT	Level 3 Communications	1 Min	6.09	0.07	1.14%	0.00	0.00	6.22	6.03	26,057,942	13	16	45 %
63	MCHP	Microchip Technology	1 Min				0.00	0.00	38.59	38.10	1,778,817	13	13	50 %
64	MICC	Millicom Intl Cellular S.A.	1 Min	96.47	-0.58	-0.60%	0.00	0.00	96.86	95.40	398,608	31	22	58 %
65	MNST	Monster Worldwide	1 Min				0.00	0.00	42.10	41.46	1,129,964	11	11	50 %
66	MRVL(E)	Marvell Technology Group	1 Min				0.00	0.00	19.69	18.73	21,472,443	19	23	45 %
67	MSFT	Microsoft Corp	1 Min				0.00	0.00	30.88	30.01	77,539,532	20	19	51 %
68	MXIM(H)	Maxim Integrated Prod	1 Min				0.00	999.99	35.22	34.76	6,817,025	9	11	45 %
69	NIHD	NII Holdings	1 Min				0.00	0.00	89.15	86.87	2,442,962	30	29	51 %
70	NTAP	Network Appliance	1 Min				0.00	0.00	30.80	29.58	10,754,032	18	13	58 %
71	NVDA	Nvidia Corp	1 Min	45.47	-1.23	-2.63%	0.00	0.00	47.83	46.46	10,733,871	11	24	31 %
72	ORCL	Oracle Corp	1 Min	20.20	0.00	-0.00%	0.00	0.00	20.47	20.21	21,767,537	14	17	45 %
73	PAYX	Paychex Inc	1 Min	43.90	-0.04	-0.08%	0.00	0.00	44.06	43.67	4,562,098	12	15	44 %
74	PCAR	Paccar Inc	1 Min				0.00	0.00	95.31	93.33	1,321,160	20	19	51 %
75	PDCO	Patterson Companies	1 Min				0.00	0.00	37.93	37.26	827,358	16	12	57 %
76	PETM	Petsmart Inc	1 Min				0.00	0.00	33.36	33.00	694,324	14	11	56 %
77	PTEN	Patterson-UTI Energy	1 Min	24.65	-0.33	-1.32%	0.00	0.00	25.39	24.64	3,007,222	11	11	50 %
78	QCOM	Qualcomm Inc	1 Min	44.85	-0.18	-0.40%	0.00	0.00	45.40	44.78	11,121,562	19	28	40 %
79	RIMM	Research In Motion	1 Min				0.00	0.00	231.67	226.13	7,661,178	25	38	40 %
80	ROST	Ross Stores	1 Min	31.06	-0.40	-1.27%	0.00	0.00	31.51	30.88	1,661,368	16	11	59 %
81	RYAAY	Ryanair Holdings ADS	1 Min	38.90	-0.05	-0.13%	0.00	0.00	39.15	38.76	411,239	10	19	34 %
82	SBUX	Starbucks Corp	1 Min	25.85	-0.23	-0.88%	0.00	0.00	26.25	25.80	10,351,843	18	18	50 %
83	SEPR	Sepracor Inc	1 Min	40.62	-0.89	-2.14%	0.00	0.00	41.15	40.09	2,395,441	16	16	50 %
84	SHLD	Sears Holding Corporation	1 Min	155.17	-0.54	-0.35%	0.00	0.00	156.99	154.98	1,258,888	34	32	52 %
85	SIAL	Sigma-Aldrich	1 Min				0.00	0.00	44.31	43.82	800,902	15	12	56 %
86	SIRI	Sirius Satellite Radio	1 Min	3.16	-0.02	-0.63%	0.00	0.00	3.21	3.13	29,392,348	12	13	48 %

Sender-RS | Arbeits-RS

Created with TradeStation

Abbildung 16: RadarScreen statische Volatilität

Kursverlaufs um den durchschnittlichen Kurs der Zeitperiode dar. Grundsätzlich gilt: Je geringer die Schwankungsbreite des Kurses innerhalb eines bestimmten Zeitintervalls oder einer bestimmten Zeitperiode ist, umso kleiner ist das Risiko einer unvorhergesehenen und heftigen Kursbewegung. In der Vorstellung zweier verschiedener Kursverläufe mit gleichem Start- und Endwert heißt das nichts anderes, als dass ein konstanter, positiver Anstieg – ähnlich einer risikolosen, zinsbringenden Anlage – annähernd minimales Risiko beinhaltet, während eine permanente auf- und abwärts gerichtete Bewegung in Kombination mit der abwechselnden Herausbildung von neuen Hochs und Tiefs als äußerst riskant einzuordnen ist.

Anhand eines einfachen Beispiels soll nun die grundsätzliche obige Vorgehensweise exemplarisch visualisiert werden.

Abbildung 17 stellt diese Volatilitätsdefinition in abgewandelter Weise dar. Beide Charts (zur Darstellung wurden Candlesticks gewählt, zeitinvariant auf Tickbasis) bilden die Notierungen desselben Basiswerts eines beliebigen Tickintervalls ab. In beiden Fällen

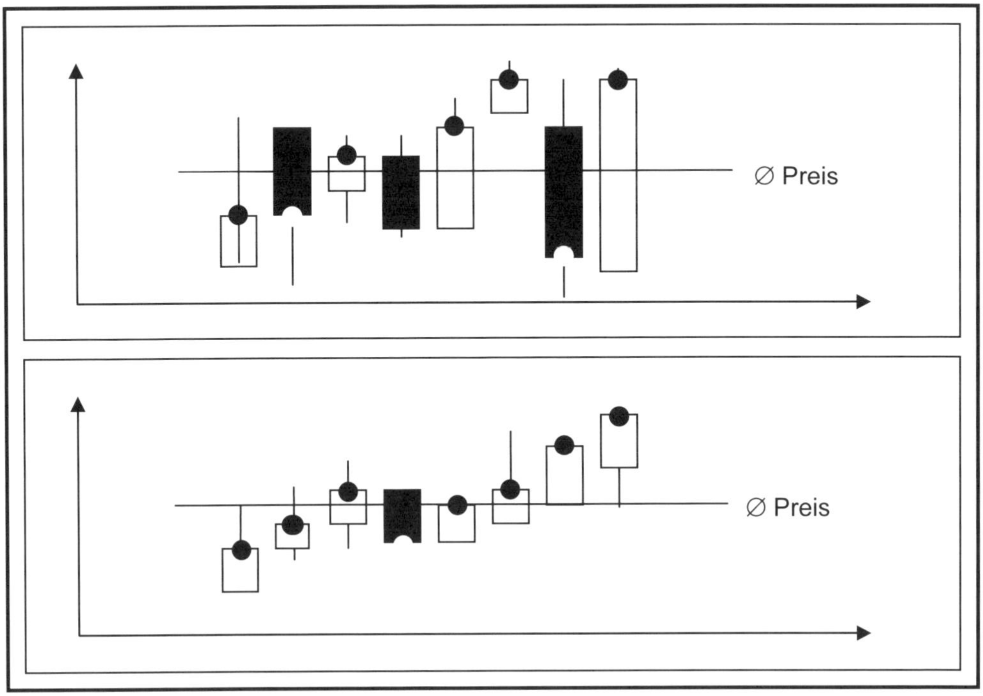

Abbildung 17: Dynamisch unsystematische Volatilität im Vergleich

liefert die Bestimmung des durchschnittlichen Preises, der durch die durchgezogene Linie gekennzeichnet wird, denselben Wert. Während die obere Darstellung für viele Kerzen große Differenzen zum Mittelwert des Zeitintervalls aufweist und ferner häufig langgezogene Kerzenkörper zu erkennen sind, zeichnet sich der untere Teil der Abbildung durch geringe Abweichungen vom Durchschnitt in Verbindung mit kleinen Kerzenkörpern aus. Die obere Darstellung verkörpert somit einen volatilen Kursverlauf. Weniger volatil zeigt sich hingegen der untere Chart.

Bei der Anwendung im RadarScreen bietet es sich an, die dynamisch unsystematische Volatilität in absoluten und relativen Größen anzugeben. Im Folgenden wird der Standard-RadarScreen des Systemteils dynamisch unsystematische Volatilität dargestellt.

Zur Ermittlung der dynamisch systematischen Volatilität im Rahmen des Moduls K9 Volatilität wird das mathematische Konzept der Regression verwendet.

	Symbol	Description	Interval	Last	Net Chg	Net %Chg	Bid	Ask	High	Low	Volume Today	K9 M V DU Vola Std	
												Vola DU abs	Vola DU rel
1	Nasdaq 100 Index (100)												
2	QQQQ	PowerShares QQQ Trust Series 1	1 Min	[illegible]	[illegible]	[illegible]	0.00	0.00	50.30	49.92	124,838,546	0.007	0.014 %
3	AAPL	Apple Inc	1 Min	[illegible]	[illegible]	[illegible]	0.00	0.00	139.60	137.50	25,355,612	0.080	0.058 %
4	ADBE	Adobe Systems	1 Min	[illegible]	[illegible]	[illegible]	0.00	0.00	41.74	40.82	6,272,757	0.021	0.050 %
5	ADSK	Autodesk, Inc	1 Min	[illegible]	[illegible]	[illegible]	0.00	0.00	47.47	46.88	1,462,663	0.013	0.028 %
6	AKAM	Akamai Technologies	1 Min	[illegible]	[illegible]	[illegible]	0.00	0.00	49.53	48.77	2,424,181	0.032	0.065 %
7	ALTR	Altera Corp	1 Min			[illegible]	0.00	999.99	25.07	24.40	8,714,964	0.016	0.064 %
8	AMAT	Applied Materials	1 Min			[illegible]	0.00	0.00	22.08	20.75	71,353,231	0.019	0.085 %
9	AMGN	Amgen Inc	1 Min	55.54	-0.49	-0.87%	0.00	0.00	55.74	55.12	12,039,616	0.024	0.043 %
10	AMLN	Amylin Pharmaceuticals	1 Min	42.97	-0.21	-0.49%	0.00	0.00	43.54	42.74	1,083,900	0.019	0.044 %
11	AMZN	Amazon.com Inc	1 Min	73.18	-0.51	-0.69%	0.00	0.00	74.52	73.59	6,085,973	0.038	0.052 %
12	APOL	Apollo Group'A'	1 Min	62.42	-0.08	-0.13%	0.00	0.00	63.00	62.31	2,096,483	0.021	0.033 %
13	ATVI	Activision Inc	1 Min	18.35	-0.35	-1.87%	0.00	0.00	18.76	18.16	7,003,301	0.024	0.133 %
14	BBBY	Bed Bath & Beyond	1 Min	35.96	-0.03	-0.10%	0.00	999.99	36.14	35.86	2,120,677	0.013	0.035 %
15	BEAS(E)	Bea Systems	1 Min	[illegible]			0.00	0.00	13.96	13.67	19,409,665	0.011	0.077 %
16	BIIB	Biogen Idec	1 Min	54.76	-0.58	-1.05%	0.00	0.00	55.40	54.72	5,653,430	0.024	0.044 %
17	BMET	Biomet, Inc	1 Min	[illegible]	[illegible]	[illegible]	0.00	0.00	45.65	45.41	2,054,535	0.004	0.008 %
18	BRCM	Broadcom Corp'A'	1 Min	32.39	-0.02	-0.06%	0.00	0.00	33.14	32.49	8,948,671	0.020	0.059 %
19	CDNS	Cadence Design Systems	1 Min	[illegible]			0.00	0.00	22.38	22.01	2,460,702	0.007	0.033 %
20	CDWC	CDW Corp	1 Min	85.41	-0.14	-0.17%	0.00	0.00	85.69	85.00	783,612	0.018	0.021 %
21	CELG	Celgene Corp	1 Min	58.30	-0.02	-0.03%	0.00	0.00	58.81	57.65	3,685,807	0.042	0.072 %
22	CEPH	Cephalon Inc	1 Min	81.86	-0.42	-0.51%	0.00	0.00	82.46	81.45	833,435	0.013	0.016 %
23	CHKP	Check Point Software Tech	1 Min	[illegible]	[illegible]		0.00	0.00	23.57	23.07	1,171,811	0.013	0.054 %
24	CHRW	C.H. Robinson Worldwide Inc	1 Min	[illegible]	[illegible]	[illegible]	0.00	0.00	53.72	52.74	1,170,329	0.015	0.027 %
25	CKFR	Checkfree Corp	1 Min	40.40	0.00	-0.00%	0.00	0.00	40.67	40.23	548,614	0.012	0.031 %
26	CMCSA	Comcast Cl'A'	1 Min	[illegible]	[illegible]	[illegible]	0.00	0.00	28.22	27.67	16,222,138	0.037	0.131 %
27	COST	Costco Wholesale	1 Min	[illegible]	[illegible]	[illegible]	0.00	0.00	62.47	61.66	3,738,971	0.016	0.026 %
28	CSCO	Cisco Systems	1 Min	29.58	-0.33	-1.10%	0.00	0.00	29.98	29.60	37,509,002	0.010	0.034 %
29	CTAS	Cintas Corp	1 Min	[illegible]		[illegible]	0.00	0.00	40.83	40.49	964,976	0.010	0.025 %
30	CTSH	Cognizant Tech Solutions'A'	1 Min	84.62	-1.06	-1.24%	0.00	0.00	86.30	84.05	2,170,529	0.011	0.013 %
31	CTXS(E)	Citrix Systems	1 Min	[illegible]			0.00	0.00	35.34	34.77	2,278,882	0.013	0.038 %
32	DELL(E)	Dell Inc	1 Min	28.75	-0.20	-0.69%	0.00	0.00	29.61	29.09	18,884,165	0.015	0.050 %
33	DISCA	Discovery Holding Co Series A	1 Min	[illegible]	[illegible]	[illegible]	0.00	0.00	25.96	25.46	3,317,775	0.018	0.070 %
34	DISH	EchoStar Communications'A'	1 Min	43.59	-0.33	-0.75%	0.00	0.00	44.15	43.34	1,388,105	0.017	0.039 %
35	EBAY	Ebay Inc	1 Min	34.15	-0.24	-0.70%	0.00	0.00	34.48	34.21	10,149,643	0.018	0.052 %
36	ERIC	Ericsson(LM)tel'B'ADS	1 Min	41.64	-0.36	-0.85%	0.00	0.00	41.87	41.38	1,255,720	0.007	0.016 %
37	ERTS	Electronic Arts	1 Min	[illegible]	[illegible]	[illegible]	0.00	0.00	49.57	48.02	4,992,344	0.024	0.048 %
38	ESRX	Express Scripts	1 Min	[illegible]	[illegible]	[illegible]	0.00	0.00	54.47	53.59	1,389,771	0.015	0.027 %
39	EXPD	Expeditors Intl of Washington	1 Min	[illegible]	[illegible]		0.00	0.00	46.66	45.69	2,003,946	0.013	0.027 %
40	EXPE	Expedia Inc	1 Min	29.48	-0.02	-0.08%	0.00	0.00	29.66	29.38	1,929,285	0.007	0.025 %
41	FAST	Fastenal Co	1 Min	48.09	-0.48	-1.00%	0.00	0.00	48.93	47.57	1,468,551	0.024	0.050 %
42	FISV	Fiserv Inc	1 Min	[illegible]	[illegible]	[illegible]	0.00	0.00	57.32	56.53	917,385	0.020	0.035 %
43	FLEX	Flextronics Intl	1 Min	[illegible]	[illegible]	[illegible]	0.00	0.00	11.71	11.27	10,794,226	0.039	0.345 %
44	GENZ	Genzyme Corporation	1 Min	[illegible]	[illegible]	[illegible]	0.00	0.00	61.12	60.25	2,298,208	0.029	0.048 %
45	GILD	Gilead Sciences	1 Min	39.19	-0.43	-1.09%	0.00	0.00	39.78	39.03	8,095,528	0.027	0.070 %
46	GOOG	Google Inc Cl A	1 Min	551.00	-1.99	-0.36%	0.00	0.00	557.73	552.38	4,331,404	0.183	0.033 %
47	GRMN	Garmin Ltd	1 Min	80.05	-2.69	-3.25%	0.00	0.00	84.32	79.65	2,899,987	0.035	0.043 %
48	IACI	IAC/InterActiveCorp New	1 Min	[illegible]	[illegible]	[illegible]	0.00	0.00	33.34	32.88	2,119,139	0.011	0.033 %

Page 1

Created with TradeStation

Abbildung 18: RadarScreen dynamisch unsystematische Volatilität

Die dynamische unsystematische Volatilität ist aufgrund der Verwendung des gleitenden Durchschnitts in trendstarken Märkten nur bedingt anwendbar. Die Bildung eines Quotienten aus zwei unsystematischen dynamischen Volatilitäten mit unterschiedlichen Betrachtungszeiträumen kann eine begrenzte Verbesserung der Aussagefähigkeit erzielen. So ist ein sprungartiger Anstieg der Volatilität schnell erkennbar, da die kurzfristige Volatilität schneller darauf reagieren wird als die langfristige, die sich glättender verhält. Ausbrüche sind somit für den Investor schnell und einfach auffindbar.

Um ein Maß für die tatsächliche gerichtete Volatilität zu erhalten, wird eine modifizierte Herangehensweise der eigentlichen Standardabweichung praktiziert. So kann es vorkommen, dass ein Kurs einen starken, stabilen Anstieg zu verzeichnen hat, wodurch er eine hohe dynamische unsystematische Volatilität aufweist. Wird die Bewegung jedoch isoliert betrachtet, so kann die Volatilität, da sie in eine bestimmte Richtung zeigt, viel geringer sein. Deshalb verwendet die dynamische systematische Volatilität als Referenzgröße zur Bestimmung der Schwankungsbreite nicht den Durchschnittspreis, sondern die Regressionsgerade. Diese passt sich dynamisch an die Bewegung des Kurses an. Damit kann ermittelt werden, mit welcher Intensität sich der Kurs in eine bestimmte Richtung bewegt.

Anhand eines einfachen Beispiels soll nun die grundsätzliche Vorgehensweise der Regression exemplarisch visualisiert werden.

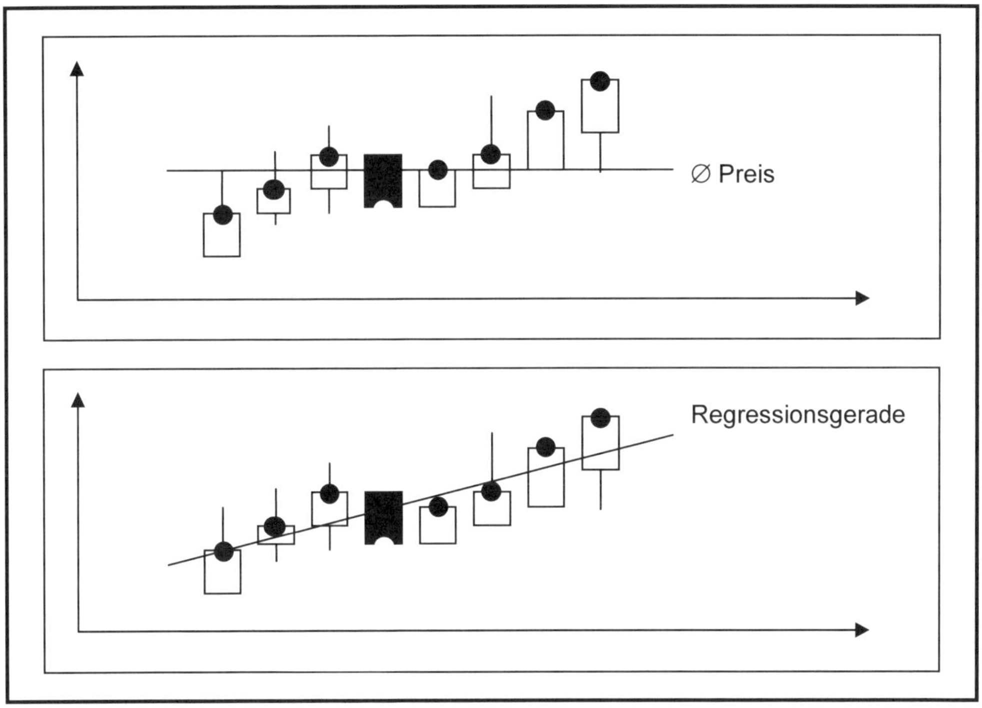

Abbildung 19: Vergleich dynamisch unsystematische und dynamisch systematische Volatilität

Abbildung 19 macht deutlich, dass bei ein und demselben Chartverlauf das Volatilitätsmaß in der oberen Grafik größer ausfallen wird als in der unteren Grafik. Da die untere Grafik effizient in eine Richtung läuft, ist ihre gerichtete – also die dynamische systematische – Volatilität geringer, als wenn der Durchschnittspreis als Referenzmaß herangezogen wird. Das dynamische systematische Schwankungsmaß ist somit Ausdruck für die Güte beziehungsweise Konstanz, in der sich der Kurs über die betrachtete Zeitperiode bewegt.

Ein weiteres Maß für die Güte einer Bewegung wird in der Effizienz lokalisiert. Dabei wird die ideale Bewegung des Kurses zwischen einem Start- und einem Endpunkt ermittelt und mit der tatsächlich vollzogenen Bewegung verglichen. Wie Abbildung 20 zeigt, wird zur Ermittlung der jeweils relevanten Geraden ein rechtwinkliges Dreieck zur Hilfe herangezogen, wodurch der Satz des Pythagoras Anwendung findet. Die reale Bewegung wird summiert und anschließend in das Verhältnis der idealen Bewegung gesetzt. Je näher die reale Bewegung an der idealen verläuft, umso konstanter ist die Effizienz, und entsprechend werden dabei Werte nahe an 100 Prozent erreicht. Je größer die Unterschiede von realer und idealer Bewegung sind, umso niedriger werden die Effizienzwerte erwartet.

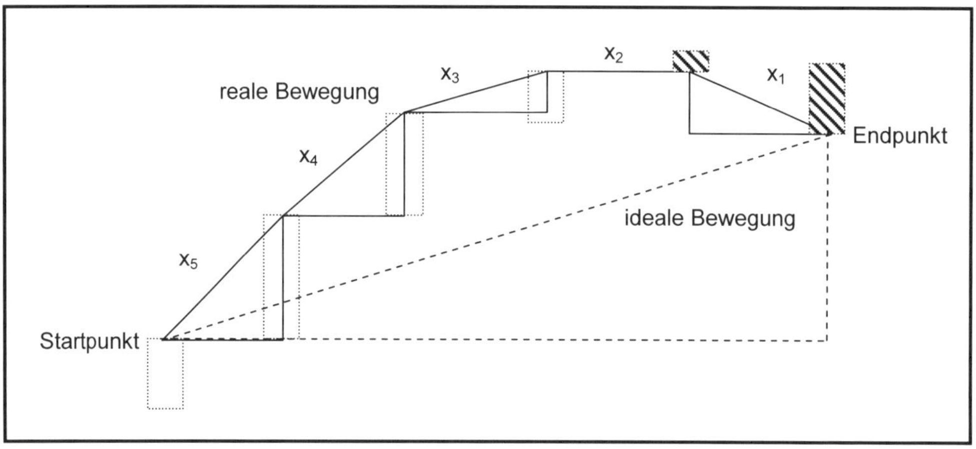

Abbildung 20: Ermittlung der Effizienz einer Kursbewegung

Abschließend wird der vollständige RadarScreen des Systemteils dynamisch systematische Volatilität dargestellt (Abbildung 21). In der vierten Spalte von rechts wird die prozentuale Veränderung des Quotienten zweier Standardabweichungen über unterschiedliche Zeitebenen visualisiert. In Spalte drei und zwei von rechts sind die absoluten sowie relativen Abweichungen des Kurses von der Regressionsgeraden dargestellt. In der letzten Spalte wird die Effizienz der zuletzt gezeigten Bewegung der jeweiligen Aktie aufgelistet.

	Symbol	Description	Interval	Last	Net Chg	Net %Chg	Bid	Ask	High	Low	Volume Today	K9 M V DS Vola …	K9 M V DS Vola Reg		K9 M V DS global Eff
													Vola Reg abs	Vola Reg rel	
1	Nasdaq 100 Index (100)														
2	VRTX	Vertex Pharmaceuticals	1 Min				0.00	0.00	29.09	28.62	939,478	135.099	0.013	0.044 %	99.98 %
3	EXPE	Expedia Inc	1 Min	29.48	-0.02	-0.08%	0.00	0.00	29.66	29.38	1,929,285	134.840	0.006	0.021 %	99.99 %
4	CMCSA	Comcast Cl'A'	1 Min				0.00	0.00	28.22	27.67	16,222,138	133.760	0.014	0.049 %	99.98 %
5	LAMR	Lamar Advertising 'A'	1 Min	61.63	-0.53	-0.85%	0.00	0.00	62.34	61.32	446,886	129.618	0.029	0.047 %	99.82 %
6	FLEX	Flextronics Intl	1 Min				0.00	0.00	11.71	11.27	10,794,226	124.909	0.017	0.146 %	99.98 %
7	PDCO	Patterson Companies	1 Min				0.00	0.00	37.93	37.26	827,358	124.540	0.009	0.023 %	99.99 %
8	SNDK	SanDisk Corp	1 Min				0.00	0.00	57.14	54.41	17,603,858	121.370	0.036	0.064 %	99.81 %
9	CTAS	Cintas Corp	1 Min				0.00	0.00	40.83	40.49	964,976	120.605	0.007	0.018 %	100.00 %
10	CTXS(E)	Citrix Systems	1 Min				0.00	0.00	35.34	34.77	2,278,882	120.520	0.013	0.038 %	99.98 %
11	SYMC	Symantec Corp	1 Min				0.00	0.00	19.87	19.66	8,688,474	118.322	0.007	0.037 %	100.00 %
12	AMGN	Amgen Inc	1 Min	55.54	-0.49	-0.87%	0.00	0.00	55.74	55.12	12,039,616	118.145	0.015	0.027 %	99.98 %
13	GOOG	Google Inc Cl A	1 Min	551.00	-1.99	-0.36%	0.00	0.00	557.73	552.38	4,331,404	115.629	0.143	0.026 %	97.81 %
14	BBBY	Bed Bath & Beyond	1 Min	35.96	-0.03	-0.10%	0.00	999.99	36.14	35.86	2,120,677	115.470	0.012	0.033 %	99.99 %
15	SHLD	Sears Holding Corporation	1 Min	155.17	-0.54	-0.35%	0.00	0.00	156.99	154.98	1,258,888	114.273	0.041	0.026 %	99.79 %
16	MNST	Monster Worldwide	1 Min				0.00	0.00	42.10	41.46	1,129,964	113.039	0.015	0.037 %	99.99 %
17	GILD	Gilead Sciences	1 Min	39.19	-0.43	-1.09%	0.00	0.00	39.78	39.03	8,095,528	110.892	0.018	0.045 %	99.96 %
18	BIIB	Biogen Idec	1 Min	54.76	-0.58	-1.05%	0.00	0.00	55.40	54.72	5,653,430	108.741	0.024	0.044 %	99.97 %
19	DISCA	Discovery Holding Co Series A	1 Min				0.00	0.00	25.96	25.46	3,317,775	108.383	0.012	0.045 %	99.98 %
20	ESRX	Express Scripts	1 Min				0.00	0.00	54.47	53.59	1,389,771	107.872	0.011	0.021 %	99.99 %
21	FAST	Fastenal Co	1 Min	48.09	-0.48	-1.00%	0.00	0.00	48.93	47.57	1,468,551	107.161	0.021	0.043 %	99.99 %
22	MRVL(E)	Marvell Technology Group	1 Min				0.00	0.00	19.69	18.73	21,472,443	106.690	0.018	0.094 %	99.95 %
23	AAPL	Apple Inc	1 Min				0.00	0.00	139.60	137.50	25,355,612	106.354	0.037	0.027 %	99.89 %
24	SBUX	Starbucks Corp	1 Min	25.65	-0.23	-0.88%	0.00	0.00	26.25	25.80	10,351,843	106.066	0.004	0.014 %	100.00 %
25	CHRW	C.H. Robinson Worldwide Inc	1 Min				0.00	0.00	53.72	52.74	1,170,329	105.830	0.010	0.020 %	99.98 %
26	SPLS	Staples Inc	1 Min				0.00	0.00	24.83	24.24	6,626,369	104.447	0.005	0.019 %	100.00 %
27	TLAB	Tellabs, Inc	1 Min	11.60	-0.27	-2.27%	0.00	0.00	11.90	11.71	5,151,008	104.121	0.003	0.029 %	100.00 %
28	GENZ	Genzyme Corporation	1 Min				0.00	0.00	61.12	60.25	2,298,208	103.280	0.029	0.048 %	99.99 %
29	RYAAY	Ryanair Holdings ADS	1 Min	38.90	-0.05	-0.13%	0.00	0.00	39.15	38.76	411,239	102.524	0.014	0.036 %	99.98 %
30	CDWC	CDW Corp	1 Min	85.41	-0.14	-0.17%	0.00	0.00	85.69	85.00	783,612	101.319	0.018	0.021 %	99.98 %
31	XRAY	Dentsply Intl	1 Min	38.25	-0.37	-0.96%	0.00	0.00	38.54	38.19	910,515	100.654	0.017	0.044 %	99.96 %
32	UAUA	UAL Corp	1 Min				0.00	0.00	46.17	44.74	4,454,580	98.386	0.036	0.079 %	99.91 %
33	CDNS	Cadence Design Systems	1 Min				0.00	0.00	22.38	22.01	2,460,702	98.176	0.007	0.033 %	99.99 %
34	JNPR	Juniper Networks	1 Min				0.00	0.00	27.19	26.65	9,773,312	97.157	0.015	0.055 %	99.99 %
35	ROST	Ross Stores	1 Min	31.06	-0.40	-1.27%	0.00	0.00	31.51	30.88	1,661,368	96.531	0.007	0.022 %	99.99 %
36	SUNW	Sun Microsystems	1 Min	5.25	-0.09	-1.69%	0.00	0.00	5.35	5.26	81,990,391	95.618	0.004	0.070 %	100.00 %
37	XMSR	XM Satellite Radio'A'	1 Min				0.00	0.00	12.85	12.54	4,003,539	95.618	0.004	0.033 %	100.00 %
38	LOGI	Logitech Intl ADR	1 Min				0.00	0.00	28.64	28.32	894,624	94.281	0.008	0.029 %	99.99 %
39	SIAL	Sigma-Aldrich	1 Min				0.00	0.00	44.31	43.82	800,902	93.644	0.009	0.021 %	99.99 %
40	CELG	Celgene Corp	1 Min	58.30	-0.02	-0.03%	0.00	0.00	58.81	57.65	3,685,807	92.457	0.018	0.030 %	99.97 %
41	APOL	Apollo Group'A'	1 Min	62.42	-0.08	-0.13%	0.00	0.00	63.00	62.31	2,096,483	90.643	0.018	0.028 %	99.98 %
42	INTU	Intuit Inc	1 Min	29.94	-0.13	-0.43%	0.00	0.00	30.14	29.67	4,133,736	90.554	0.010	0.034 %	99.99 %
43	CKFR	Checkfree Corp	1 Min	40.40	0.00	0.00%	0.00	0.00	40.67	40.23	548,614	90.252	0.010	0.024 %	99.99 %
44	AMZN	Amazon.com Inc	1 Min	73.18	-0.51	-0.69%	0.00	0.00	74.52	73.59	6,085,973	89.925	0.034	0.047 %	99.91 %
45	LLTC	Linear Technology Corp	1 Min				0.00	0.00	38.41	37.63	6,195,354	89.305	0.024	0.062 %	99.90 %
46	INTC	Intel Corp	1 Min	25.05	-0.90	-3.47%	0.00	0.00	26.52	25.98	122,067,752	88.482	0.014	0.053 %	99.99 %
47	MSFT	Microsoft Corp	1 Min				0.00	0.00	30.88	30.01	77,539,532	86.428	0.025	0.083 %	99.91 %
48	ADBE	Adobe Systems	1 Min				0.00	0.00	41.74	40.82	6,272,757	86.181	0.017	0.042 %	99.94 %

Page 1

Created with TradeStation

Abbildung 21: RadarScreen dynamisch systematische Volatilität

Psychologische Einflussfaktoren

In diesem Abschnitt wird die Grundidee des Modul K9 Psychologie erläutert. Insbesondere zur weiteren Veranschaulichung werden exemplarisch einzelne Systemmodule präsentiert.

Die Psyche der Marktteilnehmer spielt beim Treffen einer Handelsentscheidung eine wichtige Rolle. Die genaue Kenntnis des Verhaltens der Masse in bestimmten Situationen erlaubt dem Investor Rückschlüsse auf die potenzielle zukünftige Entwicklung des Kurses. Insbesondere in trendintensiven Marktphasen zeigt sich die Psychologie der Marktteilnehmer als ein wichtiger Bestandteil des Kursverhaltens. In diesen Marktphasen ist die durchschnittliche tägliche Aufwärtsbewegung größer als die durchschnittliche tägliche Abwärtsbewegung, wenn auch die Aktie über den betrachteten Zeitraum gestiegen ist. Dieses Marktverhalten treibt die Kurse stetig an, während es bei negativen Marktphasen nur zu geringen Verlusten kommt. Zur Veranschaulichung dient das Verhalten der NASDAQ-100-Werte über einen Zeitraum vom 01.01.2006 bis 07.07.2007, wie die Abbildung 23 verdeutlicht.

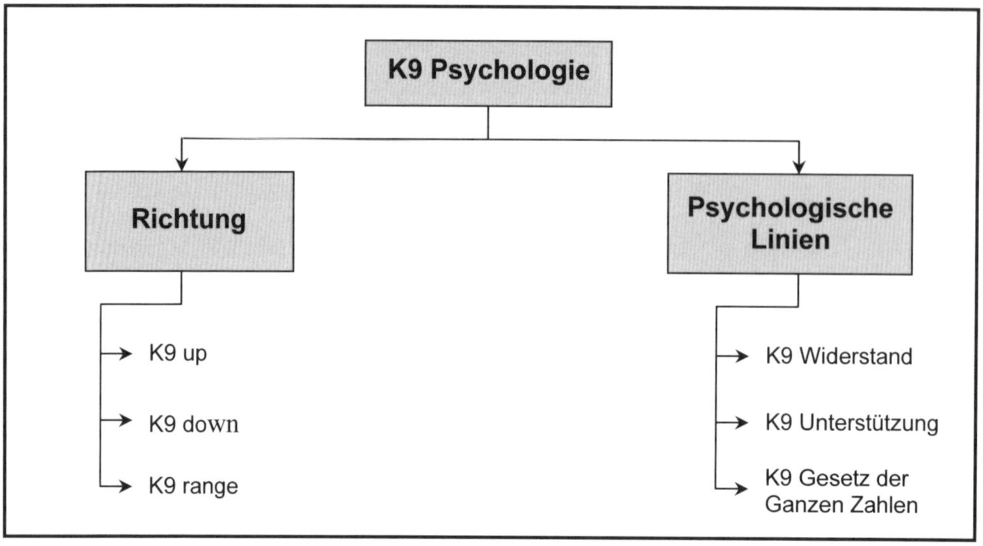

Abbildung 22: Aufbau des Moduls K9 Psychologie

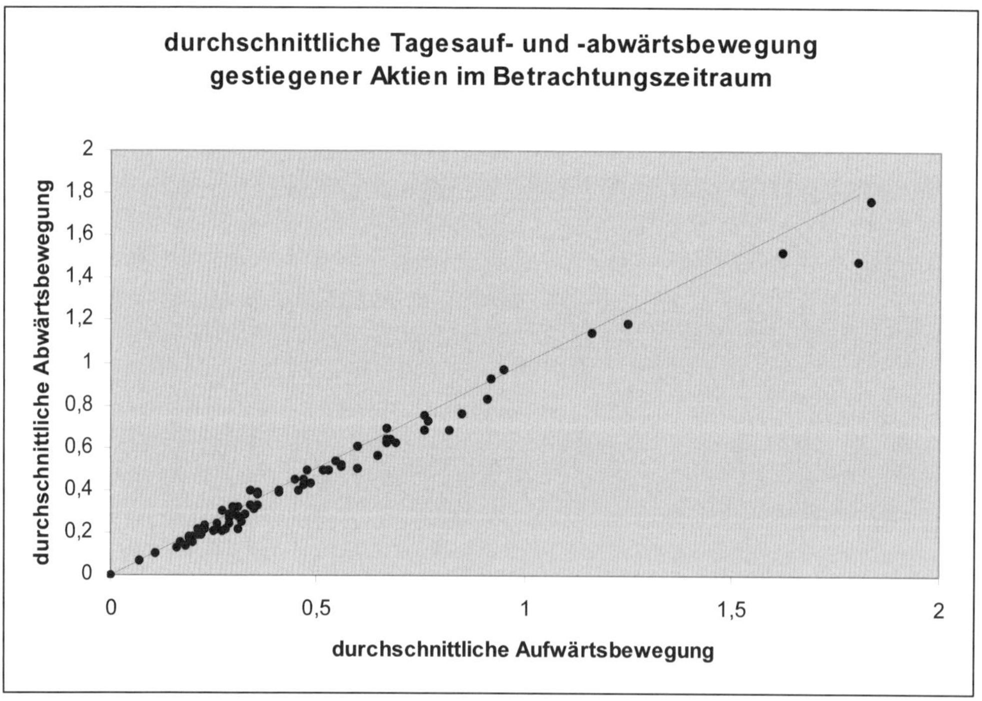

Abbildung 23: Durchschnittliche Tagesauf- und -abwärtsbewegung gestiegener Aktien

Aus diesem Grund ist es aus risikotechnischer Sicht zunächst von Bedeutung, die allgemeine Trendrichtung des entsprechenden Wertpapiers zu bestimmen. Dies sollte nicht nur über einen hinreichend großen langfristigen Zeitraum, sondern auch über einen kurzen Zeitraum geschehen, um eine Aussage über die augenblickliche Bewegung treffen zu können.

Im obigen Abschnitt wurde im Rahmen des Moduls K9 Psychologie das Richtungsverhalten aus psychologischer Sicht analysiert. Im Folgenden wird der zweite Aspekt des Moduls K9 Psychologie erläutert: Es muss festgestellt werden, ob sich die Kursfeststellungen in der Nähe psychologisch relevanter Preismarken befinden. Markant ist das Verhalten an ganzzahligen Kursfeststellungen. Da das Orderbuch eines Titels, der nahe an einer markanten Kursmarke steht, im Allgemeinen durch eine Vielzahl von offenen Orders direkt an dieser Kursmarke gefüllt wird, reicht die Dynamik oft nicht aus, diese psychologische Marke beim ersten Anlauf zu durchbrechen. Die große Zahl der Orders kann vom Markt nicht sofort bedient werden. Der Kurs treibt zunächst ein Stück in die andere Richtung, um neue Marktteilnehmer in den Sog einzubeziehen, und wird auch ein zweites Mal versuchen, diese Kursmarke zu durchdringen. Dieses Verhalten kann sich – je nach Marktstimmung – mehrere Male wiederholen. Ist die Marktstimmung positiv, so wird irgendwann der Durchbruch erfolgen. Ist sie dagegen eher negativ, so wird das Abprallen als weiteres negatives Indiz verwendet und zu überproportional intensiven Abwärtsbewegungen führen. Im Folgenden wird anhand eines einfachen Beispiels zunächst in allgemeiner Form und anschließend am Beispiel der Altera-Aktie dieser Sachverhalt dargestellt.

Abbildung 24 stellt das mehrmalige Abprallen eines Kurses an einer psychologisch wichtigen Marke dar. Die Euphorie des Marktes hat auch die zweimal auftretende

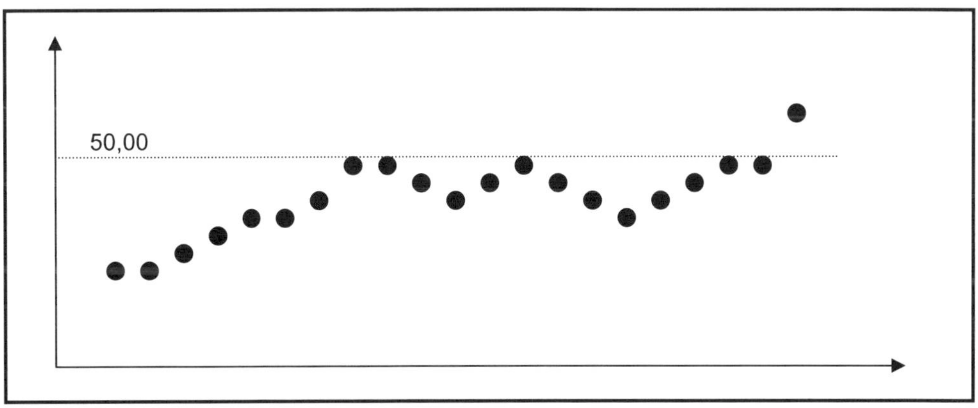

Abbildung 24: Mögliches Verhalten eines Kurses an einer Ganzen Zahl

Korrektur verkraftet, und im dritten Anlauf hat es die Aktie geschafft, die Ganze Zahl zu durchbrechen. Damit steht dem Kurs jetzt wieder mehr Platz zur Verfügung, und er hat das Potenzial, neue Höchststände zu erreichen.

Die Abbildungen 25 und 26 verdeutlichen am praktischen Beispiel, wie sich der Kurs der Aktie Altera Corp. aus dem NASDAQ-100-Index am 09.07.2007 an die Ganze Zahl 24,00 USD angenähert hat, dort allerdings auf Grund einer größeren Zahl von Marktteilnehmern, die ihre Orders zu dieser Marke aufgegeben haben, ins Stocken geriet. In Abbildung 26 ist zu erkennen, dass sich der Kurs bereits über einen längeren Zeitraum an die Marke angenähert und zweimal versucht hat, sie zu durchbrechen. Dies ist allerdings nicht gelungen, da der Kurs bereits eine starke Aufwärtsbewegung zu Beginn des Handelstages zu verzeichnen hatte und die Dynamik nachgelassen hat. Somit kommt es zu einer Trendumkehr, und der Kurs ist vorerst an der 24,00-USD-Marke abgeprallt. Zu erkennen ist ebenso, dass der Kurs nach dem Abprall eine steigende negative Dynamik entwickelt.

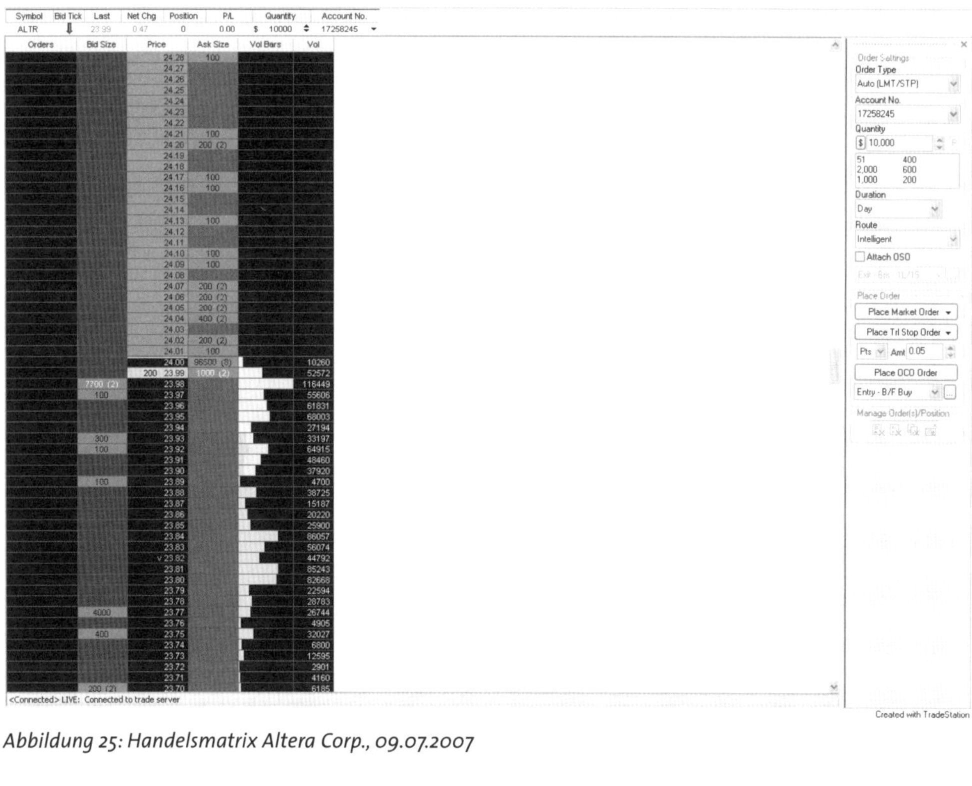

Abbildung 25: Handelsmatrix Altera Corp., 09.07.2007

Abbildung 26: Chart Altera Corp., 09.07.2007

In Abbildung 27 wird der Gesamtbildschirm des Moduls K9 Psychologie gezeigt. Im links visualisierten Chart sind psychologische Kurse markiert, die im Laufe des Handelstages besonders markante Eigenschaften aufgewiesen haben. Im RadarScreen sind in der breiten Spalte in der Mitte der Darstellung die Bewegungsintensität sowie die Stärke und Konstanz dieser Bewegung dargestellt. Die fünf rechten Spalten visualisieren das Verhalten an ganzzahligen Kursen, wobei die relevante Ganze Zahl hervorgehoben wird. Die letzte Spalte gibt an, wie viel Prozent des aktuellen Handelstages über beziehungsweise unter der relevanten psychologischen Kursmarke gelegen waren.

Abbildung 27: Chart Celgene Corp., 18.07.2007 und RadarScreen K9 Psychologie

Indexbasierende Korrelation

Abschließend zu diesem Abschnitt wird das Modul K9 Korrelation erläutert.

Der letzte Teil des Moduls K9 Movement, die Betrachtung der Korrelation, wird untergliedert in eine zeitliche Komponente und in die Marktkomponente. Die Korrelation auf zeitlicher Ebene beinhaltet die Auswertung der vor- und nachbörslichen Kurse, die außerhalb der üblichen Parketthandelszeiten festgestellt wurden. Sie geben schon frühzeitig genaue Hinweise auf die Eröffnung des regulären Handels und auf Divergenzen zwischen dem Gesamtmarkt und dem einzelnen Wertpapier.

Die Bewertung des aktuellen Kurses wird durchgeführt in Bezug auf den Tageseröffnungskurs, der die erste im Parketthandel festgestellte Preisfestsetzung repräsentiert.

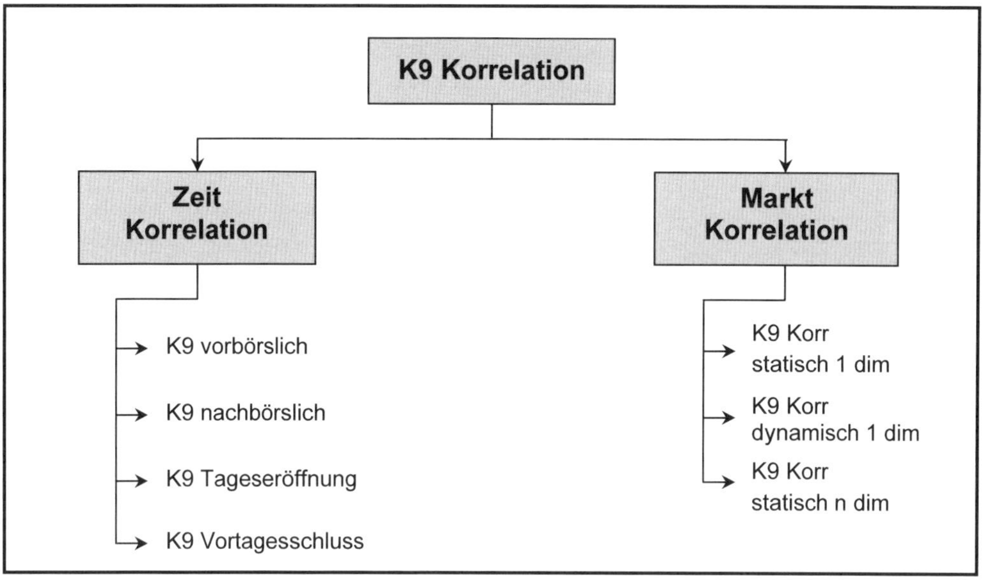

Abbildung 28: Aufbau Modul K9 Korrelation

Anhand dieser Betrachtung lässt sich leicht die Tagesrichtung feststellen, ob ein sinkender oder steigender Verlauf im regulären Handel zu verzeichnen gewesen ist. Weiterhin wird ein Bezug zur ersten Kursfeststellung im vorbörslichen Handel hergestellt. Da sich hier nur Market Maker aufhalten, ist innerhalb dieser Handelsspanne, die je nach Börse ein bis eineinhalb Stunden andauert, bereits frühzeitig ablesbar, ob der jeweilige Titel im positiven oder im negativen Bereich eröffnen wird. Die Auswertung des vorbörslichen Handels bringt einen entscheidenden Vorteil gegenüber vielen anderen Marktteilnehmern, die häufig keinen Einblick in die vorbörslichen Aktivitäten besitzen. Ebenso verhält es sich mit dem nachbörslichen Handel. Dieser findet bis zu vier Stunden nach dem Schluss des regulären Handels statt und zeigt einen Trend an, zu dem der Kurs am nächsten Tag eröffnen könnte. Im Allgemeinen kann es lediglich zwischen dem nachbörslichen und dem vorbörslichen Handel zu sogenannten Gaps kommen und nicht, wie viele meinen, zwischen dem Ende des regulären Handels am Vortag und der Eröffnung des regulären Handels am neuen Tag. Scheinbar auftretende Gapsituationen sind meist keine real existierenden und partiell zufälligen Kurssprünge, sondern sie wurden bereits im nach- und vorbörslichen Handel durch Aktivitäten der Market Maker verursacht. Gerade bei der Veröffentlichung von Quartalszahlen, die von den großen Kapitalgesellschaften im nachbörslichen Handel publiziert werden, kann es zu starken Veränderungen kommen. Die Abbildungen 29 und 30 zeigen einerseits einen scheinbaren Kurssprung zwischen dem Schlusskurs am Vortag (25.04.2007) und dem Eröffnungskurs des neuen Handelstages (26.04.2007) der Apple-Aktie sowie andererseits, wie er sich im nach- und vorbörslichen Handel tatsächlich entwickelt hat.

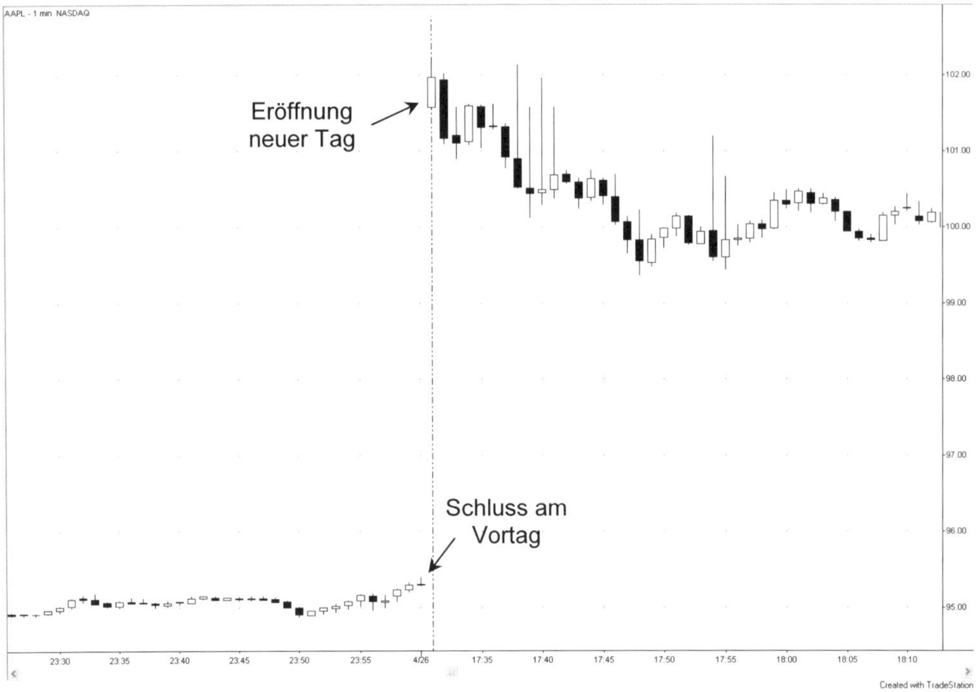

Abbildung 29: Chart scheinbare Gapsituation Apple Computer Inc., 25. – 26.04.2007

Abschließend wird der Aspekt Marktkorrelation im Rahmen des Moduls K9 Korrelation erläutert. Neben der Auswertung des vor- und nachbörslichen Handels eines jeden Wertpapiers spielt die Korrelation des Titels zu anderen Aktien oder zu einem als repräsentative Größe gewählten Index eine wesentliche Rolle. So haben Aktien in Phasen, in denen unternehmensspezifische Nachrichten nur von geringer Bedeutung sind, meist eine zum Gesamtmarkt hohe Korrelation. Unterschieden wird der statische und dynamische Gleichlauf. Die statische eindimensionale Korrelation vergleicht den Chart zweier Titel. Dabei werden gleichartige Bewegungen innerhalb des gewählten Zeithorizonts in Form einer positiven und gegensätzliche Bewegungen in Form einer negativen Korrelation bewertet. Der dynamischen eindimensionalen Korrelation kann die mathematische Berechnungsformel der Korrelation zugeordnet werden. Sie ergibt sich

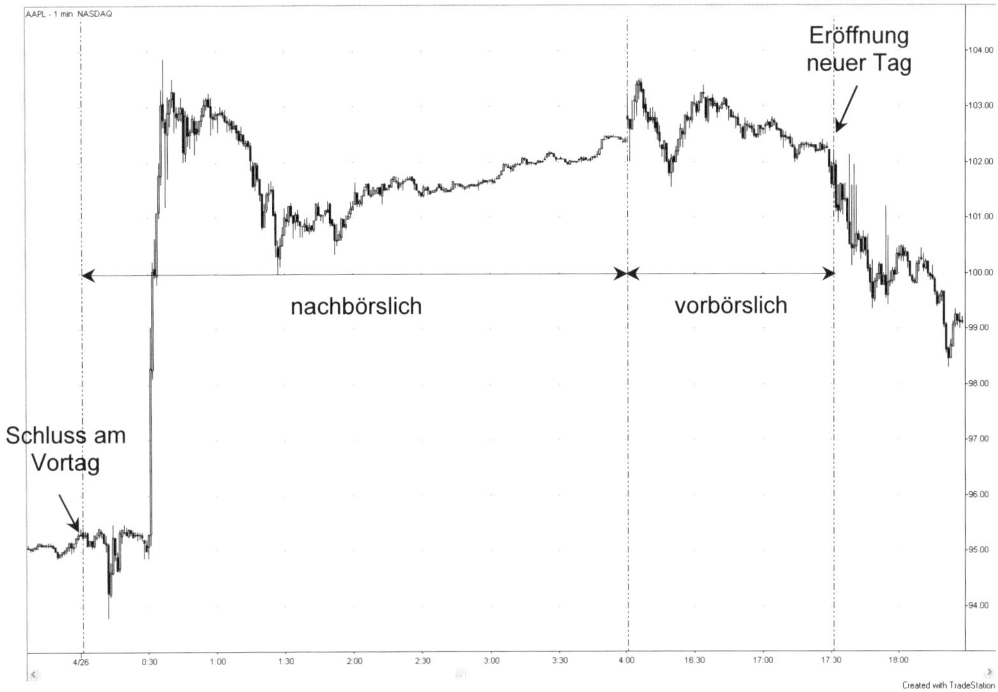

Abbildung 30: Chart tatsächliche Gapsituation Apple Computer Inc., 25. – 26.04.2007

aus dem Quotienten von Kovarianz zum Produkt der jeweiligen Standardabweichungen. Durch diese Normierung werden Werte in der Größenordnung zwischen + 1 (positiver Gleichlauf) und –1 (konträrer Verlauf) erreicht. Die statische n-dimensionale Korrelation vergleicht jede einzelne Kursfeststellung über die vergangenen 20 Zeitperioden aller Titel, woraus sich vor allem eine allgemeine Trendrichtung des Gesamtmarktes ableiten lässt.

Titel mit einem hohen Maß an Gleichlauf (positive Korrelation) orientieren sich bei ihrer Preisbildung am gewählten Referenzindex. Dies gilt vor allem für Schwergewichte innerhalb des gewählten Index, die einen großen Anteil an der Preisfestsetzung des Index besitzen. Stehen jedoch fundamentale Nachrichten an, wie etwa Quartalszahlen, so werden sich diese Titel unabhängig vom Gesamtmarkt bewegen (keine Korrelation). Es ist gemeinhin zu erkennen, dass solche Werte eine spezifische, individuelle Bewegungsrichtung bevorzugen. Läuft der Gesamtmarkt ebenfalls in diese Richtung, so bilden die Aktien diese Bewegung überproportional ab (punktuell positive Korrelation mit hohem Beta-Faktor); läuft der Gesamtmarkt jedoch in die entgegengesetzte Richtung, so bilden diese Titel eine solche Phase entweder in Form einer

												K9 M K MK dyn 1 dim		K9 M K ZK OVCNOHCG			
	Symbol	Description	Interval	Last	Net Chg	Net %Chg	Bid	Ask	High	Low	Volume Today	Corr-Wert	Correlation	Close Vortag	Close nach	Open vor	Open Heute
1	QQQQ	PowerShares QQQ Trust Series 1	1 Min				0.00	0.00	50.30	49.92	124,838,546	Referenzwert		0.00	-0.01	0.00	0.00
2	Nasdaq 100 Index (100)																
3	AAPL	Apple Inc	1 Min				0.00	0.00	139.60	137.50	25,355,612	-0.21		0.00			
4	ADBE	Adobe Systems	1 Min				0.00	0.00	41.74	40.82	6,272,757	0.58		0.00	-0.05	-0.05	-0.05
5	ADSK	Autodesk, Inc	1 Min				0.00	0.00	47.47	46.88	1,462,663	0.29		0.00	-0.04	-0.04	-0.04
6	AKAM	Akamai Technologies	1 Min				0.00	0.00	49.53	48.77	2,424,181	0.28		0.00	0.00	-0.01	-0.01
7	ALTR	Altera Corp	1 Min				0.00	999.99	25.07	24.40	8,714,964	0.33		0.00	-0.03	-0.02	-0.02
8	AMAT	Applied Materials	1 Min				0.00	0.00	22.08	20.75	71,353,231	0.31		0.00	0.03	-0.03	-0.03
9	AMGN	Amgen Inc	1 Min	55.54	-0.49	-0.87%	0.00	0.00	55.74	55.12	12,039,616	-0.00		0.00			
10	AMLN	Amylin Pharmaceuticals	1 Min	42.97	-0.21	-0.49%	0.00	0.00	43.54	42.74	1,083,900	-0.11		0.00	-0.01	0.00	0.00
11	AMZN	Amazon.com Inc	1 Min	73.18	-0.51	-0.69%	0.00	0.00	74.52	73.59	6,085,973			0.00	-0.08	-0.08	-0.08
12	APOL	Apollo Group'A'	1 Min	62.42	-0.08	-0.13%	0.00	0.00	63.00	62.31	2,096,483	0.42		0.00	-0.05	-0.04	-0.04
13	ATVI	Activision Inc	1 Min	18.35	-0.35	-1.87%	0.00	0.00	18.76	18.16	7,003,301	-0.18		0.00	0.00	0.00	0.00
14	BBBY	Bed Bath & Beyond	1 Min	35.96	-0.03	-0.10%	0.00	999.99	36.14	35.86	2,120,677	0.38		0.00	-0.03	-0.03	-0.03
15	BEAS(E)	Bea Systems	1 Min				0.00	0.00	13.96	13.67	19,409,665	0.65		0.00	0.00	0.00	0.00
16	BIIB	Biogen Idec	1 Min	54.76	-0.58	-1.05%	0.00	0.00	55.40	54.72	5,653,430	0.55		0.00	0.05	-0.05	-0.05
17	BMET	Biomet, Inc	1 Min				0.00	0.00	45.65	45.41	2,054,535	-0.16		0.00	0.00	0.00	0.00
18	BRCM	Broadcom Corp'A'	1 Min	32.39	-0.02	-0.06%	0.00	0.00	33.14	32.49	8,948,671	0.37		0.00	-0.03	-0.02	-0.02
19	CDNS	Cadence Design Systems	1 Min				0.00	0.00	22.38	22.01	2,460,702	-0.00		0.00	0.00	0.00	0.00
20	CDWC	CDW Corp	1 Min	85.41	-0.14	-0.17%	0.00	0.00	85.69	85.00	783,612	-0.25		0.00	0.00	-0.05	-0.05
21	CELG	Celgene Corp	1 Min	58.30	-0.02	-0.03%	0.00	0.00	58.81	57.65	3,685,807	0.43		0.00			
22	CEPH	Cephalon Inc	1 Min	81.86	-0.42	-0.51%	0.00	0.00	82.46	81.45	833,435	-0.20		0.00	0.00	-0.01	-0.01
23	CHKP	Check Point Software Tech	1 Min				0.00	0.00	23.57	23.07	1,171,811	-0.43		0.00	-0.01	-0.02	-0.02
24	CHRW	C.H. Robinson Worldwide Inc	1 Min				0.00	0.00	53.72	52.74	1,170,329	0.20		0.00	-0.04	-0.05	-0.05
25	CKFR	Checkfree Corp	1 Min	40.40	0.00	-0.00%	0.00	0.00	40.67	40.23	548,614	0.18		0.00	-0.02	-0.02	-0.02
26	CMCSA	Comcast Cl'A'	1 Min				0.00	0.00	28.22	27.67	16,222,138	0.34		0.00			
27	COST	Costco Wholesale	1 Min				0.00	0.00	62.47	61.66	3,738,971	0.70		0.00	-0.05	0.05	-0.05
28	CSCO	Cisco Systems	1 Min	29.56	-0.33	-1.10%	0.00	0.00	29.98	29.60	37,509,002	0.31		0.00			
29	CTAS	Cintas Corp	1 Min				0.00	0.00	40.83	40.49	964,976	0.15		0.00	-0.02	-0.01	-0.01
30	CTSH	Cognizant Tech Solutions'A'	1 Min	84.62	-1.06	-1.24%	0.00	0.00	86.30	84.05	2,170,529	0.54		0.00			
31	CTXS(E)	Citrix Systems	1 Min				0.00	0.00	35.34	34.77	2,278,882	0.11		0.00	-0.03	-0.03	-0.03
32	DELL(E)	Dell Inc	1 Min	28.75	-0.20	-0.69%	0.00	0.00	29.61	29.09	18,884,165	-0.30		0.00	-0.02	-0.02	-0.02
33	DISCA	Discovery Holding Co Series A	1 Min				0.00	0.00	25.96	25.46	3,317,775	0.30		0.00	-0.02	-0.02	-0.02
34	DISH	EchoStar Communications'A'	1 Min	43.59	-0.33	-0.75%	0.00	0.00	44.15	43.34	1,388,105	-0.12		0.00	0.00		
35	EBAY	Ebay Inc	1 Min	34.15	-0.24	-0.70%	0.00	0.00	34.48	34.21	10,149,643	0.62		0.00	-0.03	-0.03	-0.03
36	ERIC	Ericsson(LM)tel'B'ADS	1 Min	41.64	-0.36	-0.85%	0.00	0.00	41.87	41.38	1,255,720	0.41		0.00	-0.02	-0.02	-0.02
37	ERTS	Electronic Arts	1 Min				0.00	0.00	49.57	48.02	4,992,344	0.45		0.00	-0.04	-0.04	-0.04
38	ESRX	Express Scripts	1 Min				0.00	0.00	54.47	53.59	1,389,771	-0.00		0.00	-0.04	-0.03	-0.03
39	EXPD	Expeditors Intl of Washington	1 Min				0.00	0.00	46.66	45.69	2,003,946	0.10		0.00	-0.02	-0.02	-0.02
40	EXPE	Expedia Inc	1 Min	29.48	-0.02	-0.08%	0.00	0.00	29.66	29.38	1,929,285	0.22		0.00	-0.02	-0.02	-0.02
41	FAST	Fastenal Co	1 Min	48.09	-0.48	-1.00%	0.00	0.00	48.93	47.57	1,468,551	0.45		0.00	-0.03	-0.06	-0.06
42	FISV	Fiserv Inc	1 Min				0.00	0.00	57.32	56.53	917,385	-0.25		0.00	-0.03	-0.01	-0.01
43	FLEX	Flextronics Intl	1 Min				0.00	0.00	11.71	11.27	10,794,226	-0.64		0.00	0.00	-0.01	-0.01
44	GENZ	Genzyme Corporation	1 Min				0.00	0.00	61.12	60.25	2,298,208	0.55		0.00	-0.03	-0.04	-0.04
45	GILD	Gilead Sciences	1 Min	39.19	-0.43	-1.09%	0.00	0.00	39.78	39.03	8,095,528	0.54		0.00	-0.04	-0.03	-0.03
46	GOOG	Google Inc Cl A	1 Min	551.00	-1.99	-0.36%	0.00	0.00	557.73	552.38	4,331,404	0.03		0.00			
47	GRMN	Garmin Ltd	1 Min	80.05	-2.69	-3.25%	0.00	0.00	84.32	79.65	2,899,987	0.05		0.00			
48	IACI	IAC/InterActiveCorp New	1 Min				0.00	0.00	33.34	32.88	2,119,139	0.38		0.00	0.00	0.00	0.00

Page 1

Created with TradeStation

Abbildung 31: RadarScreen Zeitkorrelation und Korrelation dynamisch eindimensional

Abnahme ihrer Bewegungsdynamik oder in Form einer Seitwärtsbewegung ab (punktuell keine bis negative Korrelation mit niedrigem bis negativem Beta-Faktor).

Abbildung 31 stellt in Spalte fünf beziehungsweise sechs von rechts die dynamisch eindimensionale Korrelation aller Aktien zu dem in Zeile eins gewählten Referenzindex dar. Die vier rechten Spalten visualisieren die Zeitkorrelation, das Verhalten jeder Aktie zu den vor- und nachbörslichen Kursfeststellungen.

Abbildung 32 zeigt den Kursverlauf der Aktie Apple Computer und des als Referenzindex gewählten NASDAQ 100 Trust. Im unteren Teil des Charts ist die statische eindimensionale Marktkorrelation zwischen der Aktie und dem Index dargestellt. Positive Ausschläge des Histogramms verkörpern dabei ein gleichgerichtetes Maß des Gleichlaufs, während negative Ausschläge auf einen konträr gerichteten Gleichlauf schließen lassen.

Abschließend zum Modul K9 Korrelation visualisiert Abbildung 33 die dynamisch n-dimensionale Korrelation der gewählten Aktien zum in Zeile eins gewählten Referenzindex.

Abbildung 32: Korrelation statisch eindimensional, Chart Apple Computer Inc. und NASDAQ 100 Trust, 17.07.2007

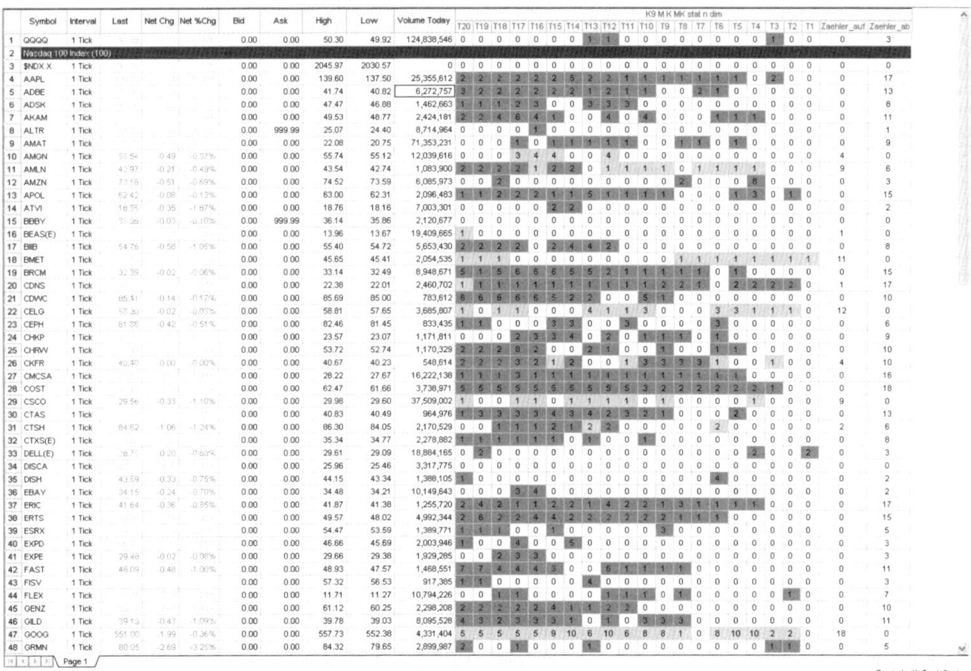

	Symbol	Interval	Last	Net Chg	Net %Chg	Bid	Ask	High	Low	Volume Today	K9 M K MK stat n dim T20	T19	T18	T17	T16	T15	T14	T13	T12	T11	T10	T9	T8	T7	T6	T5	T4	T3	T2	T1	Zaehler_auf	Zaehler_ab
1	QQQQ	1 Tick				0.00	0.00	50.30	49.92	124,838,546	0	0	0	0	0	0	0	1	1	0	0	0	0	0	0	0	0	1	0	0	0	3
2	Nasdaq 100 Index (100)																															
3	$NDX.X	1 Tick				0.00	0.00	2045.97	2030.57	0	0	0	0	0	0	0	0	0	0	0	0	0	0	0	0	0	0	0	0	0	0	0
4	AAPL	1 Tick				0.00	0.00	139.60	137.50	25,355,612	2	2	2	2	2	2	5	2	2	1	1	1	1	1	1	1	0	2	0	0	0	17
5	ADBE	1 Tick				0.00	0.00	41.74	40.82	6,272,757	3	2	2	2	2	2	2	1	2	1	1	0	0	2	1	0	0	0	0	0	0	13
6	ADSK	1 Tick				0.00	0.00	47.47	46.88	1,462,663	1	1	1	2	3	0	0	3	3	3	0	0	0	0	0	0	0	0	0	0	0	8
7	AKAM	1 Tick				0.00	0.00	49.53	48.77	2,424,181	2	2	4	6	4	1	0	0	4	0	4	0	0	0	1	1	1	0	0	0	0	11
8	ALTR	1 Tick				0.00	999.99	25.07	24.40	8,714,964	0	0	0	0	1	0	0	0	0	0	0	0	0	0	0	0	0	0	0	0	0	1
9	AMAT	1 Tick				0.00	0.00	22.08	20.75	71,353,231	0	0	0	1	0	1	1	1	1	1	0	0	1	1	0	1	0	0	0	0	0	9
10	AMGN	1 Tick	55.54	-0.49	-0.87%	0.00	0.00	55.74	55.12	12,039,616	0	0	0	3	4	4	0	0	4	0	0	0	0	0	0	0	0	0	0	0	4	0
11	AMLN	1 Tick	42.97	-0.21	-0.49%	0.00	0.00	43.54	42.74	1,083,900	2	2	2	2	1	2	2	0	1	1	1	1	0	1	1	1	1	0	0	0	9	6
12	AMZN	1 Tick	73.16	-0.51	-0.69%	0.00	0.00	74.52	73.59	6,085,973	0	0	2	0	0	0	0	0	0	0	0	0	2	0	0	0	8	0	0	0	0	3
13	APOL	1 Tick	62.42	-0.08	-0.13%	0.00	0.00	63.00	62.31	2,096,483	1	1	2	2	2	1	1	5	1	1	1	1	0	0	0	1	3	0	1	0	0	15
14	ATVI	1 Tick	18.35	-0.35	-1.87%	0.00	0.00	18.76	18.16	7,003,301	0	0	0	0	0	2	2	0	0	0	0	0	0	0	0	0	0	0	0	0	0	2
15	BBBY	1 Tick	[illegible]	-0.03	-0.10%	0.00	999.99	36.14	35.86	2,120,677	0	0	0	0	0	0	0	0	0	0	0	0	0	0	0	0	0	0	0	0	0	0
16	BEAS(E)	1 Tick				0.00	0.00	13.96	13.67	19,409,665	1	0	0	0	0	0	0	0	0	0	0	0	0	0	0	0	0	0	0	0	1	0
17	BIIB	1 Tick	54.76	-0.58	-1.05%	0.00	0.00	55.40	54.72	5,653,430	2	2	2	2	0	2	4	4	2	0	0	0	0	0	0	0	0	0	0	0	0	8
18	BMET	1 Tick				0.00	0.00	45.65	45.41	2,054,535	1	1	1	0	0	0	0	0	0	0	0	0	1	1	1	1	1	1	1	1	11	0
19	BRCM	1 Tick	32.39	-0.02	-0.06%	0.00	0.00	33.14	32.49	8,948,671	5	1	5	6	6	6	5	5	2	1	1	1	1	1	0	1	0	0	0	0	0	15
20	CDNS	1 Tick				0.00	0.00	22.38	22.01	2,460,702	1	1	1	1	1	1	1	1	1	1	1	2	2	1	0	2	2	2	2	0	1	17
21	CDWC	1 Tick	85.41	-0.14	-0.17%	0.00	0.00	85.69	85.00	783,612	6	6	6	6	6	5	2	2	0	0	5	1	0	0	0	0	0	0	0	0	0	10
22	CELG	1 Tick	[illegible]	-0.02	-0.03%	0.00	0.00	58.81	57.65	3,685,807	1	0	1	1	0	0	0	4	1	1	3	0	0	0	3	3	1	1	1	0	12	0
23	CEPH	1 Tick	81.88	-0.42	-0.51%	0.00	0.00	82.46	81.45	833,435	1	1	0	0	0	3	3	0	0	3	0	0	0	0	3	0	0	0	0	0	0	6
24	CHKP	1 Tick				0.00	0.00	23.57	23.07	1,171,811	0	0	0	2	3	3	4	0	2	0	1	1	1	0	1	0	0	0	0	0	0	9
25	CHRW	1 Tick				0.00	0.00	53.72	52.74	1,170,329	2	2	2	8	2	0	0	2	1	0	0	1	0	0	1	1	0	0	0	0	0	10
26	CKFR	1 Tick	40.40	0.00	0.00%	0.00	0.00	40.67	40.23	548,614	2	2	2	3	2	1	2	0	0	1	3	3	3	3	1	0	0	1	0	0	4	10
27	CMCSA	1 Tick				0.00	0.00	28.22	27.67	16,222,138	1	1	1	3	1	1	1	1	1	1	1	1	1	1	1	1	0	0	0	0	0	16
28	COST	1 Tick				0.00	0.00	62.47	61.66	3,738,971	5	5	5	5	5	5	5	5	5	5	3	2	2	2	2	2	2	1	0	0	0	18
29	CSCO	1 Tick	29.56	-0.33	-1.10%	0.00	0.00	29.98	29.60	37,509,002	1	0	0	1	1	0	1	1	1	1	0	1	0	0	0	0	1	0	0	0	9	0
30	CTAS	1 Tick				0.00	0.00	40.83	40.49	964,976	1	3	3	3	3	4	3	4	2	3	2	1	0	0	0	2	0	0	0	0	0	13
31	CTSH	1 Tick	84.62	-1.06	-1.24%	0.00	0.00	86.30	84.05	2,170,529	0	0	1	1	1	2	1	2	2	0	0	0	0	0	2	0	0	0	0	0	2	6
32	CTXS(E)	1 Tick				0.00	0.00	35.34	34.77	2,278,882	1	1	1	1	1	1	0	1	0	0	1	0	0	0	0	0	0	0	0	0	0	8
33	DELL(E)	1 Tick	28.75	-0.20	-0.69%	0.00	0.00	29.61	29.09	18,884,165	0	2	0	0	0	0	0	0	0	0	0	0	0	0	0	0	2	0	0	2	0	3
34	DISCA	1 Tick				0.00	0.00	25.96	25.46	3,317,775	0	0	0	0	0	0	0	0	0	0	0	0	0	0	0	0	0	0	0	0	0	0
35	DISH	1 Tick	43.59	-0.33	-0.75%	0.00	0.00	44.15	43.34	1,388,105	1	0	0	0	0	0	0	0	0	0	0	0	0	0	4	0	0	0	0	0	0	2
36	EBAY	1 Tick	34.15	-0.24	-0.70%	0.00	0.00	34.48	34.21	10,149,643	0	0	0	3	4	0	0	0	0	0	0	0	0	0	0	0	0	0	0	0	0	2
37	ERIC	1 Tick	41.64	-0.36	-0.85%	0.00	0.00	41.87	41.38	1,255,720	2	4	2	1	1	2	2	1	4	2	2	1	3	1	1	1	1	0	0	0	0	17
38	ERTS	1 Tick				0.00	0.00	49.57	48.02	4,992,344	2	6	2	2	4	4	2	2	2	2	2	2	1	1	1	0	0	0	0	0	0	15
39	ESRX	1 Tick				0.00	0.00	54.47	53.59	1,389,771	1	1	1	0	0	1	0	0	0	0	0	3	0	0	0	0	0	0	0	0	0	5
40	EXPD	1 Tick				0.00	0.00	46.66	45.69	2,003,946	1	0	0	4	0	0	5	0	0	0	0	0	0	0	0	0	0	0	0	0	0	3
41	EXPE	1 Tick	29.48	-0.02	-0.08%	0.00	0.00	29.66	29.38	1,929,285	0	0	2	3	3	0	0	0	0	0	0	0	0	0	0	0	0	0	0	0	0	3
42	FAST	1 Tick	48.09	-0.48	-1.00%	0.00	0.00	48.93	47.57	1,468,551	7	7	4	4	4	3	0	0	6	1	1	1	1	0	0	0	0	0	0	0	0	11
43	FISV	1 Tick				0.00	0.00	57.32	56.53	917,385	1	1	0	0	0	0	0	4	0	0	0	0	0	0	0	0	0	0	0	0	0	3
44	FLEX	1 Tick				0.00	0.00	11.71	11.27	10,794,226	0	0	1	1	0	0	0	0	1	1	1	0	1	0	0	0	0	0	1	0	0	7
45	GENZ	1 Tick				0.00	0.00	61.12	60.25	2,298,208	2	2	2	2	2	4	1	1	2	2	0	0	0	0	0	0	0	0	0	0	0	10
46	GILD	1 Tick	39.19	-0.43	-1.09%	0.00	0.00	39.78	39.03	8,095,528	4	3	2	3	3	3	1	0	1	0	3	3	3	0	0	0	0	0	0	0	0	11
47	GOOG	1 Tick	551.00	-1.99	-0.36%	0.00	0.00	557.73	552.38	4,331,404	5	5	5	5	5	9	10	6	10	6	8	8	1	0	8	10	10	2	2	0	18	0
48	GRMN	1 Tick	80.05	-2.69	-3.25%	0.00	0.00	84.32	79.65	2,899,987	2	0	0	1	0	0	0	1	0	0	0	0	0	0	0	0	0	1	1	0	0	5

Page 1

Created with TradeStation

Abbildung 33: RadarScreen Korrelation dynamisch n-dimensional

Preisbildungsprozess am Modul K9 Pricing

In diesem Abschnitt soll das Modul K9 Pricing erläutert werden.

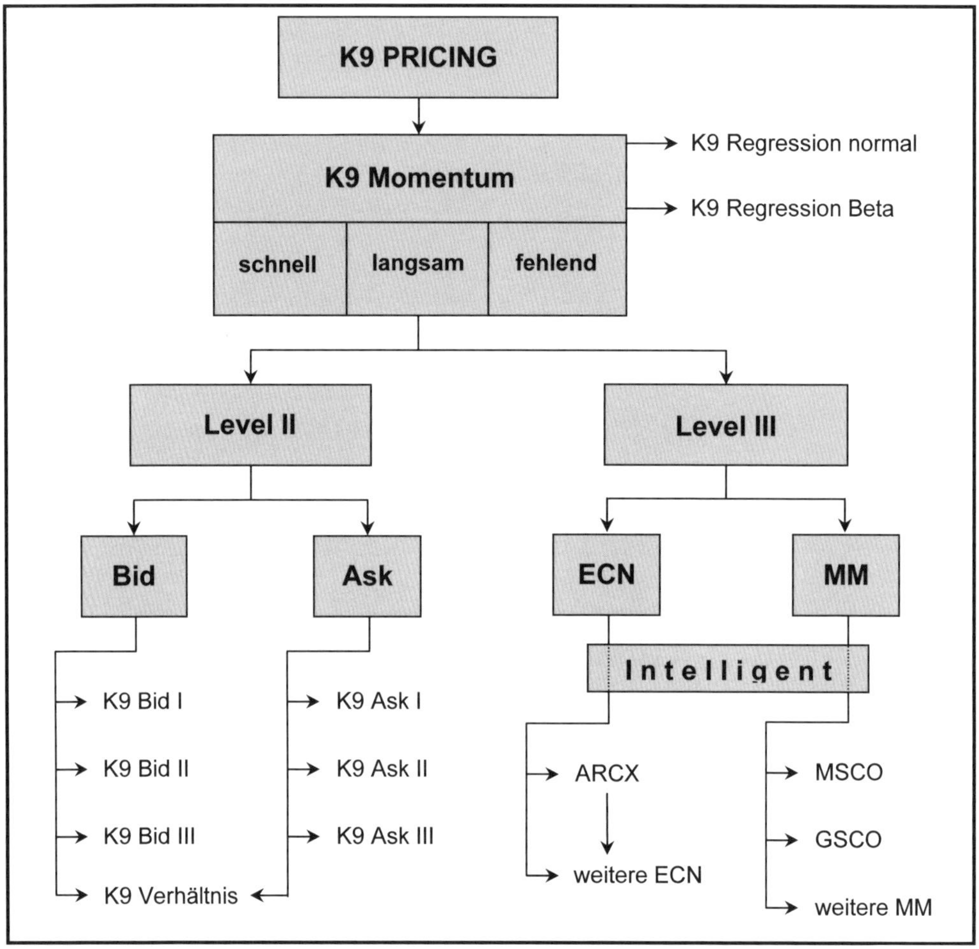

Abbildung 34: Aufbau Modul K9 Pricing

Das Order Routing stellt ein wichtiges Element bei der Orderaufgabe dar. Daher ist es von großer Bedeutung, über einen schnellen und zuverlässigen Zugang zu den entsprechenden Märkten zu verfügen. Ebenso ist es nicht nur wichtig, die einzelnen Zugangsmöglichkeiten zu besitzen, sondern unter den diversen Order-Routing-Systemen und Orderzusätzen die richtigen zu verwenden. Deshalb werden im weiteren

Verlauf die wichtigsten Komponenten bei der Preisfindung im Rahmen des Moduls K9 Pricing untersucht.

Order Routing in Abhängigkeit des Momentum

Als erster Teil des Moduls K9 Pricing wird im Folgenden das Modul K9 Momentum als Grundlage des Order Routings analysiert.

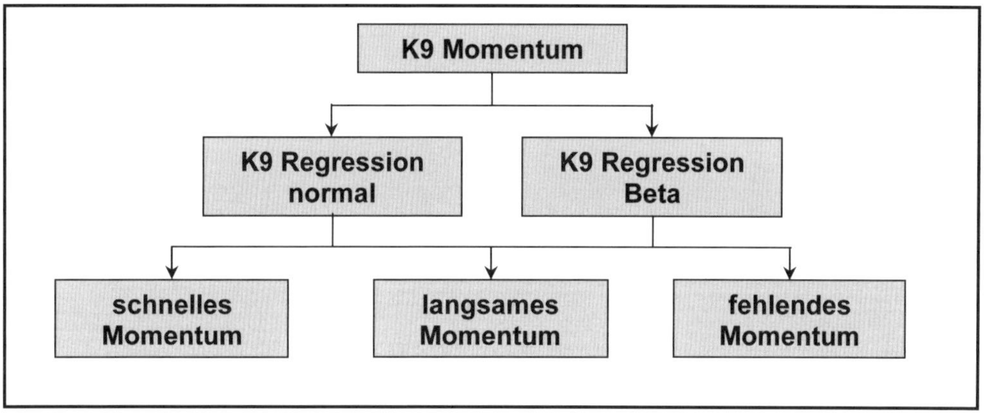

Abbildung 35: Schematische Darstellung zur Bestimmung des Momentum

Da in der Regel eine Vielzahl von Möglichkeiten des Order Routings zur Verfügung steht, ist es elementar, dass ein Leitfaden zur richtigen Wahl des besten Systems erstellt wird. Dazu muss er zunächst der aktuellen Marktsituation Rechnung tragen. Er kann zwischen drei verschiedenen Marktphasen differenzieren: Märkte mit schnellem Momentum, Märkte mit langsamem Momentum und Märkte mit fehlendem Momentum. Zur Bestimmung der aktuellen Marktphase kann sich der Investor zweier Parameter bedienen: der Steigung und der Regression. Die Steigung repräsentiert den Anstieg der zuletzt gezeigten Bewegung und ist damit Ausdruck der Bewegungsstärke, des Momentum. Die Regression bestimmt eine repräsentative Gerade, auf der die Kursbewegung am geeignetsten dargestellt wird. Der Anstieg der Regressionsgerade (eine Differenzierung zwischen positivem und negativem Anstieg ist hinfällig, da es sich nur um die allgemein gültige Dynamik und nicht die Richtung handelt) ist Ausdruck für das Momentum innerhalb des untersuchten Titels.

	Symbol	Description	Interval	Last	Net Chg	Net %Chg	High	Low	Volume Today	K9 P Regression Beta		K9 P Regression norm	
										Regression	Momentum	PLOT1	Momentum
1	Nasdaq 100 Index (100)												
2	QQQQ	PowerShares QQQ Trust Series 1	1 Min	[illegible]	[illegible]	[illegible]	50.30	49.92	124,838,546	0.00498	langsam	0.00285	langsam
3	AAPL	Apple Inc	1 Min				139.60	137.50	25,355,612	-0.02263	schnell	-0.01337	schnell
4	ADBE	Adobe Systems	1 Min				41.74	40.82	6,272,757	0.01638	schnell	0.00690	langsam
5	ADSK	Autodesk, Inc	1 Min	[illegible]	[illegible]	[illegible]	47.47	46.88	1,462,663	[illegible]	[illegible]	-0.00604	langsam
6	AKAM	Akamai Technologies	1 Min	[illegible]	[illegible]	[illegible]	49.53	48.77	2,424,181	0.01090	schnell	0.00581	langsam
7	ALTR	Altera Corp	1 Min				25.07	24.40	8,714,964	-0.00717	langsam	-0.00574	langsam
8	AMAT	Applied Materials	1 Min	[illegible]	[illegible]	[illegible]	22.08	20.75	71,353,231	-0.01147	schnell	-0.01966	schnell
9	AMGN	Amgen Inc	1 Min	55.54	-0.49	-0.87%	55.74	55.12	12,039,616	0.01285	schnell	0.01285	schnell
10	AMLN	Amylin Pharmaceuticals	1 Min	42.97	-0.21	-0.49%	43.54	42.74	1,083,900	-0.01663	schnell	-0.00998	langsam
11	AMZN	Amazon.com Inc	1 Min	73.18	-0.51	-0.69%	74.52	73.59	6,085,973	0.01791	schnell	0.00774	langsam
12	APOL	Apollo Group'A'	1 Min	62.42	-0.08	-0.13%	63.00	62.31	2,096,483	-0.00401	langsam	-0.00687	langsam
13	ATVI	Activision Inc	1 Min	18.35	-0.35	-1.87%	18.76	18.16	7,003,301	-0.05071	schnell	-0.03121	schnell
14	BBBY	Bed Bath & Beyond	1 Min	35.96	-0.03	-0.10%	36.14	35.86	2,120,677	-0.00299	langsam	-0.00796	langsam
15	BEAS(E)	Bea Systems	1 Min	[illegible]	[illegible]	[illegible]	13.96	13.67	19,409,665	0.04638	schnell	0.04123	schnell
16	BIIB	Biogen Idec	1 Min	54.76	-0.58	-1.05%	55.40	54.72	5,653,430	[illegible]	[illegible]	-0.00522	langsam
17	BMET	Biomet, Inc	1 Min				45.65	45.41	2,054,535	[illegible]	[illegible]	[illegible]	[illegible]
18	BRCM	Broadcom Corp'A'	1 Min	32.39	-0.02	-0.06%	33.14	32.49	8,948,671	0.02941	schnell	0.01743	schnell
19	CDNS	Cadence Design Systems	1 Min			[illegible]	22.38	22.01	2,460,702	-0.00321	langsam	[illegible]	[illegible]
20	CDWC	CDW Corp	1 Min	85.41	-0.14	-0.17%	85.69	85.00	783,612	[illegible]	[illegible]	[illegible]	[illegible]
21	CELG	Celgene Corp	1 Min	58.30	0.02	0.03%	58.81	57.65	3,685,807	0.03108	schnell	0.02925	schnell
22	CEPH	Cephalon Inc	1 Min	81.86	-0.42	-0.51%	82.46	81.45	833,435	-0.00739	langsam	-0.00696	langsam
23	CHKP	Check Point Software Tech	1 Min			[illegible]	23.57	23.07	1,171,811	[illegible]	[illegible]	[illegible]	[illegible]
24	CHRW	C.H. Robinson Worldwide Inc	1 Min				53.72	52.74	1,170,329	-0.00868	langsam	-0.01068	schnell
25	CKFR	Checkfree Corp	1 Min	40.40	0.00	-0.00%	40.67	40.23	548,614	[illegible]	[illegible]	0.00354	langsam
26	CMCSA	Comcast Cl'A'	1 Min	[illegible]	[illegible]	[illegible]	28.22	27.67	16,222,138	0.05448	schnell	0.04054	schnell
27	COST	Costco Wholesale	1 Min			[illegible]	62.47	61.66	3,738,971	0.00690	langsam	0.00460	langsam
28	CSCO	Cisco Systems	1 Min	29.56	-0.33	-1.10%	29.98	29.60	37,509,002	0.01201	schnell	0.01441	schnell
29	CTAS	Cintas Corp	1 Min	[illegible]	[illegible]	[illegible]	40.83	40.49	964,976	-0.00881	langsam	-0.01058	schnell
30	CTSH	Cognizant Tech Solutions'A'	1 Min	84.62	-1.06	-1.24%	86.30	84.05	2,170,529	0.00211	langsam	0.00338	langsam
31	CTXS(E)	Citrix Systems	1 Min	[illegible]			35.34	34.77	2,278,882	-0.00204	langsam	-0.00407	langsam
32	DELL(E)	Dell Inc	1 Min	28.75	-0.20	-0.69%	29.61	29.09	18,884,165	-0.02204	schnell	-0.02449	schnell
33	DISCA	Discovery Holding Co Series A	1 Min				25.96	25.46	3,317,775	0.02499	schnell	0.01111	schnell
34	DISH	EchoStar Communications'A'	1 Min	43.59	-0.33	-0.75%	44.15	43.34	1,388,105	-0.01725	schnell	-0.02299	schnell
35	EBAY	Ebay Inc	1 Min	34.15	-0.24	-0.70%	34.48	34.21	10,149,643	0.01669	schnell	0.00417	langsam
36	ERIC	Ericsson(LM)tel'B'ADS	1 Min	41.64	-0.36	-0.85%	41.87	41.38	1,255,720	[illegible]	[illegible]	[illegible]	[illegible]
37	ERTS	Electronic Arts	1 Min	[illegible]	[illegible]	[illegible]	49.57	48.02	4,992,344	0.00651	langsam	0.00289	langsam
38	ESRX	Express Scripts	1 Min				54.47	53.59	1,389,771	-0.00790	langsam	-0.01054	schnell
39	EXPD	Expeditors Intl of Washington	1 Min	[illegible]		[illegible]	46.66	45.69	2,003,946	-0.00922	langsam	-0.01229	schnell
40	EXPE	Expedia Inc	1 Min	29.48	-0.02	-0.08%	29.66	29.38	1,929,285	-0.00362	langsam	-0.00483	langsam
41	FAST	Fastenal Co	1 Min	48.09	-0.43	-1.00%	48.93	47.57	1,468,551	-0.00897	langsam	-0.01196	schnell
42	FISV	Fiserv Inc	1 Min				57.32	56.53	917,385	-0.02194	schnell	-0.02256	schnell
43	FLEX	Flextronics Intl	1 Min	[illegible]	[illegible]	[illegible]	11.71	11.27	10,794,226	-0.15051	schnell	-0.08780	schnell
44	GENZ	Genzyme Corporation	1 Min	[illegible]	[illegible]	[illegible]	61.12	60.25	2,298,208	0.00643	langsam	0.00236	langsam
45	GILD	Gilead Sciences	1 Min	39.19	-0.43	-1.09%	39.78	39.03	8,095,528	0.02731	schnell	0.01093	schnell
46	GOOG	Google Inc Cl A	1 Min	551.00	-1.99	-0.36%	557.73	552.38	4,331,404	-0.00991	langsam	-0.00901	langsam
47	GRMN	Garmin Ltd	1 Min	80.05	-2.69	-3.25%	84.32	79.65	2,899,987	-0.00938	langsam	-0.01072	schnell
48	IACI	IAC/InterActiveCorp New	1 Min				33.34	32.88	2,119,139	0.00969	langsam	0.00431	langsam

Page 1

Created with TradeStation

Abbildung 36: RadarScreen Ermittlung Momentum

Abbildung 36 stellt exemplarisch den Aufbau der Systemteile des Moduls K9 Momentum dar. Spalte drei und vier von rechts repräsentieren dabei das Momentum des Systemteils K9 Regression Beta, während die beiden letzten Spalten das Systemteil K9 Regression normal visualisieren.

Im Folgenden werden die Programmmatrizen des Moduls K9 Pricing präsentiert, differenziert nach den Kriterien schnelles, langsames und fehlendes Momentum. Zunächst wird die Programmmatrix des Moduls K9 Pricing für schnelles Momentum präsentiert.

Abbildung 37 zeigt die Order-Routing-Möglichkeiten in Märkten mit schnellem Momentum, die die Existenz hoher Volatilitäten aufweisen, das heißt, in der betrachteten Zeitperiode ändert sich der Kurs stark. Zu Beginn einer solchen Phase steigen das Handelsvolumen und damit der Umsatz innerhalb des Titels an, um gegen Ende bei abnehmendem Momentum wieder an Wert zu verlieren. Da der Markt sehr schnell reagiert, ist ein unverzügliches Handeln geboten. Es muss schnell eine Entscheidung

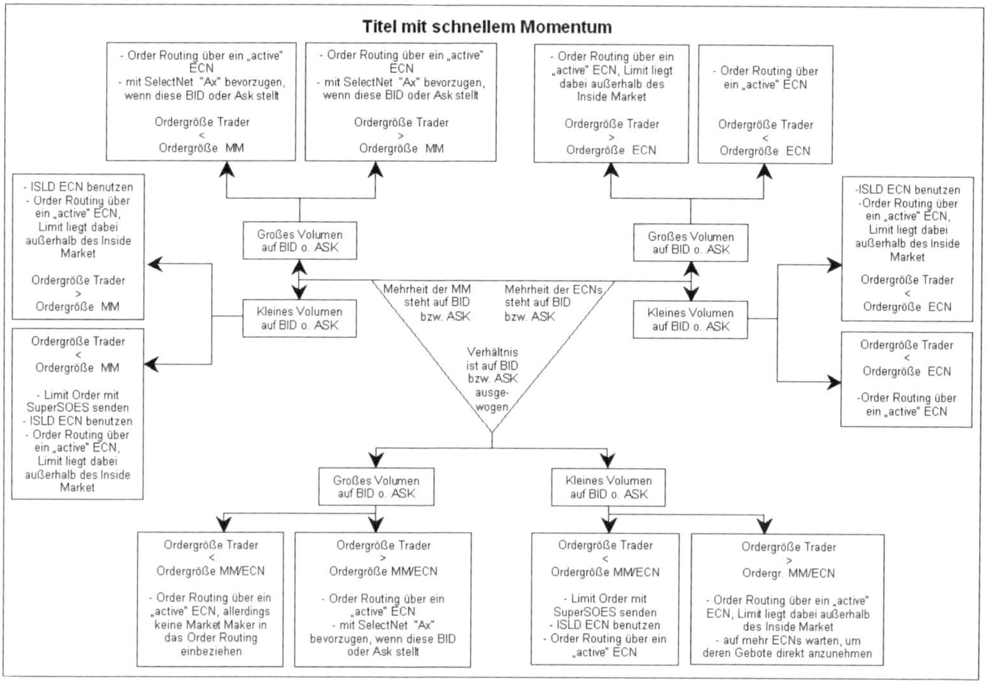

Abbildung 37: Order Routing bei Titeln mit schnellem Momentum

gefällt und auf das Order-Routing-System zurückgegriffen werden, das die schnellste und günstigste Ausführung gewährleistet.

An der NASDAQ gibt es im Allgemeinen nur eine kleine Zahl von Aktien, die je nach Marktlage ein ausgesprochen hohes Momentum aufweisen. Diese Werte werden als Momentum-Stocks beziehungsweise Momentum-Monster bezeichnet. Überproportionale Kursbewegungen – positiv und negativ – im Vergleich zur Bewegung des Gesamtmarktes sind eine typische Eigenschaft solcher Titel. Ausgelöst werden solche starken Kursbewegungen durch fundamentale Informationen wie Analystenempfehlungen, Produktinnovationen, unternehmenseigene Nachrichten etc. Die gehandelten Stückzahlen sind ausreichend hoch (ab zehn Millionen bis teilweise über 300 Millionen Aktien pro Tag). Die daraus resultierenden Kursveränderungen ziehen weitere, vor allem kurzfristig orientierte Marktteilnehmer an, die die Kursbewegung noch stärker beeinflussen, wodurch erneut weitere Marktteilnehmer auf diese Aktie aufmerksam werden. Schlussendlich kommt es dadurch zu einer Übertreibung, die meist in der Folgezeit wieder korrigiert wird. Typische Aktien für solche Einflüsse sind in den Bereichen Biotechnologie, Rohstoffe und Solartechnik zu finden.

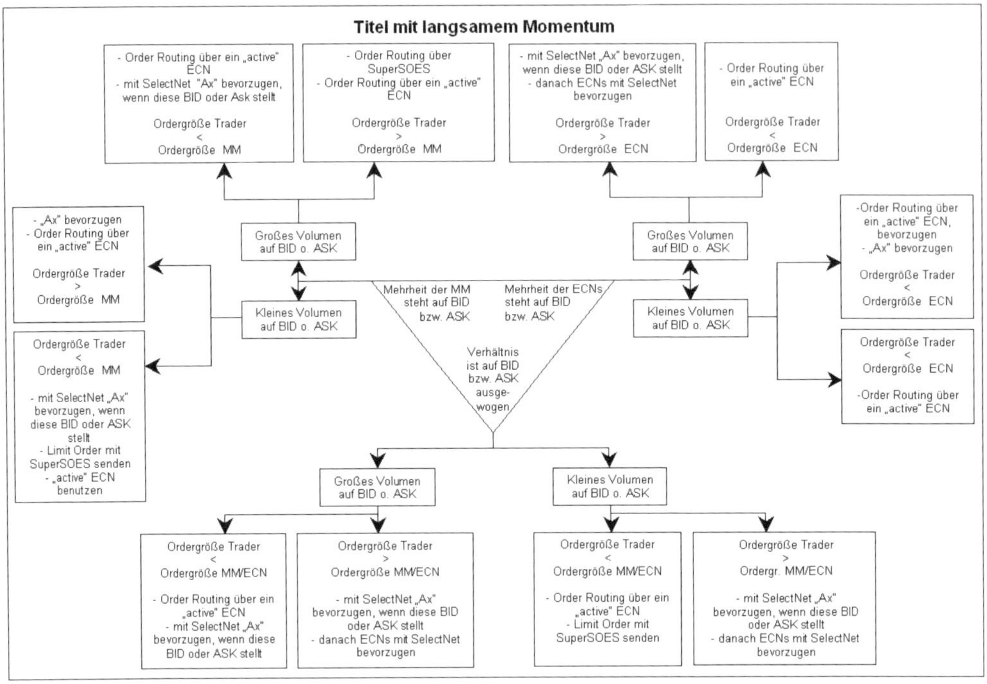

Abbildung 38: Order Routing bei Titeln mit langsamem Momentum

Abbildung 38 zeigt die Programmmatrix des Moduls K9 Pricing für langsames Momentum.

In Märkten mit langsamem Momentum verlaufen Kursveränderungen in gemäßigteren Bahnen als bei der zuvor beschriebenen Marktsituation mit schnellem Momentum. Der Kurs einer Aktie und somit die Gebote auf BestBid und BestAsk verändern sich nur allmählich. Es bleibt dadurch bedeutend mehr Zeit, um eine Entscheidung zu treffen. Deshalb stehen in diesen Situationen – wie Abbildung 38 zeigt – mehr Möglichkeiten hinsichtlich des Order Routings zur Verfügung.

Abbildung 39 repräsentiert die Programmmatrix des Moduls K9 Pricing für fehlendes Momentum.

Wenn sich der Kurs nur wenig bis gar nicht verändert, handelt es sich um einen Markt mit fehlendem Momentum. BestBid und BestAsk verändern sich in diesem Fall ebenfalls kaum. Das Handelsvolumen ist gering bis sehr gering. Nachrichten, die den Kurs bewegen könnten, sind zu diesem Zeitpunkt nicht vorhanden beziehungsweise voll-

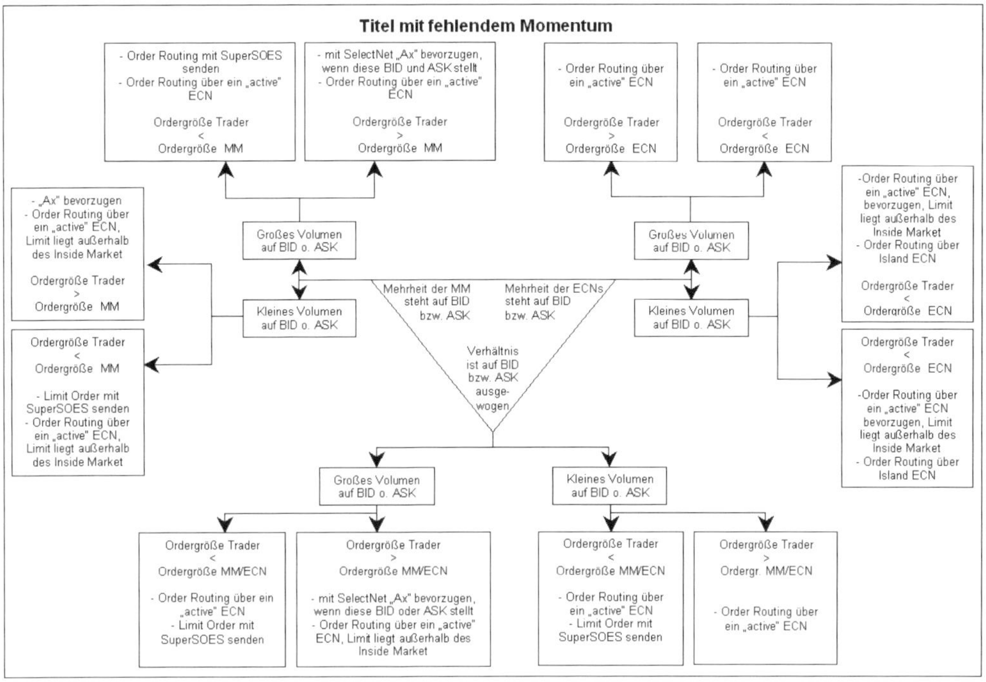

Abbildung 39: Order Routing bei Titeln mit fehlendem Momentum

ständig im Kurs enthalten. Märkte mit fehlendem Momentum sind uninteressant, schließlich bilden sich bei gleich bleibenden Kursen keine Differenzen, die ausgenutzt werden können. Soll dennoch in die meist engen Märkte investiert werden, so zeigt Abbildung 39 je nach Situation des Orderbuches die Order-Routing-Möglichkeiten.

Level II – Berücksichtigung der Informationen des Orderbuches der NASDAQ

Als Nächstes wird das Modul K9 Level II erläutert.

Der Informationsvorsprung, den der Marktteilnehmer mit diesen Daten hat, ist zweifellos von großer Bedeutung. Allein die Tatsache, die Stückgrößen einzelner Orders zu kennen, zeigt dem Marktteilnehmer, an welchen Kursmarken es zu einer Irritation der momentanen Bewegung kommen kann. Wie im Modul K9 Movement – Psychologie näher erläutert wurde, kommt es häufig an psychologischen Marken und Ganzen Zahlen zu einer gehäuften Orderansammlung, die den Markt blockieren kann. Dies

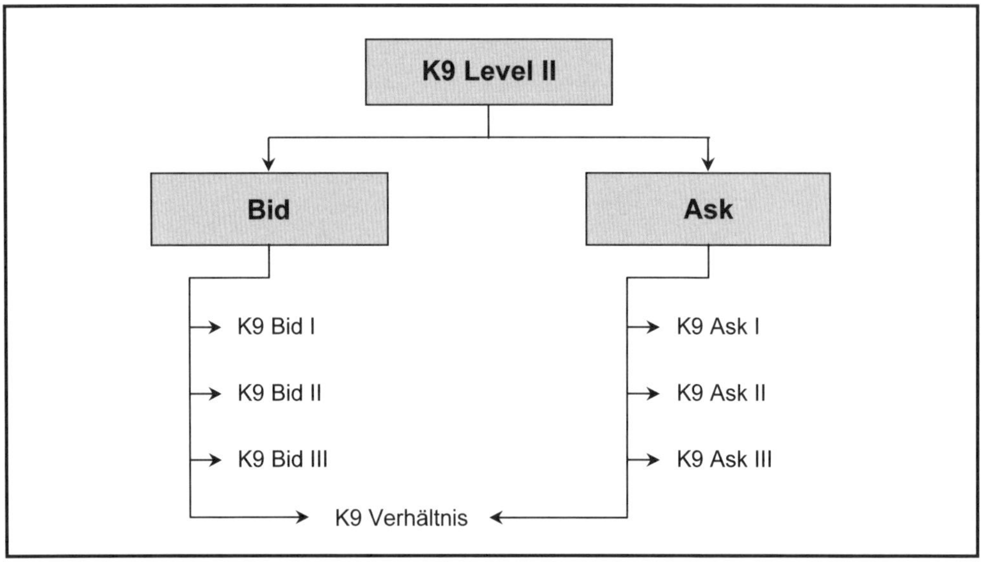

Abbildung 40: Aufbau Modul Level II

sollte der Marktteilnehmer bei seiner Handelsentscheidung berücksichtigen, um nicht in einer solchen Situation eine falsche Entscheidung zu treffen.

Die Analyse des Orderbuchs erfolgt nach unterschiedlichen Aspekten. Einerseits wird der Kurs des besten Kauf- und des besten Verkaufsgebots ermittelt. Steht einer der beiden Kurse auf einer elementar wichtigen Kursmarke, so wird dies entsprechend gekennzeichnet und der Nutzer darauf aufmerksam gemacht. Des Weiteren werden die zum Inside Bid und Inside Ask gebotenen Stückzahlen untersucht. Steht hier ein hohes Ungleichgewicht zu Buche, so kann daraus ein bestehender Kauf- oder Verkaufsdruck abgeleitet werden. Je nach Situation kann dann auf steigende Kurse (Kaufdruck) oder fallende Kurse (Verkaufsdruck) spekuliert werden. Als dritte Untersuchung von Bid und Ask wird der Verlauf der letzten Kursfeststellungen untersucht. Kamen die Kurse stets am Inside Bid zustande, so lässt dies auf negative Kursentwicklungen schließen. Umgekehrt lassen bei Kursfeststellungen am Inside Ask einen positiven Verlauf des Aktienwertes erwarten. Um Kauf- und Verkaufsdruck detaillierter interpretieren zu können, werden beide Größen zueinander ins Verhältnis gesetzt. Daraus resultiert ein prozentuales Ergebnis, was den Kauf- beziehungsweise Verkaufsdruck näher charakterisiert.

Abbildung 41 zeigt abschließend das Modul K9 Level II im RadarScreen. In den Spalten elf und zwölf von rechts sind die BestBid- und BestAsk-Kurse dargestellt (K9 Bid

	Symbol	Description	Interval	Last	Net Chg	Net %Chg	High	Low	Volume Today	K9 P L II Bid Ask I		K9 P L II Bid Ask II		K9 P L II Bid AskIII						K9 P L II Bid Ask V	
										Bid I	Ask I	Bid II	Ask II	Bid Ask III	at Bid	at Ask	under Bid	above Ask	btwn B&A	Bid-Verh.	Ask-Verh.
1	Nasdaq 100 Index (100)																				
2	ERIC	Ericsson(LM)tel'B'ADS	1 Tick	39.15	-0.69	-1.73%	40.00	39.43	4,276,497	39.15	39.20	5,000	5,000	at Bid	12	0	8	0	0	33 %	42 %
3	AAPL	Apple Inc	1 Tick	140.82	-2.97	-2.04%	145.22	140.93	37,904,100	140.82	140.84	300	1,000	at Bid	9	5	1	0	5	47 %	30 %
4	QQQQ	PowerShares QQQ Trust Series 1	1 Tick	49.85	-0.20	-0.40%	50.31	49.92	109,005,333	49.86	49.87		24,000	under Bid	6	2	2	0	1	33 %	33 %
5	SNDK	SanDisk Corp	1 Tick				58.05	56.82	8,546,584	57.62	57.64		100	under Bid	4	3	2	4	3	57 %	43 %
6	BIIB	Biogen Idec	1 Tick				55.39	54.02	4,430,771	55.50	55.70	300	1,000	at Bid	3	0	0	0	0	0 %	
7	GOOG	Google Inc Cl A	1 Tick	509.10	-11.02	-2.12%	520.00	512.15	6,363,777		510.00	100	300	between Bid & Ask	4	3	1	0	4		50 %
8	AMAT	Applied Materials	1 Tick	21.34	-0.12	-0.56%	21.67	21.40	13,638,059	21.20	21.34		700	at Ask	2	4	0	1	0	20 %	33 %
9	TLAB	Tellabs, Inc	1 Tick				13.67	12.08	26,601,266	12.55	12.59		100	at Bid	4	5	0	0	1		50 %
10	BBBY	Bed Bath & Beyond	1 Tick	36.31	-0.52	-1.41%	37.20	36.20	3,219,864	36.31	36.59	100	700	at Bid	1	0	0	0	0	0 %	0 %
11	BRCM	Broadcom Corp'A'	1 Tick	33.70	-0.74	-2.15%	34.50	33.91	9,793,543	33.70	33.75		300	at Bid	1	0	0	0	0	0 %	0 %
12	CSCO	Cisco Systems	1 Tick				30.39	29.68	63,505,499	30.17	30.18	100	1,200	at Bid	1	0	1	0	2	50 %	0 %
13	EBAY	Ebay Inc	1 Tick	33.03	-0.50	-1.49%	33.65	32.94	17,419,953	32.94	33.03	100	700	at Ask	1	1	0	0	0	0 %	0 %
14	INTC	Intel Corp	1 Tick				24.97	24.57	56,435,285	24.58	24.58		100	at Bid	1	0	0	0	0	0 %	0 %
15	LVLT	Level 3 Communications	1 Tick				5.97	5.82	21,812,584	5.92	5.93	200	7,100	at Bid	1	1	0	0	1	50 %	50 %
16	MRVL	Marvell Technology Group	1 Tick	19.12	-0.52	-2.65%	19.90	19.22	16,248,876	19.15	19.35		300	under Bid	1	0	1	0	0	50 %	0 %
17	MSFT	Microsoft Corp	1 Tick	31.10	-0.06	-0.19%	31.52	31.12	48,912,902	31.10	31.14	200	1,000	at Bid	1	0	0	0	0	0 %	0 %
18	SBUX	Starbucks Corp	1 Tick				28.40	27.80	19,702,591	28.20	28.26	200	300	at Bid	1	0	0	0	0	0 %	0 %
19	SIRI	Sirius Satellite Radio	1 Tick				3.24	3.13	52,383,121	3.19	3.20		5,200	at Bid	1	0	0	0	0	0 %	0 %
20	ADBE	Adobe Systems	1 Tick				42.85	41.79	8,855,066	42.16	42.43		100	between Bid & Ask	0	0	0	0	1	0 %	0 %
21	ADSK	Autodesk, Inc	1 Tick				45.19	44.44	2,648,431	43.90	45.62	300	1,000	between Bid & Ask	0	0	0	0	1	0 %	0 %
22	AKAM	Akamai Technologies	1 Tick	48.45	-0.71	-1.44%	49.76	48.53	3,191,363		48.97	700	700	between Bid & Ask	0	0	0	0	1	0 %	0 %
23	ALTR	Altera Corp	1 Tick				25.20	24.75	10,630,181	25.03	25.21	100	100	between Bid & Ask	0	0	0	0	2	0 %	0 %
24	AMGN	Amgen Inc	1 Tick				57.25	56.65	10,328,512	56.79	56.99		400		0	0	0	1	0	0 %	0 %
25	AMLN	Amylin Pharmaceuticals	1 Tick				44.03	42.94	1,671,906	43.65	43.90		100	between Bid & Ask	0	0	0	0	1	0 %	0 %
26	AMZN	Amazon.com Inc	1 Tick	71.30	-0.33	-0.46%	72.67	70.85	9,271,073	71.32	71.48	100	5,000	under Bid	0	0	9	0	0	56 %	0 %
27	APOL	Apollo Group'A'	1 Tick				64.23	63.37	3,658,183	64.86	65.75		200	at Ask	0	3	0	0	0	33 %	0 %
28	ATVI	Activision Inc	1 Tick	18.12	-0.07	-0.38%	18.32	18.06	3,161,249	17.88	18.20	700	1,000	between Bid & Ask	0	0	0	0	1	0 %	0 %
29	BEAS(E)	Bea Systems	1 Tick	13.50	-0.23	-1.68%	13.66	13.26	12,227,118	13.40	13.54		100	between Bid & Ask	0	0	0	0	2	0 %	0 %
30	BMET	Biomet, Inc	1 Tick				45.60	45.46	777,206	45.20	46.00		400	between Bid & Ask	0	0	0	0	1	0 %	0 %
31	CDNS	Cadence Design Systems	1 Tick	22.48	-0.05	-0.22%	22.69	22.44	4,399,298	21.60	26.99		200	between Bid & Ask	0	0	0	0	1	0 %	0 %
32	CDWC	CDW Corp	1 Tick	85.28	-0.21	-0.25%	85.56	85.18	919,720	83.50	87.59		100	between Bid & Ask	0	0	0	0	2	0 %	0 %
33	CELG	Celgene Corp	1 Tick	56.75	-1.69	-2.89%	58.30	56.82	4,935,294	56.85	57.18	100	100	under Bid	0	0	1	0	0	0 %	0 %
34	CEPH	Cephalon Inc	1 Tick	79.87	-1.95	-2.38%	81.35	79.81	1,346,564	78.92	80.52	600	600	between Bid & Ask	0	0	0	0	1	0 %	0 %
35	CHKP	Check Point Software Tech	1 Tick				24.11	23.42	2,790,477	24.35	24.49	100	3,400		0	0	0	1	0	0 %	0 %
36	CHRW	C.H. Robinson Worldwide Inc	1 Tick	53.86	-0.15	-0.30%	54.65	53.13	1,193,861	52.32	55.40	100	100	between Bid & Ask	0	0	0	0	1	0 %	0 %
37	CKFR	Checkfree Corp	1 Tick	40.06	-0.40	-0.99%	40.50	39.77	585,738	38.18	40.77	100	500	between Bid & Ask	0	0	0	0	1	0 %	0 %
38	CMCSA	Comcast Cl'A'	1 Tick				29.11	28.69	19,199,688	28.49	29.07	700	700	between Bid & Ask	0	0	0	0	1	0 %	0 %
39	COST	Costco Wholesale	1 Tick	60.90	-0.35	-0.57%	61.73	60.77	2,602,366	60.16	61.38	700	700	between Bid & Ask	0	0	0	0	1	0 %	0 %
40	CTAS	Cintas Corp	1 Tick				39.28	38.52	1,074,288	38.40	40.62	100	100	between Bid & Ask	0	0	0	0	1	0 %	0 %
41	CTSH	Cognizant Tech Solutions'A'	1 Tick	85.06	-0.72	-0.91%	86.55	84.82	1,428,827	84.35	85.55	100	500	between Bid & Ask	0	0	0	0	1	0 %	0 %
42	CTXS(E)	Citrix Systems	1 Tick				38.25	37.40	2,469,746	37.30	37.72	100	700	between Bid & Ask	0	0	0	0	1	0 %	0 %
43	DELL(E)	Dell Inc	1 Tick				29.60	29.13	17,936,704	29.32	29.51	100	700	between Bid & Ask	0	0	0	0	1	0 %	0 %
44	DISCA	Discovery Holding Co Series A	1 Tick				25.75	25.23	2,288,137	24.19	26.66	100	3,000	between Bid & Ask	0	0	0	0	1	0 %	0 %
45	DISH	EchoStar Communications'A'	1 Tick				45.04	44.28	2,392,655	44.21	45.10	700	700	between Bid & Ask	0	0	0	0	1	0 %	0 %
46	ERTS	Electronic Arts	1 Tick	51.85	-0.02	-0.04%	52.60	51.71	2,992,498	51.21	52.00		500	between Bid & Ask	0	0	0	0	1	0 %	0 %
47	ESRX	Express Scripts	1 Tick				54.25	53.30	2,268,727	53.30	60.00	200	200	between Bid & Ask	0	0	0	0	1	0 %	0 %
48	EXPD	Expeditors Intl of Washington	1 Tick				47.16	46.30	1,788,611	46.42	47.35		100	between Bid & Ask	0	0	0	0	1	0 %	0 %

Page 1

Created with TradeStation

Abbildung 41: RadarScreen Level II

I und K9 Ask I). Die Spalten zehn und neun von rechts zeigen die jeweiligen Volumina, die an diesen Kursen angeboten beziehungsweise nachgefragt werden (K9 Bid II und K9 Ask II). Spalte acht visualisiert, wo der letzte Kurs in Bezug auf BestBid und BestAsk festgestellt wurde. Dabei existieren fünf verschiedene Möglichkeiten: Die letzte Kursfeststellung war under Bid, at Bid, between Bid & Ask, at Ask sowie above Ask. Die Spalten sieben bis drei kennzeichnen, wie oft die Kurse an diesen fünf möglichen Marken notiert wurden (K9 Bid III und K9 Ask III). Die vorletzte Spalte zeigt den Anteil der BestBid-Kurse an, die höher als das vorhergehende BestBid gewesen sind. Springen die BestBid-Kurse nach oben, so vergrößert sich dieser Anteil, und der Kurs wird tendenziell steigen. Die gleiche Überlegung gilt für die letzte Spalte, in der aber das Verhalten der BestAsk untersucht wird.

Level III – intelligente Auswahl optimaler ECN und MM

Abschließend zu diesem Abschnitt wird im Folgenden das Modul K9 Level III als Auswahlkriterium für die unterschiedlichen Börsenzugänge erläutert.

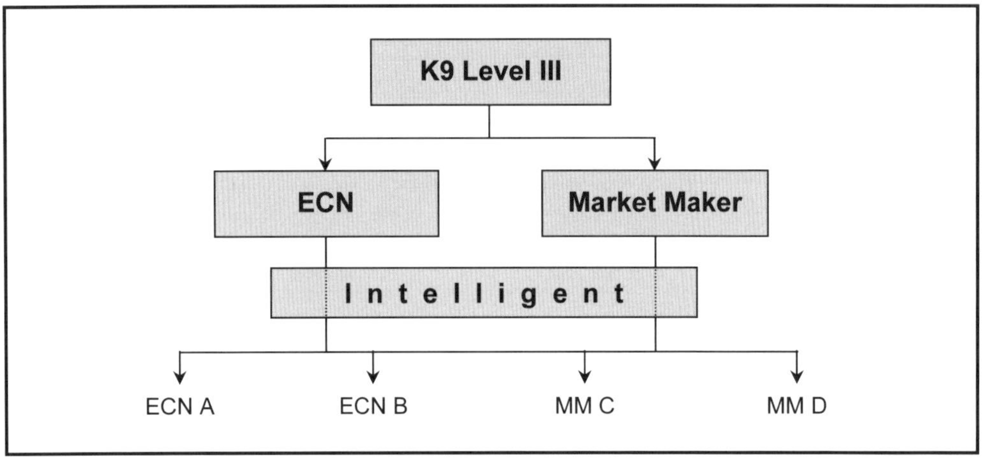

Abbildung 42: Aufbau Modul Level III

Die verschiedenen Möglichkeiten des Zuganges zur Börse (hier: zur NASDAQ) werden in Abbildung 43 veranschaulicht.

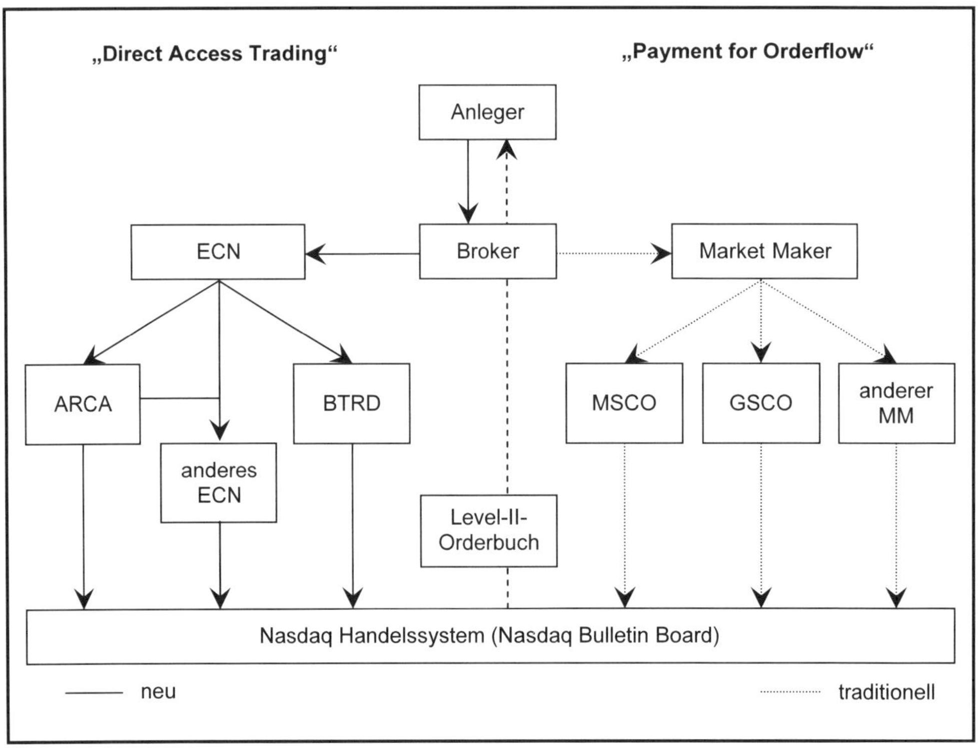

Abbildung 43: Traditionelle und aktuelle Zugangsmöglichkeiten zur Börse NASDAQ

In der Abbildung ist zu erkennen, wie die Orders eines Marktteilnehmers auf traditionelle Weise an die Börse geleitet wurden. Diese Art des Order Routings wird heutzutage nur noch von Brokern, die kein eigenes ECN besitzen beziehungsweise an kein ECN angeschlossen sind, durchgeführt. Dabei versteigert der Broker im Rahmen des »Payment for Orderflow« das Orderaufkommen, das durch die eigenen Kunden generiert wird, meistbietend an einen Market Maker. Die Market Maker werden bei der Ersteigerung des Orderaufkommens nicht unbedingt den besten Kurs bieten. Sie nutzen die entstehenden Differenzen zu ihrem eigenen Vorteil aus. Oftmals erhält der Kunde so einen ungünstigeren Ausführungskurs, als er zu diesem Zeitpunkt direkt an der NASDAQ erzielen könnte.

Orders können aber auch über den eigenen Broker direkt an ein ECN geleitet werden, wie Abbildung 44 zeigt. Kostenersparnisse und sekundenschnelle Orderweiterleitung an die Börse sind hier gegeben und ermöglichen effektives Direct Access Trading.

Mithilfe der Funktionen des Level III hat der Marktteilnehmer nicht nur die Möglichkeit, über verschiedene ECN oder Market Maker an die jeweilige Börse zu gelangen, sondern er kann sich automatisch das für ihn beste Orderbuch aussuchen lassen.

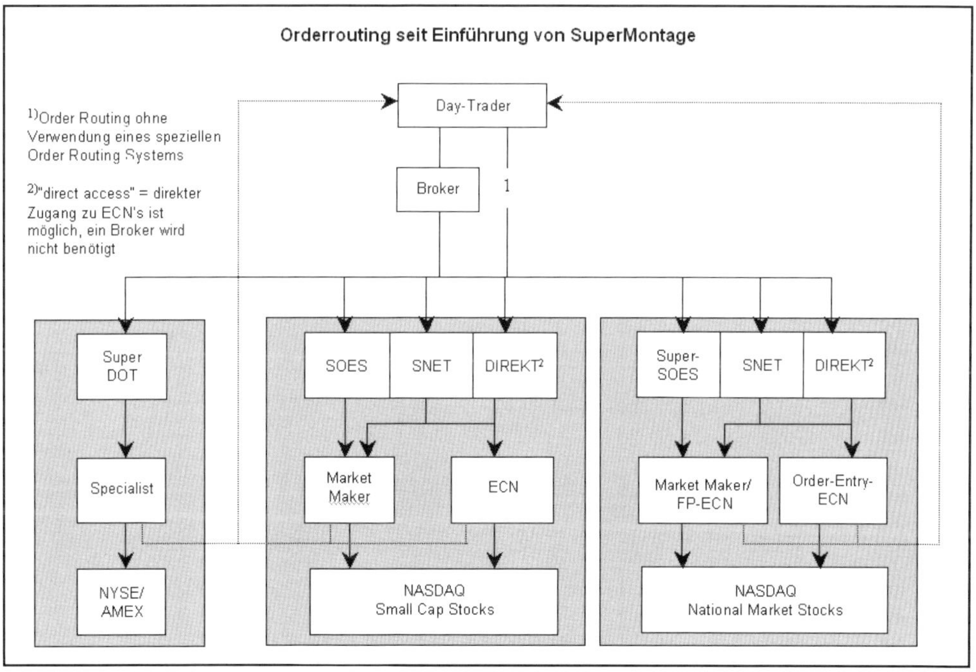

Abbildung 44: Order Routing seit Einführung von Super Montage

Diese Funktion wird zurzeit nur von wenigen Dienstleistern angeboten und stellt somit für den Marktteilnehmer bei Anwendung einen erheblichen Vorteil dar.

Bei Orderabgabe mit dem Zusatz »Intelligent« werden alle zur Verfügung stehenden Orderbücher untersucht. In dem Orderbuch, in dem der Marktteilnehmer am besten ausgeführt werden kann, wird er gelistet und somit auf dem schnellsten Weg an die Börse weitergeleitet. Allerdings sollte er beachten, dass bestimmte Orderzusätze, die er aufgibt, unter Umständen nicht von allen ECN und Market Maker unterstützt werden. Die Zahl der zur Verfügung stehenden Orderbücher kann sich damit reduzieren. Selbstverständlich hat der Marktteilnehmer auch jederzeit die Möglichkeit, direkt über ein ECN oder einen Market Maker seiner Wahl in den Markt zu gehen. Während der Marktteilnehmer in die einzelnen ECN über das Internet Einsicht nehmen kann, ist das Orderbuch des Market Maker für ihn nicht zugänglich. Weiterhin ist zu beachten, dass durch die elektronische Weiterleitung eines ECN weniger Aufwand entsteht als bei einem Market Maker, wo eine Arbeitskraft finanziert werden muss, was sich negativ auf die Gebühren und / oder auf die gestellten Kurse auswirkt.

An die Börse gelangt der Marktteilnehmer nur, wenn er mindestens 1 Lot (= 100 Stück) an Handelsvolumen aufweisen kann. Gibt er ungerade Lot-Aufträge auf, so

NASDAQ		
	5,11	
	5,10	800(2)
	5,09	400
200	5,08	
	5,07	
500(2)	5,06	

ARCX (ECN)		
	5,14	
	5,13	758
	5,12	189
	5,11	1.500
	5,10	500
	5,09	
217	5,08	
100	5,07	
	5,06	
58	5,05	
300	5,04	

BTRD (ECN)		
	5,14	400
	5,13	
	5,12	581
	5,11	700
	5,10	398
	5,09	
	5,08	
	5,07	
100	5,06	
300	5,05	
257	5,04	

MSCO (MM)		
	5,14	380
	5,13	224
	5,12	
	5,11	1.885
	5,10	
	5,09	400
	5,08	
	5,07	
400	5,06	
234	5,05	
156	5,04	

Abbildung 45: Zusammenführung von Kursgeboten der Unter-Orderbücher an der NASDAQ

wird ausschließlich der ganzzahlige Anteil an die entsprechende Börse weitergeleitet, während der Bruchteil innerhalb eines ECN ausgeführt wird. Dies kann teilweise zu schlechteren Kursen führen, die er für seinen Auftrag erhält, als wenn er direkt an die Börse gegangen wäre. Abbildung 45 zeigt die Zusammensetzung des Orderbuchs der NASDAQ aus verschiedenen Unter-Orderbüchern.

In dieser Abbildung ist dargestellt, wie sich die einzelnen Bid- und Ask-Kurse innerhalb eines Orderbuches ergeben. So existieren untergeordnete ECN und Market Maker

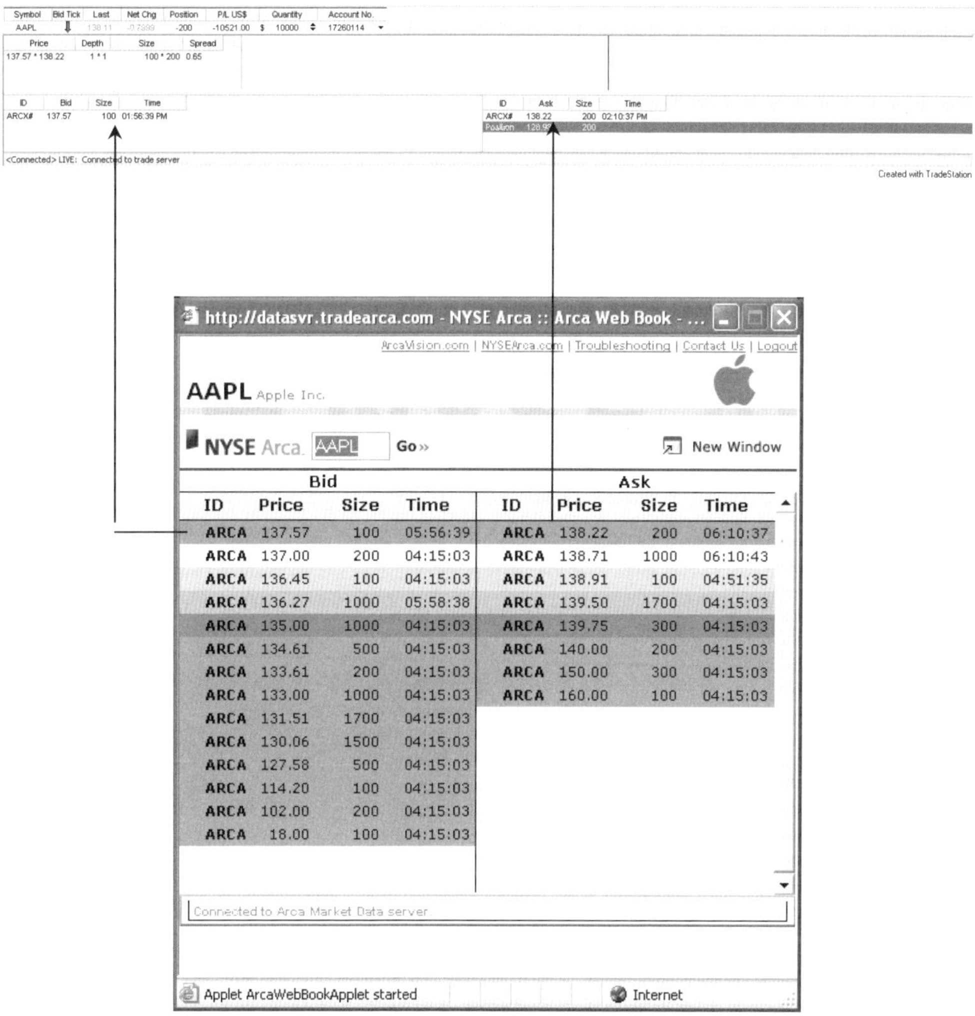

oben: Abbildung 46: Orderbuch der NASDAQ von Apple Computer Inc., 18.07.2007

unten: Abbildung 47: Orderbuch von Archipelago von Apple Computer Inc., 18.07.2007 (hier ARCX = Archipelago / ECN, BTRD = Bloomberg Trade Book / ECN, MSCO = Morgan Stanley & Co., Incorporated), in denen die an sie gesendeten Orders gesammelt und jeweils nur die besten Kauf- und Verkaufsgebote an die NASDAQ weitergeleitet werden. Dort werden diese Gebote zusammengefasst und entsprechend aufgelistet. Dabei ist zu beachten, dass ausschließlich ganze Lots an die NASDAQ geroutet werden können, alle anderen Aufträge werden innerhalb des jeweiligen ECN ausgeführt.

Abbildungen 46 und 47 zeigen die Zusammensetzung des Orderbuchs der NASDAQ aus dem Unter-Orderbuch von Archipelago.

Kapitalflussanalyse am Beispiel des Moduls K9 Volume

In diesem Abschnitt soll das Modul K9 Volume erläutert werden.

Als dritte und letzte Analyse der Grundprämissen wird das Modul K9 ausgewertet. Hier spielt vor allem die Entwicklung des Kapitals eine entscheidende Rolle. So wird das reine Volumen oder auch der Spread als Maß für die Liquidität eines Titels herangezogen. Anhand des Preislevels werden Kursmarken ermittelt, auf denen besonders

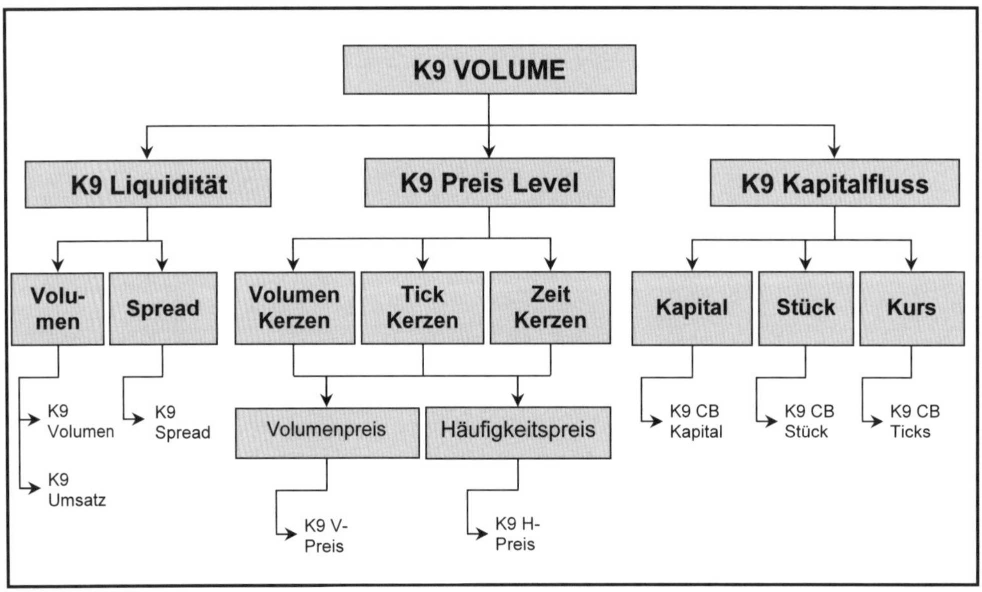

Abbildung 48: Aufbau Modul K9 Volume

auffällige Volumina und Umsätze gehandelt oder die besonders häufig innerhalb eines Handelstages festgestellt wurden. Der Kapitalfluss gibt über die eingestellten Zeitperioden an, in welchen Größenordnungen Investitionen oder Deinvestitionen getätigt wurden.

Liquidität als Maß der Enge der Märkte

Zunächst wird das Modul K9 Liquidität betrachtet.

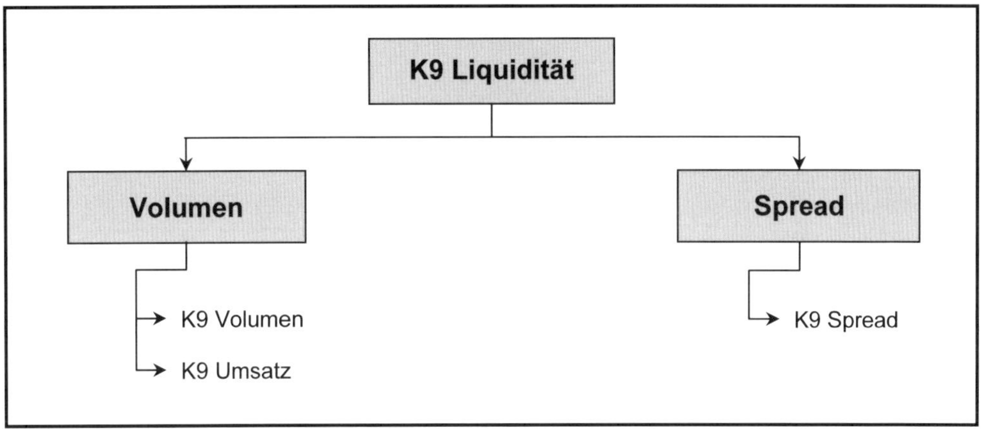

Abbildung 49: Aufbau Modul K9 Liquidität

Die Liquidität als wesentlicher Bestandteil des Moduls K9 Volume wird durch die beiden Größen Volumen und Spread repräsentiert. Unter der Bezeichnung Volumen wird die Menge des gehandelten Kapitals beziehungsweise der gehandelten Stückzahlen verstanden. Sie ist Indiz für die Enge des Marktes, mit wie viel Kapital der Marktteilnehmer selbst in das jeweilige Wertpapier einsteigen kann, ohne dass er dabei den Kurs beeinflusst oder befürchten muss, nicht mehr aus dem Markt herauskommen zu können, wenn es zu Irritationen innerhalb des Titels kommt. Bei der Berechnung des K9 Volume werden die Stückzahlen, bei der Berechnung des K9 Umsatzes wird das umgesetzte Kapital herangezogen, die in den letzten Perioden durchschnittlich am Markt erzielt worden sind.

Der Spread stellt die Differenz zwischen dem niedrigsten Verkaufsgebot und dem höchsten Kaufgebot dar. Der Marktteilnehmer sollte sich immer vor Augen halten, dass der Spread für ihn einen indirekten Verlust bedeutet. Deshalb muss – je nach den Wertpapieren, die gehandelt werden sollen – auf die Qualität des Brokers geachtet werden. Stellt er selbst einen Spread, so kann dies als eine versteckte Gebühr ausgenutzt werden, obwohl die nach außen publizierten tatsächlichen Kostenstrukturen scheinbar günstig erscheinen. Bei einem direkten Routing an die Börsen tritt dieses Problem nicht auf, da dann der Börsenspread an den Marktteilnehmer weitergegeben wird.

Die folgende Abbildung zeigt den Verlust an, den der Investor durch einen Spread herleitet.

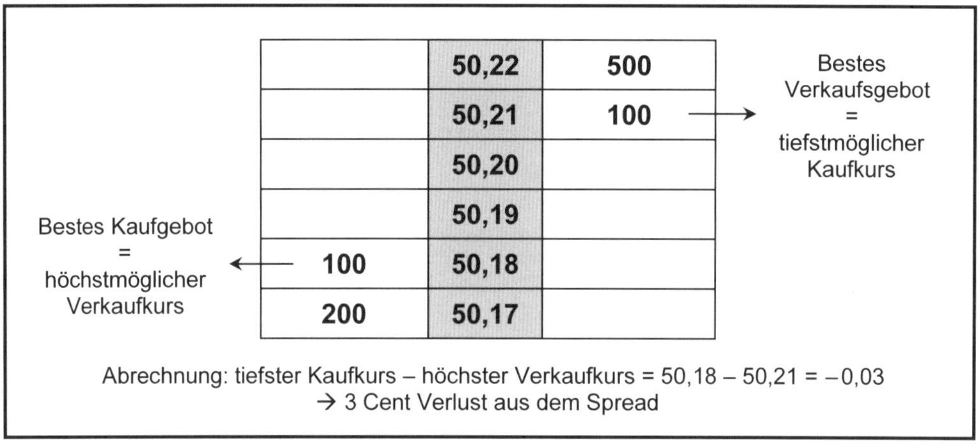

Abbildung 50: Spread als Maßgröße eines theoretischen Verlustes

Deshalb muss ein gewissenhaft arbeitender Marktteilnehmer jederzeit den Spread im Auge behalten und als ein Kriterium für seine Handelsentscheidung heranziehen. Dadurch können unnötig hohe Verluste unabhängig von der eigentlichen Handelsentscheidung vermieden werden. Der allgemein mögliche geringste Spread beträgt ein Cent, da es bei einem Spread von null oder gar einem negativen Spread augenblicklich zu einem Matching und zu einer Kursfeststellung kommt, bei der das mit geringerem Volumen versehene Gebot vollständig bedient wird.

Abbildung 51 zeigt abschließend den RadarScreen für das Modul K9 Liquidität. In der zweitletzten Spalte sind dabei die tatsächlich gehandelten Stückzahlen der letzten Zeitperiode aufgelistet, während in der letzten Spalte der durchschnittliche Umsatz des betrachteten Zeitraums für jede Aktie angezeigt wird.

	Symbol	Description	Interval	Last	Net Chg	Net %Chg	Bid	Ask	High	Low	Volume Today	K9 V L S Spread	K9 V L V Volumen	K9 V L V Umsatz
1	Nasdaq 100 Index (100)													
2	AAPL	Apple Inc	1 Min				0.00	0.00	139.60	137.50	25,355,612	0.00	103,586	14,395,746
3	ADBE	Adobe Systems	1 Min				0.00	0.00	41.74	40.82	6,272,757	0.00	33,458	1,385,576
4	ADSK	Autodesk, Inc	1 Min				0.00	0.00	47.47	46.88	1,462,663	0.00	8,896	420,825
5	AKAM	Akamai Technologies	1 Min				0.00	0.00	49.53	48.77	2,424,181	0.00	16,232	797,452
6	ALTR	Altera Corp	1 Min				0.00	999.99	25.07	24.40	8,714,964	999.99	30,866	769,331
7	AMAT	Applied Materials	1 Min				0.00	0.00	22.08	20.75	71,353,231	0.00	373,312	8,154,066
8	AMGN	Amgen Inc	1 Min	55.54	-0.49	-0.87%	0.00	0.00	55.74	55.12	12,039,616	0.00	85,367	4,739,633
9	AMLN	Amylin Pharmaceuticals	1 Min	42.97	-0.21	-0.49%	0.00	0.00	43.54	42.74	1,083,900	0.00	5,979	257,076
10	AMZN	Amazon.com Inc	1 Min	73.18	-0.51	-0.69%	0.00	0.00	74.52	73.59	6,085,973	0.00	30,249	2,232,778
11	APOL	Apollo Group'A'	1 Min	62.42	-0.08	-0.13%	0.00	0.00	63.00	62.31	2,096,483	0.00	5,432	339,031
12	ATVI	Activision Inc	1 Min	18.35	-0.35	-1.87%	0.00	0.00	18.76	18.16	7,003,301	0.00	41,278	757,201
13	BBBY	Bed Bath & Beyond	1 Min	35.96	-0.03	-0.10%	0.00	999.99	36.14	35.86	2,120,677	999.99	12,781	458,960
14	BEAS(E)	Bea Systems	1 Min				0.00	0.00	13.96	13.67	19,409,665	0.00	66,354	918,043
15	BIIB	Biogen Idec	1 Min	54.76	-0.58	-1.05%	0.00	0.00	55.40	54.72	5,653,430	0.00	34,655	1,898,922
16	BMET	Biomet, Inc	1 Min				0.00	0.00	45.85	45.41	2,054,535	0.00	10,102	463,201
17	BRCM	Broadcom Corp'A'	1 Min	32.39	-0.02	-0.06%	0.00	0.00	33.14	32.49	8,948,671	0.00	58,431	1,914,676
18	CDNS	Cadence Design Systems	1 Min				0.00	0.00	22.38	22.01	2,460,702	0.00	17,120	381,533
19	CDWC	CDW Corp	1 Min	85.41	-0.14	-0.17%	0.00	0.00	85.69	85.00	783,612	0.00	2,082	177,717
20	CELG	Celgene Corp	1 Min	58.30	-0.02	-0.03%	0.00	0.00	58.81	57.65	3,685,807	0.00	24,359	1,424,748
21	CEPH	Cephalon Inc	1 Min	81.86	-0.42	-0.51%	0.00	0.00	82.46	81.45	833,435	0.00	6,866	563,704
22	CHKP	Check Point Software Tech	1 Min				0.00	0.00	23.57	23.07	1,171,811	0.00	8,741	203,693
23	CHRW	C.H. Robinson Worldwide Inc	1 Min				0.00	0.00	53.72	52.74	1,170,329	0.00	9,974	533,878
24	CKFR	Checkfree Corp	1 Min	40.40	0.00	0.00%	0.00	0.00	40.67	40.23	548,614	0.00	8,341	337,146
25	CMCSA	Comcast Cl'A'	1 Min				0.00	0.00	28.22	27.67	16,222,138	0.00	154,927	4,357,773
26	COST	Costco Wholesale	1 Min				0.00	0.00	62.47	61.66	3,738,971	0.00	27,872	1,731,880
27	CSCO	Cisco Systems	1 Min	29.56	-0.33	-1.10%	0.00	0.00	29.98	29.60	37,509,002	0.00	198,218	5,890,625
28	CTAS	Cintas Corp	1 Min				0.00	0.00	40.83	40.49	964,976	0.00	3,341	135,457
29	CTSH	Cognizant Tech Solutions'A'	1 Min	84.62	-1.06	-1.24%	0.00	0.00	86.30	84.05	2,170,529	0.00	8,932	754,539
30	CTXS(E)	Citrix Systems	1 Min				0.00	0.00	35.34	34.77	2,278,882	0.00	22,360	785,192
31	DELL(E)	Dell Inc	1 Min	28.75	-0.20	-0.69%	0.00	0.00	29.61	29.09	18,884,165	0.00	152,845	4,464,460
32	DISCA	Discovery Holding Co Series A	1 Min				0.00	0.00	25.96	25.46	3,317,775	0.00	11,796	303,293
33	DISH	EchoStar Communications'A'	1 Min	43.59	-0.33	-0.75%	0.00	0.00	44.15	43.34	1,388,105	0.00	7,130	310,267
34	EBAY	Ebay Inc	1 Min	34.15	-0.24	-0.70%	0.00	0.00	34.48	34.21	10,149,643	0.00	45,155	1,546,656
35	ERIC	Ericsson(LM)tel'B'ADS	1 Min	41.64	-0.36	-0.85%	0.00	0.00	41.87	41.38	1,255,720	0.00	7,482	312,055
36	ERTS	Electronic Arts	1 Min				0.00	0.00	49.57	48.02	4,992,344	0.00	49,884	2,466,844
37	ESRX	Express Scripts	1 Min				0.00	0.00	54.47	53.59	1,389,771	0.00	13,427	728,623
38	EXPD	Expeditors Intl of Washington	1 Min				0.00	0.00	46.66	45.69	2,003,946	0.00	12,027	559,734
39	EXPE	Expedia Inc	1 Min	29.48	-0.02	-0.08%	0.00	0.00	29.66	29.38	1,929,285	0.00	5,653	167,294
40	FAST	Fastenal Co	1 Min	48.09	-0.48	-1.00%	0.00	0.00	48.93	47.57	1,468,551	0.00	4,167	199,266
41	FISV	Fiserv Inc	1 Min				0.00	0.00	57.32	56.53	917,385	0.00	7,625	434,917
42	FLEX	Flextronics Intl	1 Min				0.00	0.00	11.71	11.27	10,794,226	0.00	95,409	1,091,623
43	GENZ	Genzyme Corporation	1 Min				0.00	0.00	61.12	60.25	2,298,208	0.00	8,334	505,442
44	GILD	Gilead Sciences	1 Min	39.19	-0.43	-1.09%	0.00	0.00	39.78	39.03	8,095,528	0.00	18,240	715,331
45	GOOG	Google Inc Cl A	1 Min	551.00	-1.99	-0.36%	0.00	0.00	557.73	552.38	4,331,404	0.00	14,876	8,262,161
46	GRMN	Garmin Ltd	1 Min	80.05	-2.69	-3.25%	0.00	0.00	84.32	79.65	2,899,987	0.00	21,606	1,727,434
47	IACI	IAC/InterActiveCorp New	1 Min				0.00	0.00	33.34	32.88	2,119,139	0.00	12,218	405,280
48	INFY	Infosys Technologies ADS	1 Min				0.00	0.00	53.01	52.20	2,332,053	0.00	10,567	558,779

Page 1

Created with TradeStation

Abbildung 51: RadarScreen K9 Liquidität

Ermittlung umsatzstarker Aktienkurse

Im Folgenden wird das Modul K9 Preis Level erläutert.

Das Preis Level untersucht die jeweilige Tagesbewegung für den entsprechenden Titel und berechnet daraufhin, zu welchen Kursen die größten Volumina gehandelt sowie welche Kurse am häufigsten innerhalb des Handelstages festgestellt wurden. Diese Auswertung wird über auf unterschiedlichen Kriterien basierende Kerzen durchgeführt, die teilweise zeitinvariant berechnet werden. So existieren volumenabhängige Kerzen, die ihren Abschluss nach Vollendung einer bestimmten zu definierenden Volumenanzahl finden. Des Weiteren werden Tickkerzen berechnet, die auf einer bestimmten Anzahl von Kursfeststellungen basieren. Die allgemein üblichen Minutenkerzen, die direkt auf zeitabhängigen Größen basieren, können ebenso eine Auswertung für das Preis Level stellen. Anhand dieser Methodik kann der Marktteilnehmer erken-

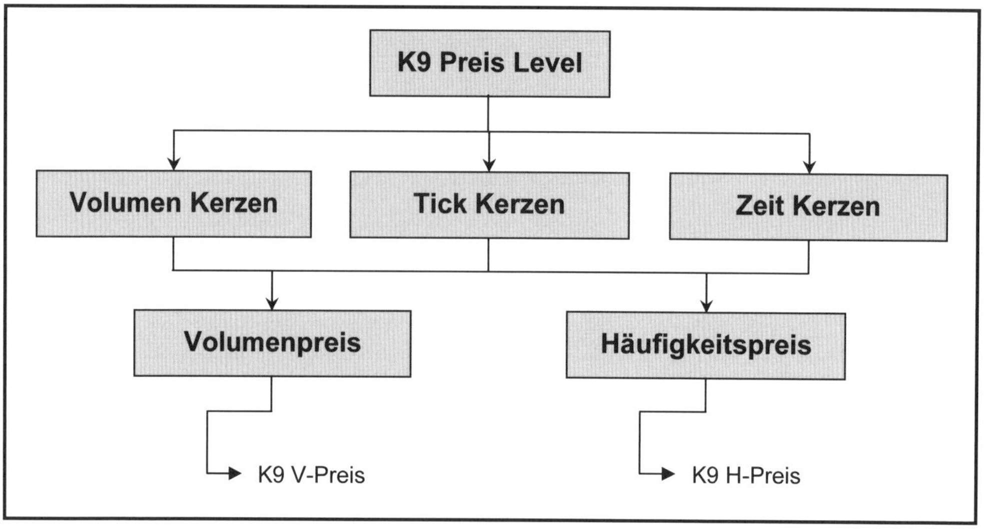

Abbildung 52: Aufbau Modul K9 Preis Level

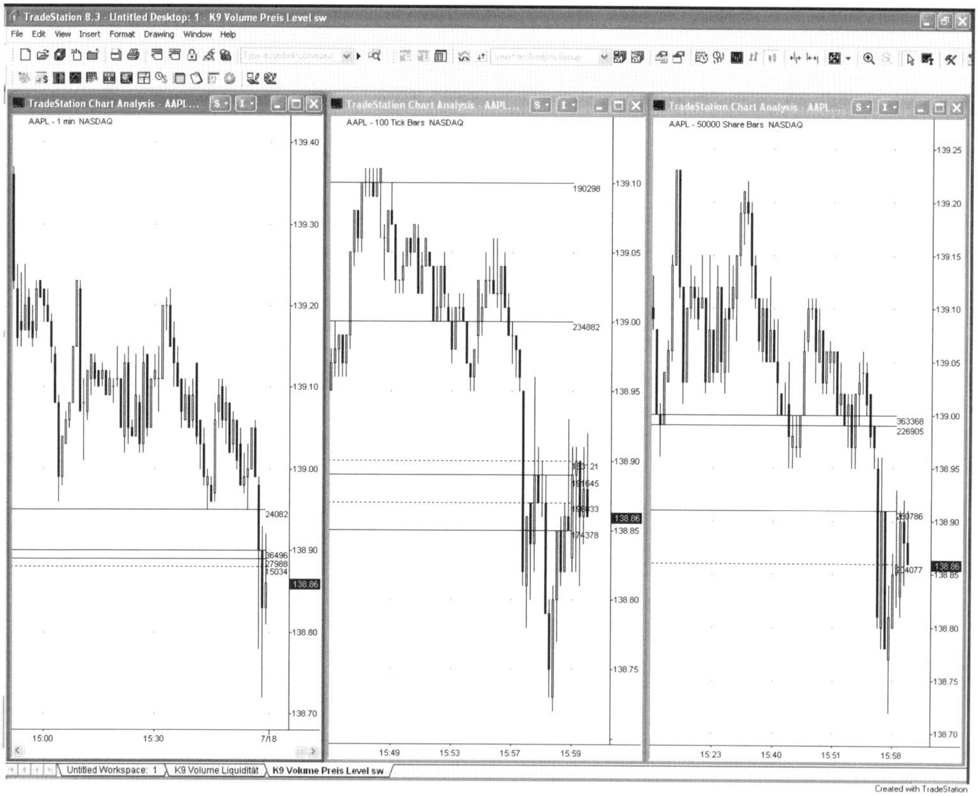

Abbildung 53: K9 Preis Level: Chart (1 Min, 100 Ticks, 500 Shares) Apple Computer Inc., 17.07.2007

nen, zu welchen Preisen größere Aktienpakete gehandelt wurden, und kann daraus Widerstände und Unterstützungen innerhalb des Chartbildes erkennen. Dieses Modul soll zu einer erhöhten Markttransparenz beitragen, da es – in Verbindung mit dem Kapitalfluss – aufzeigen kann, ob und zu welchen Preisen Gelder in den Markt investiert oder aus dem Markt herausgezogen wurden.

Abbildung 53 zeigt das Modul K9 Preis Level anhand von drei Charts auf unterschiedlichen Ebenen. So ist im linken Chart als Zeitbasis eine Minute gewählt worden, während im mittleren Chart 100-Tick-Kerzen und im rechten Chart 50.000-Stück-Kerzen dargestellt sind. Über die jeweiligen Ebenen werden die entsprechenden volumen- (K9 V-Preis) und häufigkeitsbasierten (K9 H-Preis) markanten Kursfeststellungen visualisiert.

Kapitalabfluss und Kapitalzufluss als Zeichen der aktuellen Marktstimmung

Als Abschluss des Moduls K9 Volume wird im Folgenden das Modul K9 Kapitalfluss erläutert.

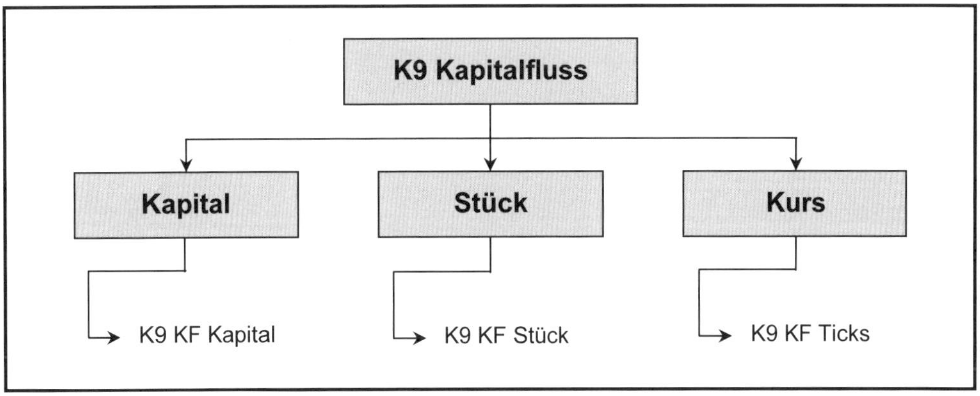

Abbildung 54: Aufbau Modul K9 Kapitalfluss

Innerhalb dieser Betrachtung kann der Marktteilnehmer ermitteln, ob aus einem Wertpapier über den betrachteten Zeitraum Geld abgezogen oder neu investiert wurde. So besteht die Möglichkeit, dass auch bei steigenden Kursen Kapital aus dem Markt gezogen werden kann, was ein deutliches Zeichen für eine bevorstehende Kurskorrektur ist. Genauso kann bei sinkenden Kursen Geld in dieses Wertpapier investiert werden, was auf einen baldigen Ausbruch hindeutet.

Ebenso kann die Stückzahl der gehandelten Aktien Ausdruck für aufkommendes Interesse innerhalb kurzer Zeit sein. Ein sprunghafter Anstieg des Volumens ist ein typisches Signal für eine bevorstehende starke Kursbewegung, die meistens erst mit einschlafendem Volumen beendet wird.

Das Verhältnis der positiven zu den negativen Kursbewegungen innerhalb einer Kerze führt zu einer Aussage über die Wertigkeit einer Aktie. So ist die Farbe einer Kerze im Prinzip ausschließlich von zwei Kursen abhängig, dem Eröffnungs- und dem Schlusskurs. Wie der Kurs sich innerhalb der Kerze verhalten hat, soll anhand dieser Überlegung charakterisiert werden, um hieraus Rückschlüsse auf die Qualität und Aussagekraft der entsprechenden Kerze ziehen zu können.

Abbildung 55 stellt das Modul K9 Kapitalfluss in drei verschiedenen Charts dar. Der linke Chart zeigt Ein-Minuten-Kerzen und die gehandelten Stückzahlen (K9 KF Stück).

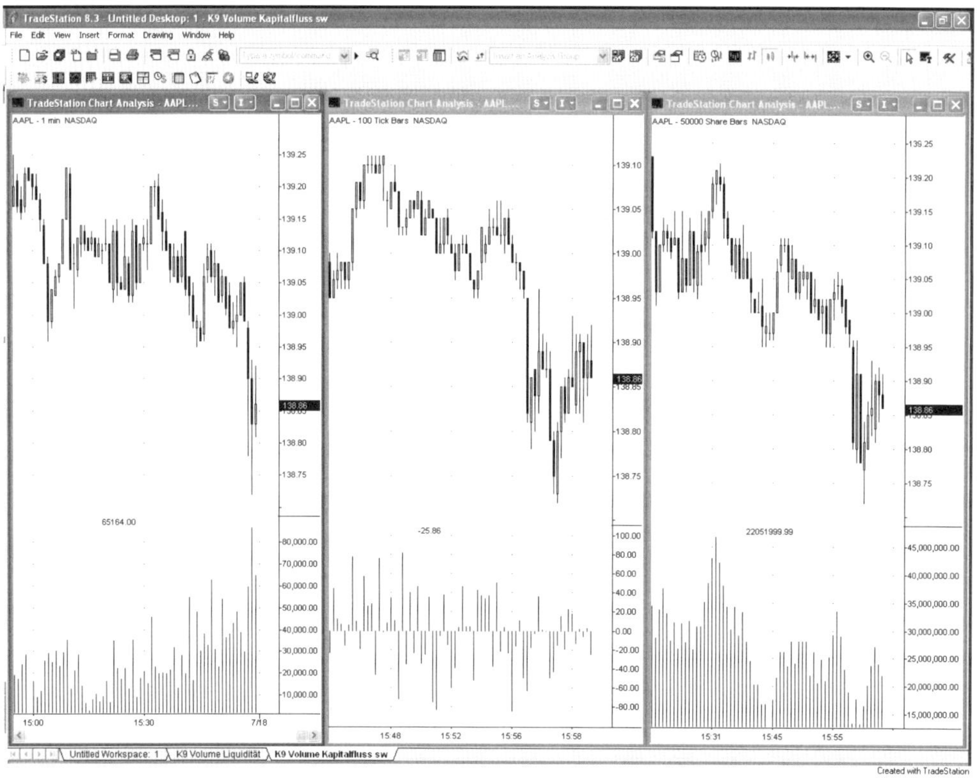

Abbildung 55: K9 Kapitalfluss: Chart (1 Min, 100 Ticks, 50.000 Shares) Apple Computer Inc., 17.07.2007

Das mittlere Chartfenster zeigt einen 100-Tick-Chart, bei dem die Kursbewegungen ins Verhältnis gesetzt werden (K9 KF Ticks). Das rechte Chartbild stellt einen 50.000-Stück-Chart sowie das in diesem Zeitraum zu- beziehungsweise abgeflossene Kapital (K9 KF Kapital) dar.

Portfolioanalyse des Moduls K9 Money Management

In diesem Abschnitt wird das Modul K9 Money Management betrachtet.

Aus der Analyse der Prämissen lassen sich bereits generelle Rückschlüsse darauf ziehen, welche Wertpapiere als interessant und welche als uninteressant einzustufen

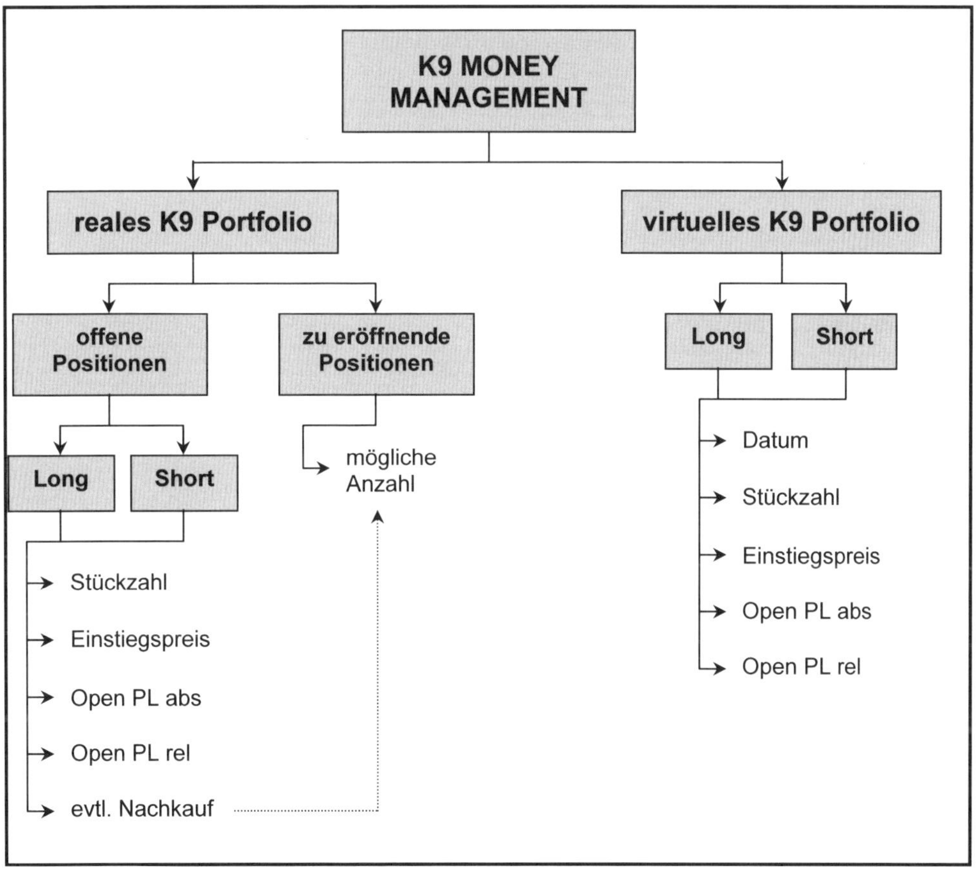

Abbildung 56: Aufbau Modul K9 Money Management

sind. Nach dieser ersten Grobauswahl von Titeln und Märkten, die das grundsätzliche Interesse geweckt haben, wird nun gezielt nach Einstiegssignalen gesucht. Dazu wird im ersten Schritt das Money Management herangezogen.

Darstellung des real existierenden Portfolios

Dieses überprüft durch Realtime-Abfrage der Kontoinformationen, wie viel Kapital dem Marktteilnehmer noch zur Verfügung steht. Um einen Diversifikationseffekt zu erhalten, sollte nur ein jeweils definierter Höchstbetrag in ein Wertpapier investiert werden. Des Weiteren hat der Marktteilnehmer die Möglichkeit, die Anzahl der Wertpapiere in seinem Depot zu deckeln. Ist bereits in einen Titel investiert worden, darf ausschließlich bis zum festgelegten Stücklimit je Aktie nachgekauft werden. Wahlweise kann ein Nachkaufen auch kategorisch ausgeschlossen werden. Dem Nutzer wird im Money Management die aktuelle Situation für jede einzelne Aktie angezeigt, in der er erkennen kann, ob und in welcher Art und Weise er bereits investiert ist. Ebenso wird ihm die erlaubte Anzahl der zu handelnden Aktien dargestellt.

Erstellung eines virtuellen Portfolios

Des Weiteren ist es für den Marktteilnehmer nicht nur interessant zu wissen, wie sich seine tatsächlichen Positionen entwickeln, sondern er hat mithilfe des Money Managements auch die Möglichkeit, sich eine Watchlist anzulegen, in der er Zeitpunkt, Kurs und Positionsgröße eintragen kann, zu welcher er gekauft hätte, um somit auch ein virtuelles Portfolio erstellen zu können. Dies macht beispielsweise dann Sinn, wenn er neue Märkte erschließen möchte. So kann er erste Erfahrungen sammeln, ohne durch Fehler auf Grund seiner Unwissenheit reale Verluste zu erleiden.

Abschließend wird in Abbildung 57 ein RadarScreen mit dem Modul K9 Money Management gezeigt. Dabei wird in der breiten Spalte in der Mitte des RadarScreen für alle real existierenden Positionen die jeweilige Situation visualisiert. Durch farbliche Gestaltung kann der Marktteilnehmer sofort erkennen, ob sich seine Positionen im Gewinn- oder im Verlustbereich befinden. Die fünf rechten Spalten des RadarScreen zeigen die Watchlist des virtuellen Portfolios. Hier kann der Marktteilnehmer für beliebige Aktien Kaufdatum, Stückzahl, Richtung und Kurs, zu denen er gekauft hätte, angeben.

	Symbol	Interval	Last	Net Chg	Net %Chg	Bid	Ask	High	Low	Volume Today	K9 MM real KE		K9 MM virtuell WL				
											Anzahl	Pos-Infos	Datum	Preis	Anzahl	PL absolut	PL relativ
1	Nasdaq 100 Index (100)																
2	AAPL	1 Min				0.00	0.00	139.60	137.50	25,355,612	138						
3	MSFT	1 Min				0.00	0.00	30.88	30.01	77,539,532	68	nicht investiert					
4	AMZN	1 Min	73.18	-0.51	-0.69%	0.00	0.00	74.52	73.59	6,085,973	28	nicht investiert					
5	SBUX	1 Min	25.85	-0.23	-0.88%	0.00	0.00	26.25	25.80	10,351,843	81	nicht investiert					
6	ERTS	1 Min				0.00	0.00	49.57	48.02	4,992,344	42	nicht investiert	13.07.2007	48.72	Short: 400 Stk	-192.00 USD	-0.99 %
7	ADBE	1 Min				0.00	0.00	41.74	40.82	6,272,757	51	nicht investiert					
8	ADSK	1 Min				0.00	0.00	47.47	46.88	1,462,663	44	nicht investiert					
9	AKAM	1 Min				0.00	0.00	49.53	48.77	2,424,181	43	nicht investiert					
10	ALTR	1 Min				0.00	999.99	25.07	24.40	8,714,964	85	nicht investiert					
11	AMAT	1 Min				0.00	0.00	22.08	20.75	71,353,231	97	nicht investiert					
12	AMGN	1 Min	55.54	-0.49	-0.87%	0.00	0.00	55.74	55.12	12,039,616	38	nicht investiert					
13	AMLN	1 Min	42.97	-0.21	-0.49%	0.00	0.00	43.54	42.74	1,083,900	49	nicht investiert					
14	APOL	1 Min	62.42	-0.08	-0.13%	0.00	0.00	63.00	62.31	2,096,483	33	nicht investiert					
15	ATVI	1 Min	18.35	-0.35	-1.87%	0.00	0.00	18.76	18.16	7,003,301	115	nicht investiert					
16	BBBY	1 Min	35.96	-0.03	-0.10%	0.00	999.99	36.14	35.86	2,120,677	58	nicht investiert					
17	BEAS(E)	1 Min				0.00	0.00	13.96	13.67	19,409,665	152	nicht investiert					
18	BIIB	1 Min	54.76	-0.58	-1.05%	0.00	0.00	55.40	54.72	5,653,430	38	nicht investiert					
19	BMET	1 Min				0.00	0.00	45.65	45.41	2,054,535	46	nicht investiert					
20	BRCM	1 Min	32.39	-0.02	-0.06%	0.00	0.00	33.14	32.49	8,948,671	64	nicht investiert					
21	CDNS	1 Min				0.00	0.00	22.38	22.01	2,460,702	94	nicht investiert					
22	CDWC	1 Min	85.41	-0.14	-0.17%	0.00	0.00	85.69	85.00	783,612	24	nicht investiert					
23	CELG	1 Min	58.30	-0.02	-0.03%	0.00	0.00	58.81	57.65	3,685,807	36	nicht investiert					
24	CEPH	1 Min	81.66	-0.42	-0.51%	0.00	0.00	82.46	81.45	833,435	25	nicht investiert					
25	CHKP	1 Min				0.00	0.00	23.57	23.07	1,171,811	90	nicht investiert					
26	CHRW	1 Min				0.00	0.00	53.72	52.74	1,170,329	39	nicht investiert					
27	CKFR	1 Min	40.40	0.00	-0.00%	0.00	0.00	40.67	40.23	548,614	52	nicht investiert					
28	CMCSA	1 Min				0.00	0.00	28.22	27.67	16,222,138	75	nicht investiert					
29	COST	1 Min				0.00	0.00	62.47	61.66	3,738,971	34	nicht investiert					
30	CSCO	1 Min	29.56	-0.33	-1.10%	0.00	0.00	29.98	29.60	37,509,002	71	nicht investiert					
31	CTAS	1 Min				0.00	0.00	40.83	40.49	964,976	52	nicht investiert					
32	CTSH	1 Min	84.62	-1.06	-1.24%	0.00	0.00	86.30	84.05	2,170,529	25	nicht investiert					
33	CTXS(E)	1 Min				0.00	0.00	35.34	34.77	2,278,882	60	nicht investiert					
34	DELL(E)	1 Min	28.75	-0.20	-0.69%	0.00	0.00	29.61	29.09	18,884,165	72	nicht investiert					
35	DISCA	1 Min				0.00	0.00	25.96	25.46	3,317,775	82	nicht investiert					
36	DISH	1 Min	43.59	-0.33	-0.75%	0.00	0.00	44.15	43.34	1,388,105	48	nicht investiert					
37	EBAY	1 Min	34.15	-0.24	-0.70%	0.00	0.00	34.48	34.21	10,149,643	61	nicht investiert					
38	ERIC	1 Min	41.64	-0.36	-0.85%	0.00	0.00	41.87	41.38	1,255,720	50	nicht investiert					
39	ESRX	1 Min				0.00	0.00	54.47	53.59	1,389,771	39	nicht investiert					
40	EXPD	1 Min				0.00	0.00	46.66	45.69	2,003,946	45	nicht investiert					
41	EXPE	1 Min	29.48	-0.02	-0.08%	0.00	0.00	29.66	29.38	1,929,285	71	nicht investiert					
42	FAST	1 Min	47.09	-0.47	-1.00%	0.00	0.00	48.93	47.57	1,468,551	44	nicht investiert					
43	FISV	1 Min				0.00	0.00	57.32	56.53	917,385	37	nicht investiert					
44	FLEX	1 Min				0.00	0.00	11.71	11.27	10,794,226	185	nicht investiert					
45	GENZ	1 Min				0.00	0.00	61.12	60.25	2,298,208	34	nicht investiert					
46	GILD	1 Min	39.19	-0.43	-1.09%	0.00	0.00	39.78	39.03	8,095,528	53	nicht investiert					
47	GOOG	1 Min	551.00	-1.99	-0.36%	0.00	0.00	557.73	552.38	4,331,404	3	nicht investiert					
48	GRMN	1 Min	80.05	-2.69	-3.25%	0.00	0.00	84.32	79.65	2,899,987	26	nicht investiert					

Page 1

Created with TradeStation

Abbildung 57: RadarScreen K9 Money Management

Informationsverarbeitung in Abhängigkeit des Anlagehorizonts im Modul K9 Entry

Als einen wichtigen Punkt zum Treffen der Handelsentscheidung gilt das K9 Entry, das in diesem Abschnitt erläutert wird.

Die Aktien, welche die Prämissen erfüllen und infolge des Money Managements noch weitere Investitionen zulassen, müssen nun gezielt auf individuelle Einstiegssignale untersucht werden. Hierzu stehen dem Marktteilnehmer verschiedene Ansätze zur Verfügung, die von der langfristigen bis in die kurzfristige Analyse reichen. Je nach Anlagehorizont hat er somit die Möglichkeit, in die detaillierte Tickebene hineinzugehen, wenn er extrem kurzfristig orientiert ist. Im langfristigen Bereich kann er die Bewegungsrichtung über einen definierten Zeitraum analysieren sowie die Lage, in der sich der Kurs momentan im Vergleich zu den Betrachtungszeiträumen befindet. Im mittelfristigen Bereich werden vorhandene Gaps – meist auf Grund fundamentaler

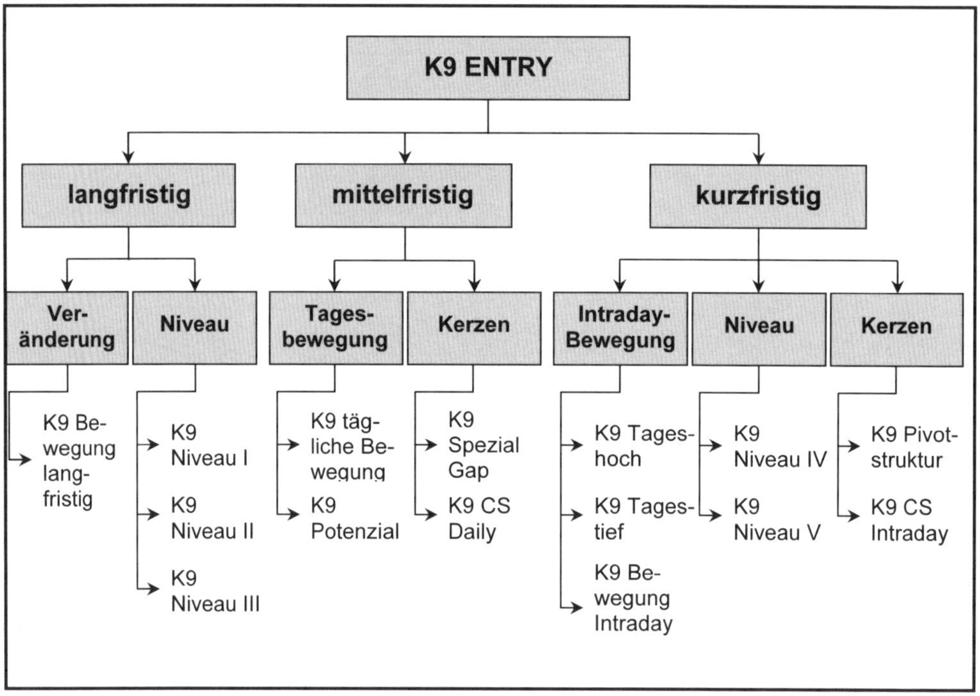

Abbildung 58: Aufbau K9 Entry

punktueller Informationen außerhalb des regulären Handels – das Interesse auf sich ziehen und im Allgemeinen unter hohen Volatilitäten hohe Rendite-Risiko-Konstellationen bieten. Des Weiteren existiert die Möglichkeit, die durchschnittliche Tagesbewegung der letzten Tage zu berechnen, um daraus einen Schluss auf das Potenzial des aktuellen Tages ziehen zu können. Auftretende Formationen im Candlestick-Chart, die als sinnvoll erachtet werden oder die einschlägig bekannt sind, dienen ebenfalls der übersichtlichen Prognose des Kursverlaufes für die nächsten Stunden und Tage. Hat der Marktteilnehmer die Absicht, innerhalb eines Tages Käufe und Verkäufe zu tätigen und nur einige Minuten bis wenige Stunden investiert zu sein, so sollte er auch eine kurzfristige Analyse durchführen. Hierbei kann er verschiedene Verhaltensmuster wie auftretende Pivotstrukturen sowie die Untersuchung der letzten Kerzen zur Unterstützung heranziehen. Des Weiteren kann er sich anzeigen lassen, auf welchem Niveau sich der Kurs aktuell im Verhältnis zur gesamten Tagesbewegung befindet. So sind Durchbrüche durch das Tageshoch oder -tief äußerst interessant, da hier der Kurs des Öfteren zu einer starken Dynamik verleitet wird, die ausgenutzt werden kann. Auch im kurzfristigen Bereich hat der Marktteilnehmer die Möglichkeit, die aktuelle

Bewegungsrichtung zu analysieren, um daraus Rückschlüsse auf die nächsten Augenblicke ziehen zu können.

Langfristauswertung als Analysemethode für den Value-Investor

Im Folgenden wird die langfristige Analyse des Moduls K9 Entry erläutert.

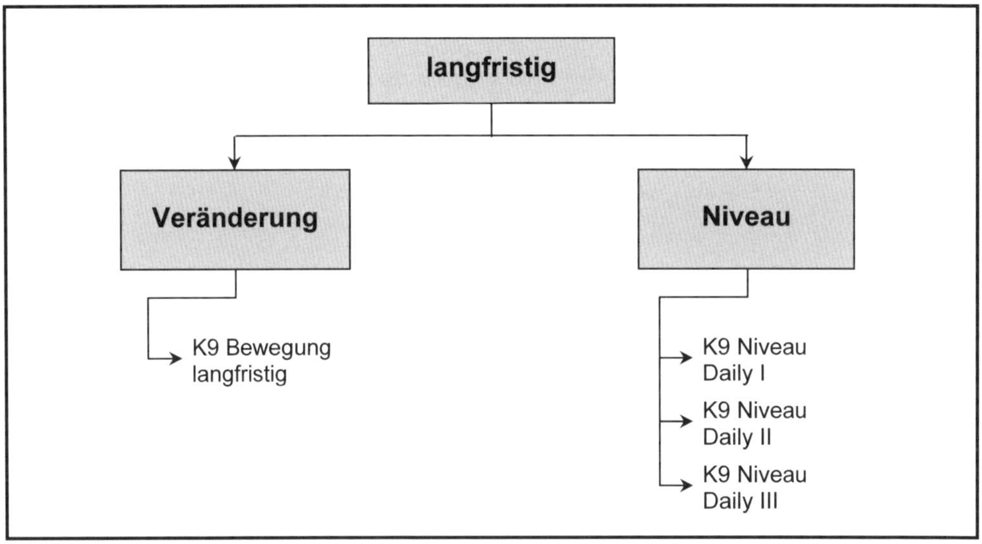

Abbildung 59: Langfristige Analyse

Die K9 Bewegung langfristig soll ermitteln, um welchen Prozentsatz und mit welcher Güte ein Kurs über den betrachteten Zeitraum gestiegen oder gefallen ist. Um überhaupt ein Ergebnis liefern zu können, muss jedoch ein Mindestmaß an Kursveränderung erfüllt sein. Das Gütemaß gibt an, wie weit sich der Kurs vom Extrempunkt dieser Bewegung – bei der Aufwärtsbewegung der Hochpunkt respektive der Abwärtsbewegung der Tiefpunkt – bereits wieder entfernt hat. Eine hohe Stärke ist Indiz für eine anhaltend konstante Bewegung. Des Weiteren können mithilfe dieser Betrachtung Seitwärtsbewegungen herausgefiltert werden, um frühzeitig Ausbrüche diagnostizieren zu können. In Verbindung mit den im Folgenden erläuterten Ebenen, auf denen sich die Kurse jeweils befinden, können über einen längerfristigen Zeitraum Trends und Trendumkehrungen zeitnah erkannt werden.

Die Betrachtung des K9 Niveau Daily I ist Teil der langfristigen Bestimmung des Bewegungsrasters einer Aktie. Diese Grobeinteilung soll ein Indiz dafür sein, ob das Verhalten der Aktie in den vergangenen Monaten eher positiv oder eher negativ gewesen war. Im Vergleich zu einem als Gesamtmarkt identifizierten Index lassen sich somit Rückschlüsse darauf ziehen, ob der jeweilige Titel einen konträren Verlauf besitzt oder ob er an den Index annektiert ist, die Bewegungen des Index also nachvollzieht. Dabei wird der Verlauf der Aktie über den betrachteten Zeitraum in vier Ebenen eingeteilt, und es wird überprüft, in welcher Ebene sich der Kurs aktuell befindet. Die einzelnen Ebenen werden mit den Buchstaben A, B, C und D bezeichnet. Dabei signalisiert die Ebene A stets eine Lage im untersten Viertel der Bewegung der letzten 200 Tage, während D eine Lage im oberen Viertel der 200-Tage-Bewegung repräsentiert. Interessant sind Aktien, die – während sich der Kurs des Gesamtmarkts in den oberen Ebenen bewegt – eher in den unteren Bereichen ihrer momentanen Bewegung wiederzufinden sind und umgekehrt. Hier kann der Marktteilnehmer unter Umständen einen günstigen Einstieg finden, wenn er seinen Anlagehorizont über einen längeren Zeitraum von mindestens einigen Wochen geplant hat.

Abbildung 60 stellt den beschriebenen Sachverhalt der Ebenen über 200 Tage für die Aktie Apple Computer Inc. im Zeitraum vom 22. September 2006 bis 11. Juli 2007 dar.

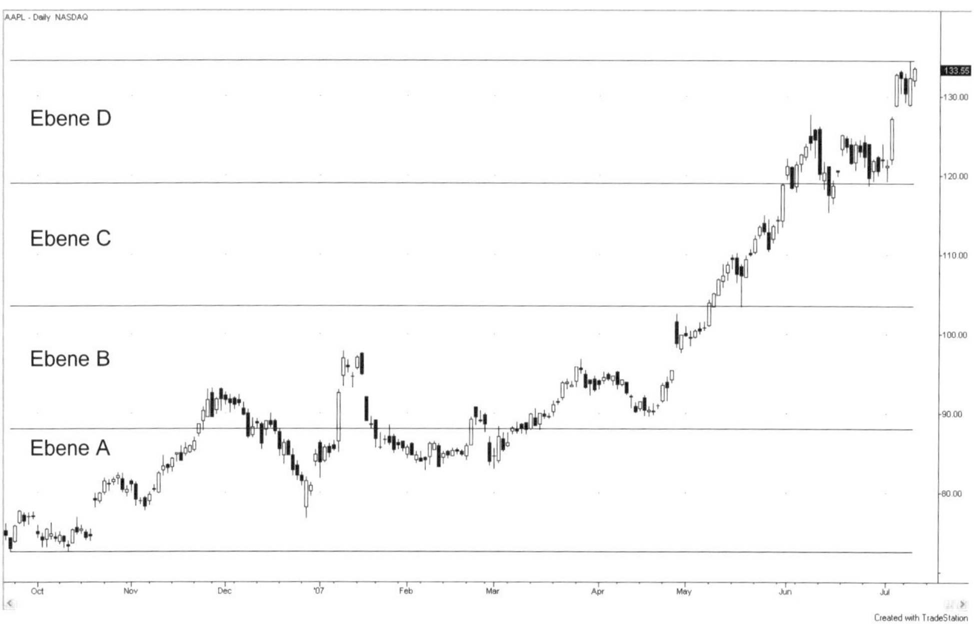

Abbildung 60: 200-Tage-Ebenen-Chart Apple Computer Inc., 22.09.2006 – 11.07.2007

Die Aktie befindet sich in der Ebene D, also dem höchstmöglichen Wert. Dies spricht für eine starke Aufwärtsdynamik innerhalb des betrachteten Zeitraumes von circa zehn Monaten.

Das K9 Niveau Daily II enthält prinzipiell die gleiche Überlegung wie das oben beschriebene K9 Niveau Daily I, allerdings werden hier als Betrachtungszeitraum nicht 200 Tage, sondern nur 50 Tage herangezogen. Es soll damit die zuletzt aufgezeigte Bewegung des Kurses näher charakterisiert werden, um abschätzen zu können, ob der Kurs mittelfristig zu einer Gegenbewegung angesetzt hat oder die im K9 Niveau Daily I ermittelte Ebene bestätigt wird. So kann ein Kurs über 200 Tage die Ebene D erreicht haben, aber auf Grund einer mittelfristigen Konsolidierung über die vergangenen 50 Tage in der Ebene A oder B verweilen. Dies kann dann unter Umständen, wenn es kein generelles Trendwechselsignal gibt, zu einem günstigen Einstieg genutzt werden, um noch preiswert in den langfristigen Trend einzusteigen.

Abbildung 61 zeigt die Aktie Akamai Technologies aus dem NASDAQ 100 Index, die sich über den Zeithorizont von 200 Tagen (22. September 2006 bis 11. Juli 2007) auf

Abbildung 61: 200 / 50-Tage-Ebenen-Chart Akamai Technologies, 22.09.2006 – 11.07.2007

der Ebene B befindet, also eher in den unteren Bereichen, während sie mittelfristig über 50 Tage (2. Mai 2007 bis 11. Juli 2007) auf dem Niveau D liegt, also einen mittelfristigen Aufwärtstrend aufweisen kann.

Die Untersuchung nach dem K9 Niveau Daily III ist die letzte für die Betrachtungsweise der Ebenen auf Tagesbasis. Die Berechnung erfolgt über einen relativ kurzen Zeitraum von 20 Tagen. Die hier ermittelte Ebene soll Aufschluss darüber geben, wie sich die Aktie in den vergangenen Tagen bewegt hat, ob sie zuletzt eher Gewinne oder eher Verluste zu verzeichnen hatte. Es können kurze Gegenbewegung ausfindig gemacht und zu günstigen Einstiegssignalen für mittelfristig orientierte Marktteilnehmer, die ihre Titel einige Tage bis wenige Wochen halten wollen, genutzt werden.

Abbildung 62 stellt eine Konstellation dar, die für den Marktteilnehmer sehr interessant sein kann. Der Titel Lamar Advertising – ebenfalls in der NASDAQ 100 gelistet – befindet sich über dem langfristigen 200-Tage-Horizont auf der Ebene C, in der oberen Hälfte seiner Bewegung. Über 50 Tage betrachtet ergibt sich jedoch ein Wert von

Abbildung 62: 200 / 50 / 20-Tage-Ebenen-Chart Lamar Advertising, 22.09.2006 – 11.07.2007

B, das heißt der Titel hat mittelfristig gesehen ein wenig an Wert verloren. Kurzfristig über die letzten 20 Tage befindet er sich gar auf Ebene A, also am unteren Ende der Bewegung. Der Marktteilnehmer hat die Möglichkeit, sein Kapital daraus zu schlagen, wenn der Kurs tatsächlich eine langfristige Trendumkehr eingeschlagen hat oder es sich um eine Konsolidierung handelt, an deren Ende er günstig in das Wertpapier einsteigen kann.

Abbildung 63 stellt einen möglichen Aufbau für ein RadarScreen-Fenster dar, in dem die langfristige Analyse durchgeführt und visualisiert wird. Anhand dieser Darstellung hat der Marktteilnehmer die Möglichkeit, einzelne Aktien unter seinen Suchkriterien herauszufiltern, um diese – tendenziell langfristig gesehen – in sein reales oder virtuelles Portfolio aufzunehmen. Die fünfte und vierte Spalte von rechts zeigen die Bewegungsdynamik sowie die Güte der Bewegung (K9 Bewegung langfristig), während die dritte Spalte von rechts das K9 Niveau Daily I über 200 Tage, die zweite Spalte das K9 Niveau Daily II über 50 Tage und die letzte Spalte das K9 Niveau Daily III über 20 Tage visualisieren.

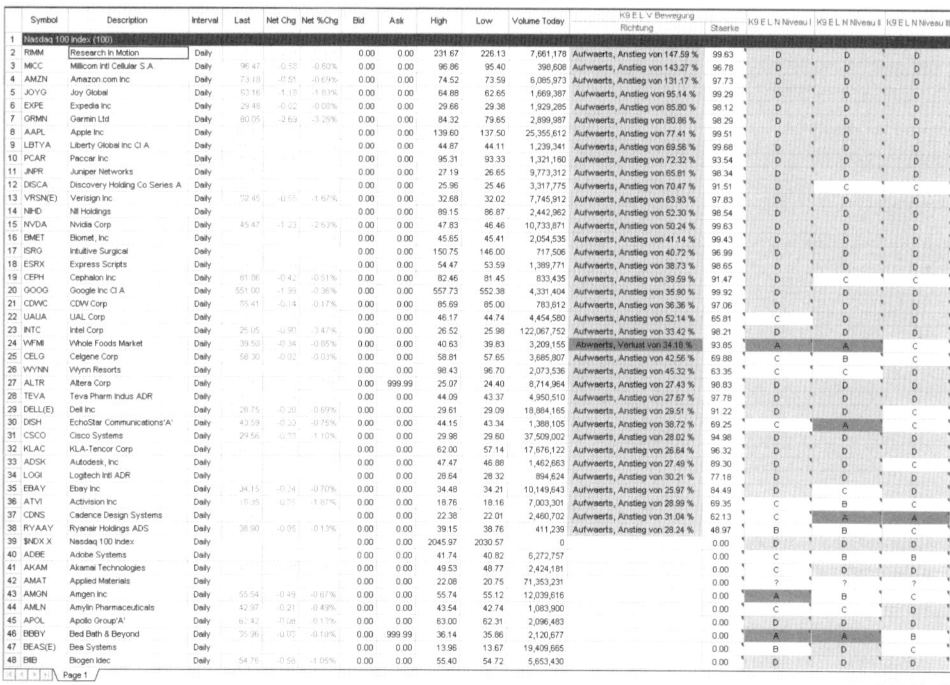

	Symbol	Description	Interval	Last	Net Chg	Net %Chg	Bid	Ask	High	Low	Volume Today	K9 E L V Bewegung Richtung	Staerke	K9 E L N Niveau I	K9 E L N Niveau II	K9 E L N Niveau III
1	Nasdaq 100 Index (100)															
2	RIMM	Research In Motion	Daily				0.00	0.00	231.67	226.13	7,661,178	Aufwaerts, Anstieg von 147.59 %	99.63	D	D	D
3	MICC	Millicom Intl Cellular S.A.	Daily	96.47	-0.58	-0.60%	0.00	0.00	96.86	95.40	398,608	Aufwaerts, Anstieg von 143.27 %	96.78	D	D	D
4	AMZN	Amazon.com Inc	Daily	73.18	-0.51	-0.69%	0.00	0.00	74.52	73.59	6,085,973	Aufwaerts, Anstieg von 131.17 %	97.73	D	D	D
5	JOYG	Joy Global	Daily	63.16	-1.18	-1.83%	0.00	0.00	64.88	62.65	1,669,387	Aufwaerts, Anstieg von 95.14 %	99.29	D	D	D
6	EXPE	Expedia Inc	Daily	29.48	-0.02	-0.08%	0.00	0.00	29.66	29.38	1,929,285	Aufwaerts, Anstieg von 85.80 %	98.12	D	D	D
7	GRMN	Garmin Ltd	Daily	80.05	-2.69	-3.25%	0.00	0.00	84.32	79.65	2,899,987	Aufwaerts, Anstieg von 80.86 %	98.29	D	D	D
8	AAPL	Apple Inc	Daily				0.00	0.00	139.60	137.50	25,355,612	Aufwaerts, Anstieg von 77.41 %	99.51	D	D	D
9	LBTYA	Liberty Global Inc Cl A	Daily				0.00	0.00	44.87	44.11	1,239,341	Aufwaerts, Anstieg von 69.56 %	99.68	D	D	D
10	PCAR	Paccar Inc	Daily				0.00	0.00	95.31	93.33	1,321,160	Aufwaerts, Anstieg von 72.32 %	93.54	D	D	D
11	JNPR	Juniper Networks	Daily				0.00	0.00	27.19	26.65	9,773,312	Aufwaerts, Anstieg von 65.81 %	98.34	D	D	D
12	DISCA	Discovery Holding Co Series A	Daily				0.00	0.00	25.96	25.46	3,317,775	Aufwaerts, Anstieg von 70.47 %	91.51	D	C	C
13	VRSN(E)	Verisign Inc	Daily	32.45	-0.55	-1.67%	0.00	0.00	32.68	32.02	7,745,912	Aufwaerts, Anstieg von 63.93 %	97.83	D	D	D
14	NIHD	NII Holdings	Daily				0.00	0.00	89.15	86.87	2,442,962	Aufwaerts, Anstieg von 52.30 %	98.54	D	D	D
15	NVDA	Nvidia Corp	Daily	45.47	-1.23	-2.63%	0.00	0.00	47.83	46.46	10,733,871	Aufwaerts, Anstieg von 50.24 %	99.63	D	D	D
16	BMET	Biomet, Inc	Daily				0.00	0.00	45.65	45.41	2,054,535	Aufwaerts, Anstieg von 41.14 %	99.43	D	D	D
17	ISRG	Intuitive Surgical	Daily				0.00	0.00	150.75	146.00	717,506	Aufwaerts, Anstieg von 40.72 %	96.99	D	D	D
18	ESRX	Express Scripts	Daily				0.00	0.00	54.47	53.59	1,389,771	Aufwaerts, Anstieg von 38.73 %	98.65	D	D	D
19	CEPH	Cephalon Inc	Daily	81.86	-0.42	-0.51%	0.00	0.00	82.46	81.45	833,435	Aufwaerts, Anstieg von 39.59 %	91.47	D	C	C
20	GOOG	Google Inc Cl A	Daily	551.00	-1.99	-0.36%	0.00	0.00	557.73	552.38	4,331,404	Aufwaerts, Anstieg von 35.90 %	99.92	D	D	D
21	CDWC	CDW Corp	Daily	85.41	-0.14	-0.17%	0.00	0.00	85.69	85.00	783,612	Aufwaerts, Anstieg von 36.36 %	97.06	D	D	D
22	UAUA	UAL Corp	Daily				0.00	0.00	46.17	44.74	4,454,580	Aufwaerts, Anstieg von 52.14 %	65.81	C	D	D
23	INTC	Intel Corp	Daily	25.05	-0.90	-3.47%	0.00	0.00	26.52	25.98	122,067,752	Aufwaerts, Anstieg von 33.42 %	98.21	D	D	D
24	WFMI	Whole Foods Market	Daily	39.50	-0.34	-0.85%	0.00	0.00	40.63	39.83	3,209,155	Abwaerts, Verlust von 34.18 %	93.85	A	A	C
25	CELG	Celgene Corp	Daily	58.30	-0.02	-0.03%	0.00	0.00	58.81	57.65	3,685,807	Aufwaerts, Anstieg von 42.56 %	69.88	C	B	C
26	WYNN	Wynn Resorts	Daily				0.00	0.00	98.43	96.70	2,073,536	Aufwaerts, Anstieg von 45.32 %	63.35	C	C	D
27	ALTR	Altera Corp	Daily				0.00	999.99	25.07	24.40	8,714,964	Aufwaerts, Anstieg von 27.43 %	98.83	D	D	D
28	TEVA	Teva Pharm Indus ADR	Daily				0.00	0.00	44.09	43.37	4,950,510	Aufwaerts, Anstieg von 27.67 %	97.78	D	D	D
29	DELL(E)	Dell Inc	Daily	28.75	-0.20	-0.69%	0.00	0.00	29.61	29.09	18,884,165	Aufwaerts, Anstieg von 29.51 %	91.22	D	D	C
30	DISH	EchoStar Communications'A'	Daily	43.59	-0.33	-0.75%	0.00	0.00	44.15	43.34	1,388,105	Aufwaerts, Anstieg von 38.72 %	69.25	C	A	C
31	CSCO	Cisco Systems	Daily	29.56	-0.33	-1.10%	0.00	0.00	29.98	29.60	37,509,002	Aufwaerts, Anstieg von 28.02 %	94.98	D	D	D
32	KLAC	KLA-Tencor Corp	Daily				0.00	0.00	62.00	57.14	17,676,122	Aufwaerts, Anstieg von 26.64 %	96.32	D	D	D
33	ADSK	Autodesk, Inc	Daily				0.00	0.00	47.47	46.88	1,462,663	Aufwaerts, Anstieg von 27.49 %	89.30	D	D	C
34	LOGI	Logitech Intl ADR	Daily				0.00	0.00	28.64	28.32	894,624	Aufwaerts, Anstieg von 30.21 %	77.18	D	D	D
35	EBAY	Ebay Inc	Daily	34.15	-0.24	-0.70%	0.00	0.00	34.48	34.21	10,149,643	Aufwaerts, Anstieg von 25.97 %	84.49	D	C	D
36	ATVI	Activision Inc	Daily	18.35	-0.35	-1.87%	0.00	0.00	18.76	18.16	7,003,301	Aufwaerts, Anstieg von 28.99 %	69.35	C	B	C
37	CDNS	Cadence Design Systems	Daily				0.00	0.00	22.38	22.01	2,460,702	Aufwaerts, Anstieg von 31.04 %	62.13	C	A	A
38	RYAAY	Ryanair Holdings ADS	Daily	38.90	-0.05	-0.13%	0.00	0.00	39.15	38.76	411,239	Aufwaerts, Anstieg von 28.24 %	48.97	B	B	C
39	$NDX.X	Nasdaq 100 Index	Daily				0.00	0.00	2045.97	2030.57	0		0.00	D	D	D
40	ADBE	Adobe Systems	Daily				0.00	0.00	41.74	40.82	6,272,757		0.00	C	B	B
41	AKAM	Akamai Technologies	Daily				0.00	0.00	49.53	48.77	2,424,181		0.00	C	D	D
42	AMAT	Applied Materials	Daily				0.00	0.00	22.08	20.75	71,353,231		0.00	?	?	?
43	AMGN	Amgen Inc	Daily	55.54	-0.49	-0.87%	0.00	0.00	55.74	55.12	12,039,616		0.00	A	B	C
44	AMLN	Amylin Pharmaceuticals	Daily	42.97	-0.21	-0.49%	0.00	0.00	43.54	42.74	1,083,900		0.00	C	C	D
45	APOL	Apollo Group'A'	Daily	62.42	-0.08	-0.13%	0.00	0.00	63.00	62.31	2,096,483		0.00	D	D	D
46	BBBY	Bed Bath & Beyond	Daily	35.96	-0.03	-0.10%	0.00	999.99	36.14	35.86	2,120,677		0.00	A	A	B
47	BEAS(E)	Bea Systems	Daily				0.00	0.00	13.96	13.67	19,409,665		0.00	B	D	C
48	BIIB	Biogen Idec	Daily	54.76	-0.58	-1.05%	0.00	0.00	55.40	54.72	5,653,430		0.00	D	D	D

Page 1

Created with TradeStation

Abbildung 63: RadarScreen langfristige Analyse

Mittelfristige Auswertung als Analysemethode des Positions-Traders

Im Folgenden wird die mittelfristige Analyse des Moduls K9 Entry erläutert.

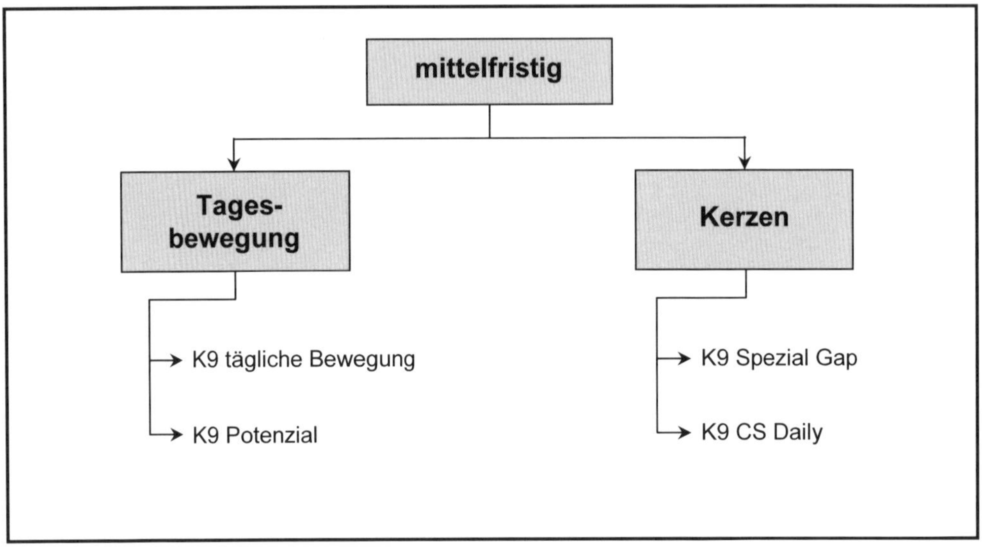

Abbildung 64: Mittelfristige Analyse

Zur Erkennung der mittelfristigen Tagesbewegung, die über die jeweils vergangenen zehn Tage generiert wurde, wird eine Kombination aus der durchschnittlichen Gesamttagesbewegung und der Analyse der Kerzenanordnungen durchgeführt. Die durchschnittliche Tagesbewegung setzt sich zusammen aus K9 Tagesbewegung und K9 Potenzial. Dabei wird die übliche Tagesbewegung der letzten Handelstage ermittelt und mit der bereits innerhalb des aktuellen Tages verstrichenen verglichen. Es lässt sich berechnen, in welchem Maße der Marktteilnehmer noch Schwankungen bis zum Ende der Handelszeit erwarten kann. Hat die aktuelle Tagesbewegung bereits die Größe der üblichen erreicht, so kann mit einer gewissen Wahrscheinlichkeit davon ausgegangen werden, dass der Kurs nicht weiter in die Extremrichtungen schwankt, sondern sich innerhalb der Extrema Tageshoch und Tagestief bewegen wird.

Als zweiter Teil der mittelfristigen Analyse werden die Charts charakterisiert. Dabei verwendet das Handelssystem K9 als Basis die Candlestick-Darstellung. Zum Filtern von Kurssprüngen zwischen zwei Handelstagen wird das K9 Spezial Gap verwendet.

Es sucht gezielt nach Differenzen zwischen Vortageshoch und aktuellem Tief beziehungsweise Vortagestief und aktuellem Hoch. Liegt ein solcher Kurssprung vor, so wird die Größe der Differenz prozentual dargestellt. Interessant sind Gaps deshalb, weil sie den Kurs zu hohen Volatilitäten sowie zu hohen Volumina verleiten. Dadurch können sonst uninteressante Werte plötzlich das Interesse auf sich ziehen, wovon der Marktteilnehmer profitieren kann. Die allgemein übliche Behauptung, dass Gaps geschlossen werden, soll hier allerdings keine Anwendung finden, da Untersuchungen keinen direkten Zusammenhang zwischen auftretenden Gaps und der weiteren Kursentwicklung ergeben haben.

Abbildung 65 zeigt die Aktie Patterson Companies aus dem NASDAQ 100 Index im Zeitraum vom 27. September 2006 bis 11. Juli 2007 sowie die Entwicklung ihres Volumens. So ist zu erkennen, dass das Volumen an normalen Handelstagen etwa 0,5 bis eine Million gehandelte Aktien beträgt. Die Volatilität beträgt etwa 30 bis 50 Cent pro Tag. In der Gapsituation 1 springt der Kurs zwischen Vortagesschluss und Tageseröff-

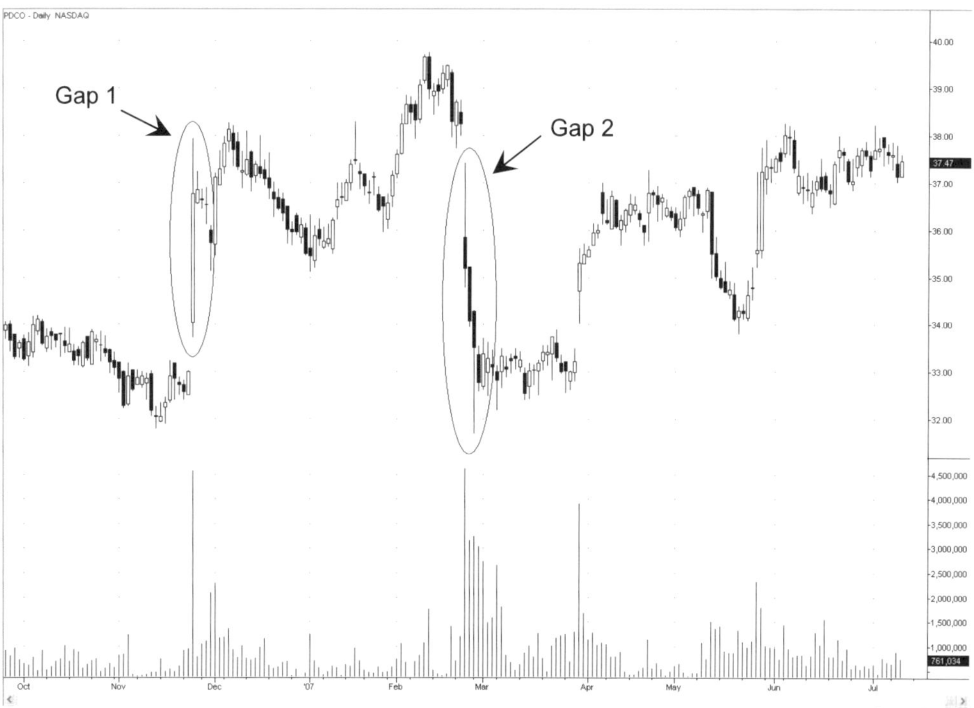

Abbildung 65: Gapsituation Chart Patterson Companies, 27.09.2006 – 11.07.2007

nung von 33,00 USD auf 34,04 USD, ein Plus von 3,15 Prozent. Innerhalb des Handelstages hat der Kurs eine extrem hohe Volatilität aufzuweisen, er schwankt in seinen Spitzen zwischen 33,73 USD und 37,93 USD, also ungefähr zehn Mal so hoch wie üblich. Das Volumen steigt auf annähernd fünf Millionen gehandelte Aktien. In einer solchen Situation hat der mittel- bis kurzfristig orientierte Marktteilnehmer die Möglichkeit, ebenfalls in den Markt einzusteigen, denn war die Aktie bis dato aus Volatilitäts- und Liquiditätsgesichtspunkten uninteressant, so hat sich dies für diesen Handelstag grundlegend geändert. Auch in der Gapsituation 2 kommt es zu einem sprunghaften Anstieg der Volatilität und der Liquidität, wobei der Umstand in dieser Situation für mehrere Tage anhält. Auffällig ist, dass zwischen den beiden Gaps genau drei Monate vergangen sind (22. September 2006 sowie 22. Februar 2007), was darauf schließen lässt, dass Quartalszahlen diese Kurssprünge verursacht haben.

Als eine weitere Untersuchung des Systemteils Kerzen werden die letzten Tageskerzen analysiert. Dabei wird eine Auswertung der Aneinanderreihung der Candlesticks vorgenommen (K9 CS Daily). Es ergeben sich immer wieder typische Formationen, die

	Symbol	Interval	Last	Net Chg	Net %Chg	Bid	Ask	High	Low	Volume Today	K9 E M K CS Daily	K9 E M TB tägl. Bew. K9 D. Range	K9 Potential	K9 E M K Spezial Gap
1	Nasdaq 100 Index (100)													
2	$NDX.X	Daily				0.00	0.00	2045.97	2030.57	0		17.95	2.38	---
3	AAPL	Daily				0.00	0.00	139.60	137.50	25,355,612	Bear Advance Block Bear Deliberation Bear Doji Star	3.50	0.94	---
4	ADBE	Daily				0.00	0.00	41.74	40.82	6,272,757	Bear Harami	0.70	0.35	---
5	ADSK	Daily				0.00	0.00	47.47	46.88	1,462,663	Bear Dark Cloud Cover	1.03	0.55	---
6	AKAM	Daily				0.00	0.00	49.53	48.77	2,424,181	Bear Harami	1.19	0.27	---
7	ALTR	Daily				0.00	999.99	25.07	24.40	8,714,964	Bear Dark Cloud Cover	0.47	0.15	---
8	AMAT	Daily				0.00	0.00	22.08	20.75	71,353,231	Bear Deliberation	0.37	0.29	---
9	AMGN	Daily	55.54	-0.49	-0.87%	0.00	0.00	55.74	55.12	12,039,616	Bear Deliberation	0.74	0.45	1.41 %
10	AMLN	Daily	42.97	-0.21	-0.49%	0.00	0.00	43.54	42.74	1,083,900		1.04	0.47	---
11	AMZN	Daily	73.18	-0.51	-0.69%	0.00	0.00	74.52	73.59	6,085,973	Bear Deliberation	1.81	0.89	---
12	APOL	Daily	62.42	-0.08	-0.13%	0.00	0.00	63.00	62.31	2,096,483	Bull Belt Hold	1.37	0.20	---
13	ATVI	Daily	18.35	-0.35	-1.87%	0.00	0.00	18.76	18.16	7,003,301	Bear Kicking	0.44	0.12	---
14	BBBY	Daily	35.96	-0.03	-0.10%	0.00	999.99	36.14	35.86	2,120,677	Bear Belt Hold	0.57	0.21	---
15	BEAS(E)	Daily				0.00	0.00	13.96	13.67	19,409,665	Bear Belt Hold	0.39	0.11	---
16	BIIB	Daily	54.75	-0.58	-1.05%	0.00	0.00	55.40	54.72	5,653,430	Bull Belt Hold	0.76	0.31	---
17	BMET	Daily				0.00	0.00	45.65	45.41	2,054,535		0.16	0.03	---
18	BRCM	Daily	32.39	-0.02	-0.06%	0.00	0.00	33.14	32.49	8,948,671	Bear Deliberation	0.65	0.37	---
19	CDNS	Daily				0.00	0.00	22.38	22.01	2,460,702	Bull Belt Hold	0.31	0.25	---
20	CDWC	Daily	85.41	-0.14	-0.17%	0.00	0.00	85.69	85.00	783,612		0.41	0.20	---
21	CELG	Daily	58.30	-0.02	-0.03%	0.00	0.00	58.81	57.65	3,685,807	Bull Matching Low Bear Belt Hold	0.96	0.60	---
22	CEPH	Daily	81.86	-0.42	-0.51%	0.00	0.00	82.46	81.45	833,435		1.27	0.29	---
23	CHKP	Daily				0.00	0.00	23.57	23.07	1,171,811		0.56	0.13	---
24	CHRW	Daily				0.00	0.00	53.72	52.74	1,170,329	Bear Kicking	0.99	0.25	---
25	CKFR	Daily	40.40	0.00	-0.00%	0.00	0.00	40.67	40.23	548,614	Bear Kicking	0.66	0.13	---
26	COST	Daily				0.00	0.00	62.47	61.66	3,738,971		0.91	0.18	---
27	CSCO	Daily	29.56	-0.33	-1.10%	0.00	0.00	29.98	29.60	37,509,002		0.48	0.19	---
28	CTAS	Daily				0.00	0.00	40.83	40.49	964,976	Bull Belt Hold	0.42	0.14	---
29	CTSH	Daily	84.62	-1.06	-1.24%	0.00	0.00	86.30	84.05	2,170,529	Bear Harami	2.40	1.07	---
30	CTXS(E)	Daily				0.00	0.00	35.34	34.77	2,278,882	Bear Harami	0.62	0.20	---
31	DELL(E)	Daily	28.75	-0.20	-0.69%	0.00	0.00	29.61	29.09	18,884,165	Bear Harami	0.51	0.18	---
32	DISCA	Daily				0.00	0.00	25.96	25.46	3,317,775	Bull Belt Hold	0.47	0.13	---
33	DISH	Daily	43.53	-0.33	-0.75%	0.00	0.00	44.15	43.34	1,388,105	Bear Advance Block Bear Deliberation	0.64	0.19	---
34	EBAY	Daily	34.15	-0.24	-0.70%	0.00	0.00	34.48	34.21	10,149,643		0.72	0.23	---
35	ERIC	Daily	41.64	-0.36	-0.85%	0.00	0.00	41.87	41.38	1,255,720		0.55	0.11	---
36	ERTS	Daily				0.00	0.00	49.57	48.02	4,992,344		1.26	0.38	---
37	ESRX	Daily				0.00	0.00	54.47	53.59	1,389,771	Bear Dark Cloud Cover	1.13	0.34	---
38	EXPD	Daily				0.00	0.00	46.66	45.69	2,003,946	Bear Advance Block Bear Deliberation	0.86	0.43	---
39	EXPE	Daily	29.48	-0.02	-0.08%	0.00	0.00	29.66	29.38	1,929,285	Bull Belt Hold Bear Deliberation	0.26	0.15	---
40	FAST	Daily	48.09	-0.48	-1.00%	0.00	0.00	48.93	47.57	1,468,551	Bull Belt Hold Bear Deliberation	0.77	0.42	---
41	FISV	Daily				0.00	0.00	57.32	56.53	917,385	Bear Dark Cloud Cover	0.81	0.60	---
42	FLEX	Daily				0.00	0.00	11.71	11.27	10,794,226	Bear Deliberation	0.22	0.05	---
43	GENZ	Daily				0.00	0.00	61.12	60.25	2,298,208	Bear Dark Cloud Cover	1.38	0.46	---
44	GILD	Daily	39.19	-0.43	-1.09%	0.00	0.00	39.78	39.03	8,095,528	Bear Kicking	0.71	0.50	---
45	GOOG	Daily	551.00	-1.99	-0.36%	0.00	0.00	557.73	552.38	4,331,404		7.30	3.94	---
46	GRMN	Daily	80.05	-2.69	-3.25%	0.00	0.00	84.32	79.65	2,899,987	Bear Belt Hold	2.05	0.98	---
47	IACI	Daily				0.00	0.00	33.34	32.88	2,119,139	Bull Belt Hold	0.58	0.14	---
48	INFY	Daily				0.00	0.00	53.01	52.20	2,332,053		1.33	0.83	---

Page 1

Created with TradeStation

Abbildung 66: RadarScreen mittelfristige Analyse

auf einen fallenden oder steigenden Markt hindeuten. Daraus resultieren Widerstände und Unterstützungen, die sich innerhalb eines Handelstages auf die Entwicklung des Kurses auswirken können. Eine konkrete Ermittlung und Analyse auftretender Formationen lassen somit auf eine zu erwartende Bewegungsrichtung innerhalb eines Handelstages schließen. So wird ein Marktteilnehmer kein oder nur unter großer Vorsicht sowie höheren Risiken ein Kaufsignal generieren, wenn die Analyse auf einen eher bearischen Markt schließen lässt und umgekehrt.

Abbildung 66 zeigt abschließend zur mittelfristigen Analyse des Moduls K9 Entry den Aufbau des RadarScreen. In der breiten Spalte in der Mitte der Darstellung sind die auftretenden Candlestick-Formationen aufgelistet, die sich innerhalb der letzten Tage gebildet haben (K9 CS Daily). Die Spalten zwei und drei von rechts zeigen die durchschnittliche Tagesbewegung sowie die bereits am aktuellen Tag erfolgte Gesamtbewegung (K9 tägliche Bewegung und K9 Potenzial). Die letzte Spalte stellt auftretende Gaps in ihrer Richtung und Größenordnung dar (K9 Spezial Gap).

Kurzfristauswertung auf Tickebene als Analysemethode des Day-Traders

Im Folgenden wird die kurzfristige Analyse des Moduls K9 Entry erläutert.

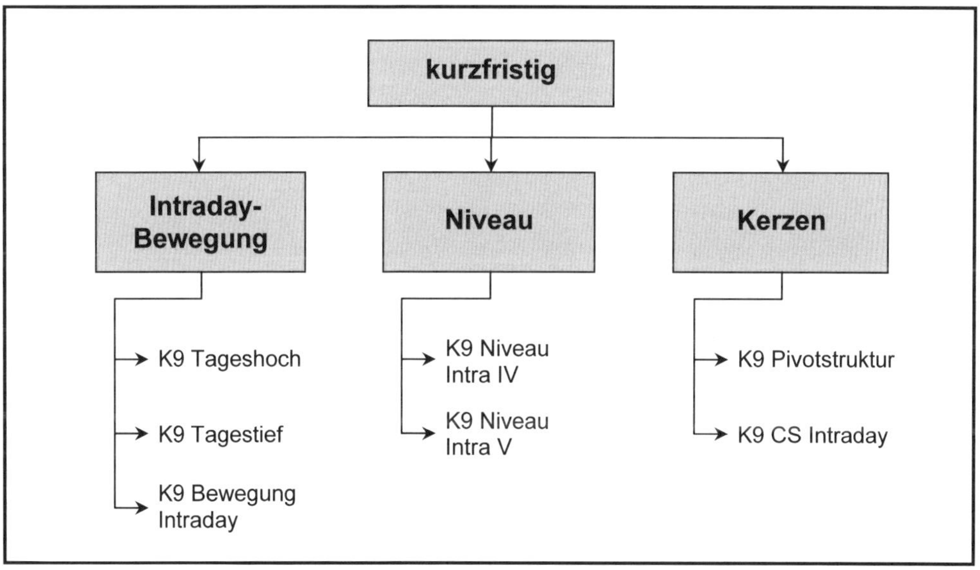

Abbildung 67: Kurzfristige Analyse

Im ersten Systemteil der kurzfristigen Analyse des Moduls K9 Entry wird die Intraday-Bewegung untersucht. Der Marktteilnehmer hat die Möglichkeit, die Bewegung des Kurses in der Nähe des Tagestiefs oder des Tageshochs isoliert zu betrachten (K9 Tageshoch und K9 Tagestief). Dazu kann er eine konkrete Definition festlegen, wie nahe der Kurs sich an seinen Extrempunkten befinden soll. Auf solche Umstände aufmerksam gemacht, hat er die Möglichkeit, den Durchbruch durch das Tageshoch beziehungsweise -tief, der unter hohen Volatilitäten meist sprunghaft erfolgt, oder das Abprallen des Kurses am jeweiligen Extremum zu handeln. Eine genaue Analyse des Orderbuchs spielt dabei eine wesentliche Rolle und sollte deshalb zwingend in diese Betrachtung mit einfließen, um frühzeitig einen möglichen Durchbruch oder ein Abprallen des Kurses erkennen zu können.

Die Veränderung des Kurses auf Tagesbasis über einen längeren Zeitraum wurde bereits untersucht. Diese Betrachtung kann nun auch auf den kurzfristigen Bereich angewandt werden, um Trendbewegungen oder Seitwärtsbewegungen innerhalb einer begrenzten Zeitperiode lokalisieren zu können. Bei der K9 Bewegung Intraday wird neben der Höhe der Kursveränderung die Stärke angezeigt, wie konstant der Kurs sich innerhalb dieser Bewegung zuletzt verhalten hat.

Der zweite Systemteil der kurzfristigen Analyse beinhaltet die Einteilung des Kurses in verschiedene Niveauebenen. Das K9 Niveau Intra IV ist ausschließlich für die Betrachtung innerhalb eines Handelstages geeignet. Dabei werden zunächst Tageshoch und Tagestief ermittelt sowie der Tag in zehn gleich große Ebenen eingeteilt. Anschließend wird als Ergebnis angezeigt, in welcher der zehn existierenden Ebenen sich der Kurs augenblicklich befindet. Damit lassen sich schnell und unkompliziert Titel herausfiltern, die sich momentan am Tageshoch – also in einer Aufwärtsdynamik – oder am Tagestief – entsprechend in einer Abwärtsdynamik – befinden. Auch hier lassen sich Vergleiche zu einem repräsentativen Index, der den Gesamtmarkt darstellen soll, herstellen. So werden Titel die Aufmerksamkeit auf sich ziehen, die sich am Tageshoch beziehungsweise Tagestief befinden, während sich der Gesamtmarkt am Tagestief beziehungsweise Tageshoch bewegt. Diese Aktien weisen meist ein temporäres, in der Regel auf einen Tag beschränktes Eigenleben aus, das aufgrund unternehmens- oder branchenspezifischer Nachrichten oder anderer fundamentaler Informationen zustande gekommen ist. Dreht der Gesamtmarkt kurzfristig in die gleiche Richtung, in die sich die Aktie generell bewegt, so wird sie dies überproportional abbilden; bewegt sich der Markt dann in seine eigene vorherrschende Marktrichtung weiter, so wird die Aktie diese Bewegung kaum oder überhaupt nicht nachvollziehen.

Um die zehn Niveaulinien des oben beschriebenen K9 Niveau Intra IV noch zu konkretisieren, wurde eine weitere, detailliertere Untersuchung eingeführt. Dabei wird die

Lage des Kurses innerhalb des aktuellen Tages in Bezug auf 50 Ebenen ermittelt (K9 Niveau Intra V). Damit können genauere Wendepunkte lokalisiert und die Bewegungen am Tageshoch und Tagestief konkretisiert werden.

Der abschließende dritte Teil der kurzfristigen Untersuchung des Kurses analysiert die zuletzt aufgetretenen Kerzen. Zu den am häufigsten auftretenden Trendwechselformationen zählen die K9 Pivotstrukturen. Sie sind charttechnische Konstellationen, die bei sauberer Ausbildung potenzielle Umkehrsignale, also einen Wechsel von Aufwärts- zu Abwärtstrend oder umgekehrt, darstellen. Man unterscheidet die K9 Pivotstrukturen je nachdem, ob sie am Ende einer aufwärts beziehungsweise abwärts gerichteten Kursbewegung entstehen, in eine obere beziehungsweise untere Pivotformation.

Das charakteristische Erscheinungsbild einer oberen Pivotformation ist von drei lokalen Extrempunkten, den sogenannten Pivotpunkten, gekennzeichnet. Sie wird durch eine abwechselnde Herausbildung von zwei Pivothochpunkten und einem Pivottiefpunkt geprägt. Der zweite Hochpunkt muss dabei auf einem niedrigeren Kursniveau als der erste Hochpunkt liegen, während der Tiefpunkt zwischen beiden Hochpunkten ausgebildet werden sollte und auf niedrigerem Niveau angesiedelt sein muss als die beiden Hochpunkte. Der Durchbruch des Kurses durch das Niveau des Tiefpunktes bedeutet einen Abschluss der oberen Pivotformation und läutet eine Trendumkehr des Kurses ein. Abbildung 68 verdeutlicht den Sachverhalt einer solchen Pivotformation an einem Beispiel.

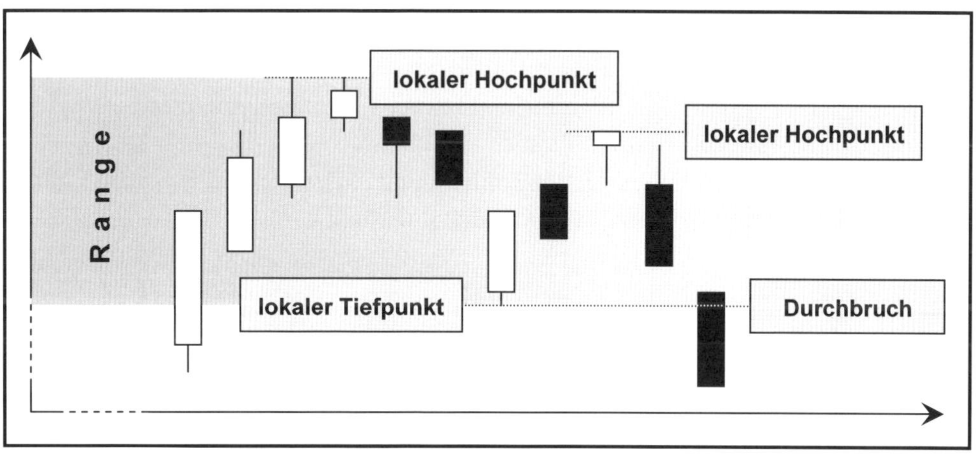

Abbildung 68: Obere Pivotformation

Das typische Aussehen einer unteren Pivotformation ist ebenfalls von drei lokalen Extrempunkten gekennzeichnet. Sie wird durch eine abwechselnde Herausbildung von zwei Pivottiefpunkten und einem Pivothochpunkt geprägt. Der zweite Tiefpunkt muss dabei auf einem höheren Niveau als der erste Tiefpunkt liegen, während der Hochpunkt zwischen beiden Tiefpunkten ausgebildet werden sollte und auf höherem Niveau als die beiden Tiefpunkte angesiedelt sein muss. Der Ausbruch des Kurses durch das Niveau des Hochpunktes bedeutet einen Abschluss der unteren Pivotformation und leitet eine Trendumkehr des Kurses ein. Abbildung 69 verdeutlicht den Sachverhalt einer solchen unteren Pivotformation an einem Beispiel.

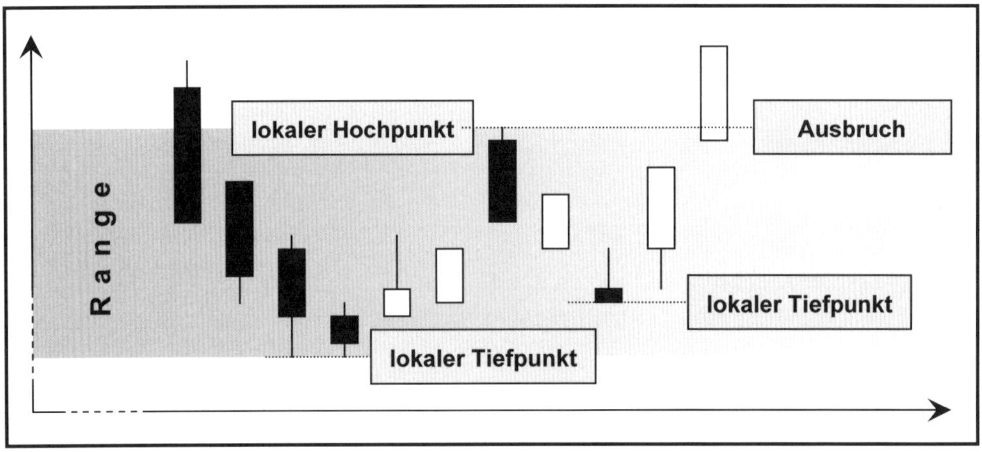

Abbildung 69: Untere Pivotformation

Zu beachten ist, dass die Formationen frühzeitig lokalisiert werden, um den Durchbruch handeln zu können. Im Allgemeinen bilden sich diese Formationen – je nach Zeithorizont der untersuchten Candlesticks – innerhalb von etwa zehn Minuten aus. Die K9-Pivotstrukturen können nicht nur im üblicherweise zu empfehlenden Candlestick-Chart angewendet werden, sondern auch innerhalb der weit verbreiteten Linien- und Bar-Charts.

Zum Herausfiltern konkreter Einstiegssignale dient die Untersuchung der drei aktuellsten Candlesticks innerhalb eines Handelstages (K9 CS Intraday). Dabei wird neben der Richtung auch das Verhältnis des Kerzenkörpers zur Gesamtbewegung innerhalb der Zeitperiode bestimmt. Weiterhin werden die Dochte und Lunten (Ausschläge über beziehungsweise unter den Kerzenkörper) näher charakterisiert sowie die Lage der

	Symbol	Interval	Last	Net Chg	Net %Chg	Bid	Ask	High	Low	Volume Today	K9 E K N Niveau IV	K9 E K N Niveau V	K9 E K IB Bewegung		K9 E K IB Tages HoTi
													K9 Richtung	K9 Staerke	
1	Nasdaq 100 Index (100)														
2	AMAT	1 Min				0.00	0.00	22.08	20.75	71,353,231	8	38	Abwaerts, Verlust von 0.59 %	100.00	
3	FLEX	1 Min				0.00	0.00	11.71	11.27	10,794,226	3	11	Abwaerts, Verlust von 0.52 %	100.00	
4	LVLT	1 Min	6.09	-0.07	-1.14%	0.00	0.00	6.22	6.03	26,057,942	6	29	Abwaerts, Verlust von 0.49 %	100.00	
5	NTAP	1 Min				0.00	0.00	30.80	29.58	10,754,032	7	35	Abwaerts, Verlust von 0.43 %	84.21	
6	UAUA	1 Min				0.00	0.00	46.17	44.74	4,454,580	8	36	Abwaerts, Verlust von 0.39 %	86.36	
7	ATVI	1 Min	18.35	-0.35	-1.87%	0.00	0.00	18.76	18.16	7,003,301	3	13	Abwaerts, Verlust von 0.38 %	80.00	
8	INTC	1 Min	25.05	-0.90	-3.47%	0.00	0.00	26.52	25.98	122,067,752	6	28	Abwaerts, Verlust von 0.30 %	100.00	
9	EXPD	1 Min				0.00	0.00	46.66	45.69	2,003,946	9	42	Abwaerts, Verlust von 0.30 %	88.24	
10	VMED	1 Min				0.00	0.00	29.20	28.50	1,859,626	9	43	Abwaerts, Verlust von 0.34 %	76.92	
11	SUNW	1 Min	5.25	-0.09	-1.69%	0.00	0.00	5.35	5.26	81,990,391	2	7	Seitwaerts	100.00	0.01 vom Tagestief entfernt
12	KLAC	1 Min				0.00	0.00	62.00	57.14	17,676,122	10	48	Aufwaerts, Anstieg von 0.31 %	46.81	
13	CSCO	1 Min	29.56	-0.33	-1.10%	0.00	0.00	29.98	29.60	37,509,002	4	20	Seitwaerts	100.00	
14	SHLD	1 Min	155.17	-0.54	-0.35%	0.00	0.00	156.99	154.98	1,258,888	1	3	Seitwaerts	95.45	
15	YHOO	1 Min	26.40	-0.30	-1.12%	0.00	0.00	27.80	26.70	53,662,253	8	36	Aufwaerts, Anstieg von 0.37 %	27.91	
16	SYMC	1 Min				0.00	0.00	19.87	19.66	8,688,474	1	1	Seitwaerts	100.00	0.00 vom Tagestief entfernt
17	INTU	1 Min	29.94	-0.13	-0.43%	0.00	0.00	30.14	29.67	4,133,736	6	27	Seitwaerts	100.00	
18	JOYG	1 Min	63.16	-1.18	-1.83%	0.00	0.00	64.88	62.65	1,669,387	2	8	Seitwaerts	100.00	
19	ESRX	1 Min				0.00	0.00	54.47	53.59	1,389,771	8	36	Seitwaerts	100.00	
20	BBBY	1 Min	35.96	-0.03	-0.10%	0.00	999.99	36.14	35.86	2,120,677	1	4	Seitwaerts	100.00	0.02 vom Tagestief entfernt
21	SPLS	1 Min				0.00	0.00	24.83	24.24	6,626,369	0	0	Seitwaerts	100.00	0.00 vom Tageshoch entfernt
22	CHRW	1 Min				0.00	0.00	53.72	52.74	1,170,329	8	39	Seitwaerts	100.00	
23	SIAL	1 Min				0.00	0.00	44.31	43.82	800,902	8	40	Seitwaerts	100.00	
24	PETM	1 Min				0.00	0.00	33.36	33.00	694,324	9	42	Seitwaerts	100.00	
25	GOOG	1 Min	551.00	-1.99	-0.36%	0.00	0.00	557.73	552.38	4,331,404	6	26	Seitwaerts	77.50	
26	XMSR	1 Min				0.00	0.00	12.85	12.54	4,003,539	9	44	Seitwaerts	66.67	0.04 vom Tageshoch entfernt
27	CTAS	1 Min				0.00	0.00	40.83	40.49	964,976	1	5	Seitwaerts	100.00	
28	BMET	1 Min				0.00	0.00	45.65	45.41	2,054,535	4	16	Seitwaerts	100.00	
29	EXPE	1 Min	29.48	-0.02	-0.08%	0.00	0.00	29.66	29.38	1,929,285	8	36	Seitwaerts	100.00	
30	ERIC	1 Min	41.64	-0.36	-0.85%	0.00	0.00	41.87	41.38	1,255,720	7	33	Seitwaerts	66.67	
31	CTXS(E)	1 Min				0.00	0.00	35.34	34.77	2,278,882	6	28	Seitwaerts	100.00	
32	TLAB	1 Min	11.60	-0.27	-2.27%	0.00	0.00	11.90	11.71	5,151,008	4	16	Seitwaerts	33.33	
33	CDWC	1 Min	85.41	-0.14	-0.17%	0.00	0.00	85.69	85.00	783,612	2	10	Seitwaerts	45.45	
34	CTSH	1 Min	84.62	-1.06	-1.24%	0.00	0.00	86.30	84.05	2,170,529	3	11	Seitwaerts	72.73	
35	ORCL	1 Min	20.20	0.00	-0.00%	0.00	0.00	20.47	20.21	21,767,537	7	33	Seitwaerts	33.33	
36	$NDX.X	1 Min				0.00	0.00	2045.97	2030.57	0	8	37	Seitwaerts	0.00	0.03 vom Tagestief entfernt
37	AAPL	1 Min				0.00	0.00	139.60	137.50	25,355,612	7	35		0.00	
38	ADBE	1 Min				0.00	0.00	41.74	40.82	6,272,757	7	33		0.00	
39	ADSK	1 Min				0.00	0.00	47.47	46.88	1,462,663	7	34		0.00	
40	AKAM	1 Min				0.00	0.00	49.53	48.77	2,424,181	5	25		0.00	
41	ALTR	1 Min				0.00	999.99	25.07	24.40	8,714,964	7	35		0.00	
42	AMGN	1 Min	55.54	-0.49	-0.87%	0.00	0.00	55.74	55.12	12,039,616	8	38		0.00	
43	AMLN	1 Min	42.97	-0.21	-0.49%	0.00	0.00	43.54	42.74	1,083,900	3	14		0.00	
44	AMZN	1 Min	73.18	-0.51	-0.69%	0.00	0.00	74.52	73.59	6,085,973	3	11		0.00	
45	APOL	1 Min	62.42	-0.08	-0.13%	0.00	0.00	63.00	62.31	2,096,483	1	5		0.00	
46	BEAS(E)	1 Min				0.00	0.00	13.96	13.67	19,409,665	7	33	Seitwaerts	0.00	
47	BIIB	1 Min	54.76	-0.58	-1.05%	0.00	0.00	55.40	54.72	5,653,430	1	3		0.00	0.04 vom Tagestief entfernt
48	BRCM	1 Min	32.39	-0.02	-0.06%	0.00	0.00	33.14	32.49	8,948,671	5	24		0.00	

Page 1

Created with TradeStation

Abbildung 70: RadarScreen kurzfristige Analyse Teil I

Candlesticks miteinander verglichen. Abschließend erfolgt eine Bestimmung der Größe der Kerzenkörper, um beispielsweise kleiner oder größer werdende Bewegungen ausfindig machen zu können. Anhand dieser Untersuchung lässt sich eine finale Handelsentscheidung generieren, die der Investor dann in die Tat umsetzen kann.

Abschließend wird die kurzfristige Analyse des Moduls K9 Movement anhand zweier RadarScreens dargestellt. Dabei zeigt Abbildung 70 in der fünften Spalte von rechts die Lage des Kurses auf zehn Ebenen (K9 Niveau Intra IV), während die vierte Spalte von rechts die Lage auf 50 Ebenen darstellt (K9 Niveau Intra V). Die dritte und zweite Spalte von rechts visualisieren die zuletzt vollzogene Richtung in ihrer Intensität und Konstanz. In der letzten Spalte ist zu erkennen, ob sich ein Kurs in der Nähe seines Tageshochs oder Tagestiefs bewegt.

Abbildung 71 stellt den zweiten Teil der kurzfristigen Analyse des Moduls K9 Entry dar. Die Spalte sieben bis drei von rechts repräsentiert das K9 CS Intraday. Dabei werden die Richtung, das Verhältnis der Gesamtbewegung zum Kerzenkörper, das Ver-

	Symbol	Interval	Last	Net Chg	Net %Chg	Bid	Ask	High	Low	Volume Today	K9 E K K CS Intraday					K9 E K K Pivot oben	K9 E K K Pivot unten
											Farbe	Verhaeltnis	Docht/Lunte	H L O C	Kerze		
1	Nasdaq 100 Index (100)																
2	GOOG	1 Min	551.00	-1.99	-0.36%	0.00	0.00	557.73	552.38	4,331,404	2 2 1	5 7 2	6 4 3	4030---0000-4024	2 1 3	0	
3	INTC	1 Min	25.05	-0.90	-3.47%	0.00	0.00	26.52	25.98	122,067,752	2 2 2	7 4 6	11 5 11	4010---1000-5010	2 3 1	0	
4	MNST	1 Min				0.00	0.00	42.10	41.46	1,129,964	2 2 2	4 7 7	4 0 11	4040---2000-4030	3 1 1	0	
5	CDWC	1 Min	85.41	-0.14	-0.17%	0.00	0.00	85.69	85.00	783,612	2 1 2	5 8 9	0 0 11	8378---8888-8787	3 2 1	0	0
6	CELG	1 Min	58.30	-0.02	-0.03%	0.00	0.00	58.81	57.65	3,685,807	0 1 1	0 8 9	5 11 0	8778---8888-8478	3 2 1	0	0
7	CMCSA	1 Min				0.00	0.00	28.22	27.67	16,222,138	1 1 1	8 8 3	11 11 11	8578---8888-8577	2 1 3	0	0
8	IACI	1 Min				0.00	0.00	33.34	32.88	2,119,139	0 1 0	0 5 0	0 0 7	8278---8788-8377	2 1 2		0
9	PAYX	1 Min	43.90	-0.04	-0.08%	0.00	0.00	44.06	43.67	4,562,098	2 1 2	4 7 4	0 0 11	8378---8888-8474	2 1 2		0
10	SNDK	1 Min				0.00	0.00	57.14	54.41	17,603,858	1 1 2	5 10 7	8 0 11	8478---8888-8444	3 1 2		0
11	$NDX.X	1 Min				0.00	0.00	2045.97	2030.57	0	0 0 0	-1 -1 -1	- - -	1711---1711-1711	1 1 1	0	0
12	AAPL	1 Min				0.00	0.00	139.60	137.50	25,355,612	2 2 1	4 4 3	1 3 8	4032---4222-6234	1 2 3	0	0
13	ADBE	1 Min				0.00	0.00	41.74	40.82	6,272,757	1 1 2	6 9 9	11 0 11	8578---8585-8171	3 2 1	0	0
14	ADSK	1 Min				0.00	0.00	47.47	46.88	1,462,663	1 1 2	5 6 7	6 0 11	7477---8171-8070	2 3 1	-1	0
15	AKAM	1 Min				0.00	0.00	49.53	48.77	2,424,181	1 2 2	2 8 2	8 7 11	6070---6000-7343	2 1 2	0	0
16	ALTR	1 Min				0.00	999.99	25.07	24.40	8,714,964	2 2 2	11 4 5	- 5 5	7010---0000-3010	2 2 1	0	0
17	AMAT	1 Min				0.00	0.00	22.08	20.75	71,353,231	2 2 2	6 7 11	11 0 -	5070---0000-3030	3 2 1	0	0
18	AMGN	1 Min	55.54	-0.49	-0.87%	0.00	0.00	55.74	55.12	12,039,616	0 1 1	0 8 6	0 11 0	8228---8788-8478	3 1 2	0	0
19	AMLN	1 Min	42.97	-0.21	-0.49%	0.00	0.00	43.54	42.74	1,083,900	2 2 0	11 5 0	- 11 8	7010---8000-8000	1 1 3	0	0
20	AMZN	1 Min	73.18	-0.51	-0.69%	0.00	0.00	74.52	73.59	6,085,973	1 1 2	11 7 9	- 5 11	8478---8080-7070	2 2 1	0	0
21	APOL	1 Min	62.42	-0.08	-0.13%	0.00	0.00	63.00	62.31	2,096,483	1 0 2	7 0 5	0 5 11	7344---8030-8010	2 3 1	0	0
22	ATVI	1 Min	18.35	-0.35	-1.67%	0.00	0.00	18.76	18.16	7,003,301	2 1 0	11 3 0	- 11 7	4444---4444-6175	1 2 3	0	0
23	BBBY	1 Min	35.96	-0.03	-0.10%	0.00	999.99	36.14	35.86	2,120,677	1 2 2	6 11 8	11 - 11	5171---5010-7010	2 2 1	0	0
24	BEAS(E)	1 Min				0.00	0.00	13.96	13.67	19,409,665	2 1 0	11 11 0	- - 0	7117---7077-7077	1 1 3	0	0
25	BIIB	1 Min	54.76	-0.58	-1.05%	0.00	0.00	55.40	54.72	5,653,430	1 2 2	11 11 9	- - 11	7171---7010-7010	2 2 1	0	0
26	BMET	1 Min				0.00	0.00	45.65	45.41	2,054,535	0 1 0	0 11 0	0 - 0	7117---7177-7177	2 1 2	0	0
27	BRCM	1 Min	32.39	-0.02	-0.06%	0.00	0.00	33.14	32.49	8,948,671	1 1 2	7 11 4	0 - 11	8778---8373-8010	1 3 1		0
28	CDNS	1 Min				0.00	0.00	22.38	22.01	2,460,702	2 1 0	11 11 0	- - 7	7447---8477-8177	1 2 3	-1	0
29	CEPH	1 Min	81.28	-0.42	-0.51%	0.00	0.00	82.46	81.45	833,435	0 2 2	0 11 4	0 - 11	7171---8171-8171	3 1 1	0	0
30	CHKP	1 Min				0.00	0.00	23.57	23.07	1,171,811	1 2 2	11 3 5	- 11 11	8474---8474-6070	1 3 2	0	0
31	CHRW	1 Min				0.00	0.00	53.72	52.74	1,170,329	2 0 2	5 0 7	5 4 11	7044---8070-8161	2 3 1	0	0
32	CKFR	1 Min	40.40	0.00	-0.00%	0.00	0.00	40.67	40.23	548,614	2 0 2	6 0 6	0 11 5	8777---8071-7010	2 3 1	0	0
33	COST	1 Min				0.00	0.00	62.47	61.66	3,738,971	2 1 2	11 7 9	- 0 11	8148---8080-8070	2 2 1	0	0
34	CSCO	1 Min	29.58	-0.33	-1.10%	0.00	0.00	29.98	29.60	37,509,002	0 0 1	0 0 11	11 0 -	7177---8118-8118	2 2 1		0
35	CTAS	1 Min				0.00	0.00	40.83	40.49	964,976	0 0 2	0 0 3	11 0 11	1011---8000-8010	2 2 1	0	0
36	CTSH	1 Min	84.62	-1.06	-1.24%	0.00	0.00	86.30	84.05	2,170,529	0 2 1	0 8 4	3 0 7	6262---7223-8134	3 1 2	0	0
37	CTXS(E)	1 Min				0.00	0.00	35.34	34.77	2,278,882	0 1 2	0 7 8	0 11 11	8778---8181-7070	3 2 1	0	0
38	DELL(E)	1 Min	29.75	-0.20	-0.69%	0.00	0.00	29.61	29.09	18,884,165	1 1 2	11 4 7	- 5 11	8178---8181-7171	2 2 1	0	0
39	DISCA	1 Min				0.00	0.00	25.96	25.46	3,317,775	1 1 2	8 4 7	0 5 11	8478---8484-7171	1 3 2	0	0
40	DISH	1 Min	43.59	-0.33	-0.75%	0.00	0.00	44.15	43.34	1,388,105	2 1 1	6 3 3	11 7 11	7145---8445-8335	1 2 2		0
41	EBAY	1 Min	34.15	-0.24	-0.70%	0.00	0.00	34.48	34.21	10,149,643	1 1 2	11 7 8	- 11 11	8778---8484-7070	1 3 1	0	0
42	ERIC	1 Min	41.54	-0.36	-0.85%	0.00	0.00	41.87	41.38	1,255,720	2 0 2	11 0 5	- 5 11	8177---8070-8030	2 3 1		0
43	ERTS	1 Min				0.00	0.00	49.57	48.02	4,992,344	2 1 2	6 6 4	0 0 11	7247---8373-8272	1 3 1		0
44	ESRX	1 Min				0.00	0.00	54.47	53.59	1,389,771	0 1 2	0 5 8	0 11 11	8117---7010-5010	3 2 1	0	
45	EXPD	1 Min				0.00	0.00	46.66	45.69	2,003,946	2 1 2	7 7 4	0 0 11	8348---8484-8373	1 1 1		0
46	EXPE	1 Min	29.48	-0.02	-0.08%	0.00	0.00	29.66	29.38	1,929,285	2 0 2	11 0 7	- 0 11	7177---8070-8070	2 3 1		0
47	FAST	1 Min	48.09	-0.48	-1.00%	0.00	0.00	48.93	47.57	1,468,551	2 2 2	3 7 9	0 11 11	3121---7030-8070	3 2 1	0	0
48	FISV	1 Min				0.00	0.00	57.32	56.53	917,385	2 1 2	8 5 2	0 0 8	4134---8010-8010	1 2 2	0	

Page 1

Created with TradeStation

Abbildung 71: RadarScreen kurzfristige Analyse Teil II

hältnis Docht zu Lunte, die Lage der Kerzen zu vorhergehenden sowie die Reihenfolge der Größe der Kerzenkörper jeweils über die vergangenen drei Kerzen analysiert. Die zweite Spalte von rechts charakterisiert die obere Pivotformation, während die letzte Spalte die untere Pivotformation darstellt.

Einstiegssimulation im Modul K9 Entscheidungsalgorithmus nach individuellen Strategieprämissen

In diesem Abschnitt wird der Weg der finalen Entscheidungsfindung und der Auswertungen der in den vorherigen Teilabschnitten erläuterten Module analysiert. Dabei wird vor allem auf die Bedeutung von Inputs, externen Bearbeitungsprogrammen und der Selektion von Aktien mit dem Ziel der Handelsentscheidung näher beleuchtet.

Inputsteuerung vs. K.-o.-Kriterien

Im Folgenden wird das Modul K9 Entscheidungsalgorithmus erläutert.

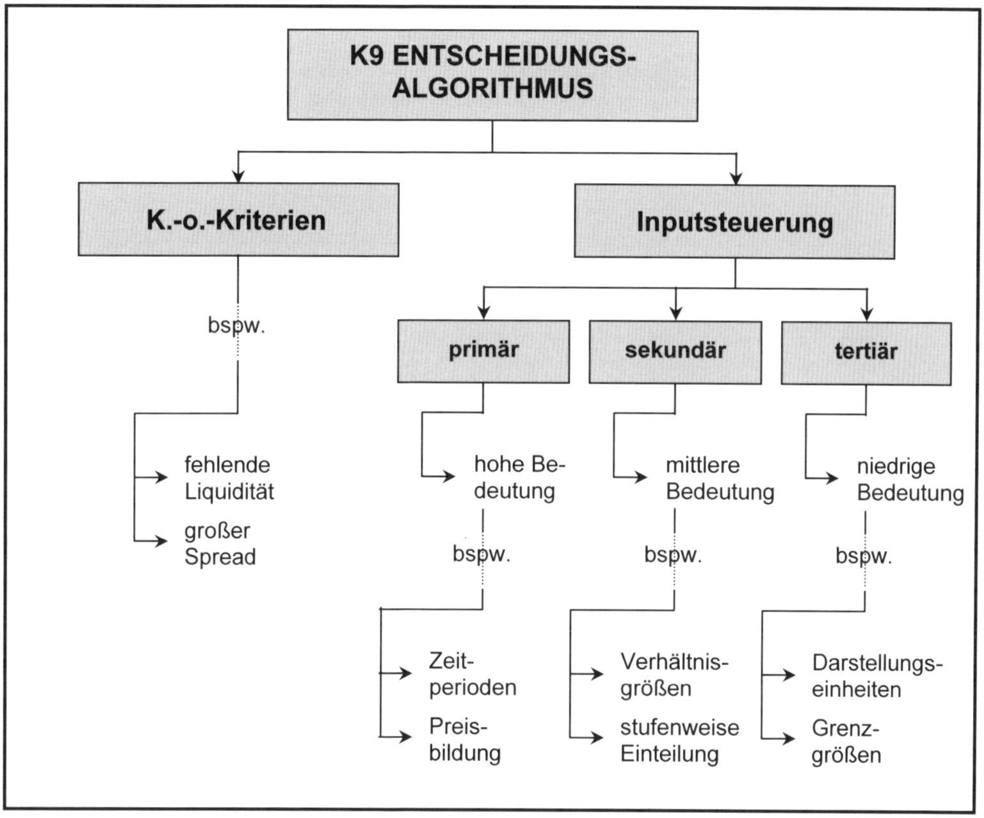

Abbildung 72: Aufbau Modul K9 Entscheidungsalgorithmus

Der K9 Entscheidungsalgorithmus dient zur Bewertung der K9-Entry-Analysen. Durch mangelnde Erfüllung der Grundprämissen kommt es von Beginn an zu einem Ausschluss bestimmter Aktien oder Aktiengattungen. Da der risikoaverse Investor interessiert ist, unter möglichst geringem Risiko hohe Renditen einzuspielen, wird er keine unnötigen Verluste in Form von hohen Spreads, durch fehlende Liquidität hervorgerufene schlechte Ausführungskurse und ähnliche grundlegende charakteristische Eigenschaften von Aktien hinnehmen. Für die Titel, die den Grundkriterien entsprechen, kann nun eine konkrete Analyse der einzelnen Module vorgenommen werden. Dabei werden die wählbaren und zur Feinjustierung angedachten Inputs der einzelnen Programmeinheiten nach ihren Prioritäten eingeordnet. So führen Änderungen der

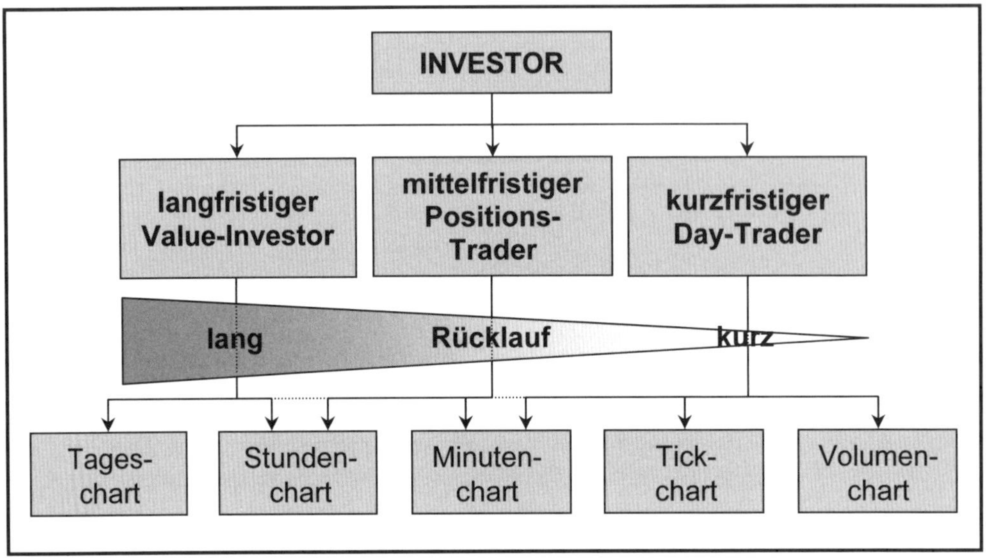

Abbildung 73: Arten von Marktteilnehmern und ihre Anlagehorizonte

primären Inputs zu stärkeren Auswirkungen als Änderungen im sekundären oder tertiären Bereich. Gerade der zeitliche Anlagehorizont und die jeweils in die Bewertung einfließenden Zeitperioden stellen einen wichtigen Faktor bei der Justierung der Einheiten dar. Eine Erhöhung der betrachteten Anzahl von Kerzen kann gerade für längerfristig orientierte Marktteilnehmer von Interesse sein, während mittel- und langfristig orientierte Marktteilnehmer eher in kurzen Einstellungen ihr Entscheidungsmuster festlegen werden.

Abbildung 73 verdeutlicht den Zusammenhang zwischen den unterschiedlich orientierten Marktteilnehmern und die Auswirkungen auf die Größe des Rücklaufs sowie die Verwendungen der Einstellungen der zugrunde liegenden Zeitperioden.

Schnittstellen zu externen Datenverarbeitungsprogrammen

Im Folgenden wird das Modul K9 Excel Auswertung als Schnittstelle zwischen Handelsplattform und externem Datenverarbeitungsprogramm erläutert.

Durch die Erstellung von Schnittstellen zwischen der auf C++ basierenden Programmiersprache Easy Language, die innerhalb der Handelsplattform TradeStation zur Pro-

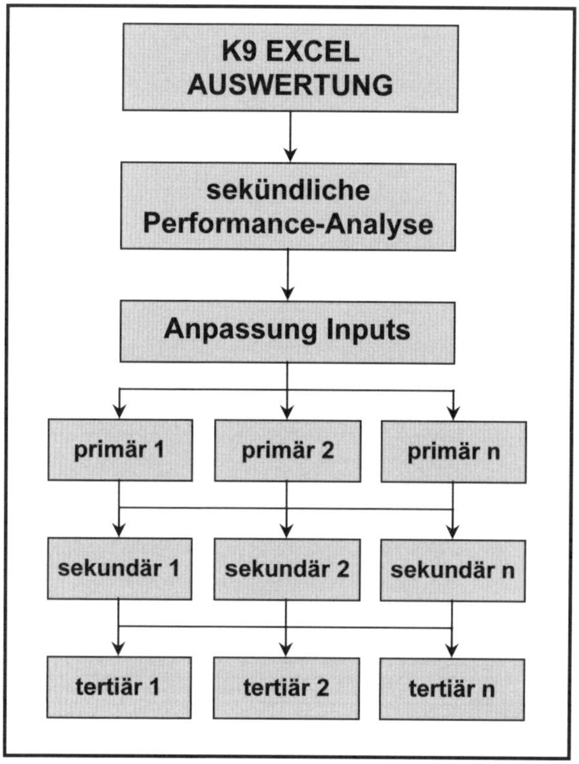

Abbildung 74: Aufbau Modul K9 Excel Auswertung

grammeingabe dient, und der eigentlichen C++-Programmierung, die in den meisten dll-Dateien genutzt wird, können komplexe Zusammenhänge außerhalb der verwendeten Handelsplattform berechnet werden. Dies findet vor allem dann Anwendung, wenn Informationen von einem Programm in ein anderes übertragen werden sollen. Die hier benutzte Schnittstelle stellt eine Verbindung zwischen TradeStation und Microsoft Excel her. Excel kann schnell und unkompliziert Daten einlesen, verarbeiten und visualisieren. Mithilfe der in Excel verwendeten VBA-Programmierung ist das Programm in der Lage, die in den einzelnen Modulen verwendeten Inputs zu justieren. Dazu muss der User lediglich die jeweiligen Prioritäten für alle Inputs spezifizieren. Das System baut auf dieser Einteilung auf und bestimmt im ersten Schritt die beste Zusammensetzung der primären Inputs. Eine daraus resultierende Abstimmung der sekundären und tertiären Inputs führt schließlich zu einer optimalen Struktur der Verarbeitung der Dateninformationen. Da die Schnittstellen das Programm von Excel bei jeder Kursfeststellung mit neuen Daten speisen, wird diese Optimierung ständig neu durchgeführt. Im Allgemeinen treten dabei keine großartigen Änderungen der

Inputstrukturen auf, da in der Regel der Prozess der Inputänderungen über einen längeren Zeitraum von einigen Stunden bis einige Tage andauert. Nur so hat der Marktteilnehmer die Möglichkeit, von einer echten Informationseffizienz sprechen zu können und bei sinkendem Risiko Überrenditen zu erwirtschaften.

Handelsentscheidung vs. Feinjustierung

In diesem Abschnitt wird das Modul K9 Strategieprämissen erläutert, das bei Erfüllung aller Voraussetzungen zu einer finalen Handelsentscheidung führt.

Die Strategieprämissen werden als Grundlage vor jeder Analyse einer Aktie überprüft. Dies geschieht durch die Auswertungen der in Excel gesendeten Kursinformationen. Liegt eine Nichterfüllung der Prämissen vor, so führt dies entweder zum Abbruch und

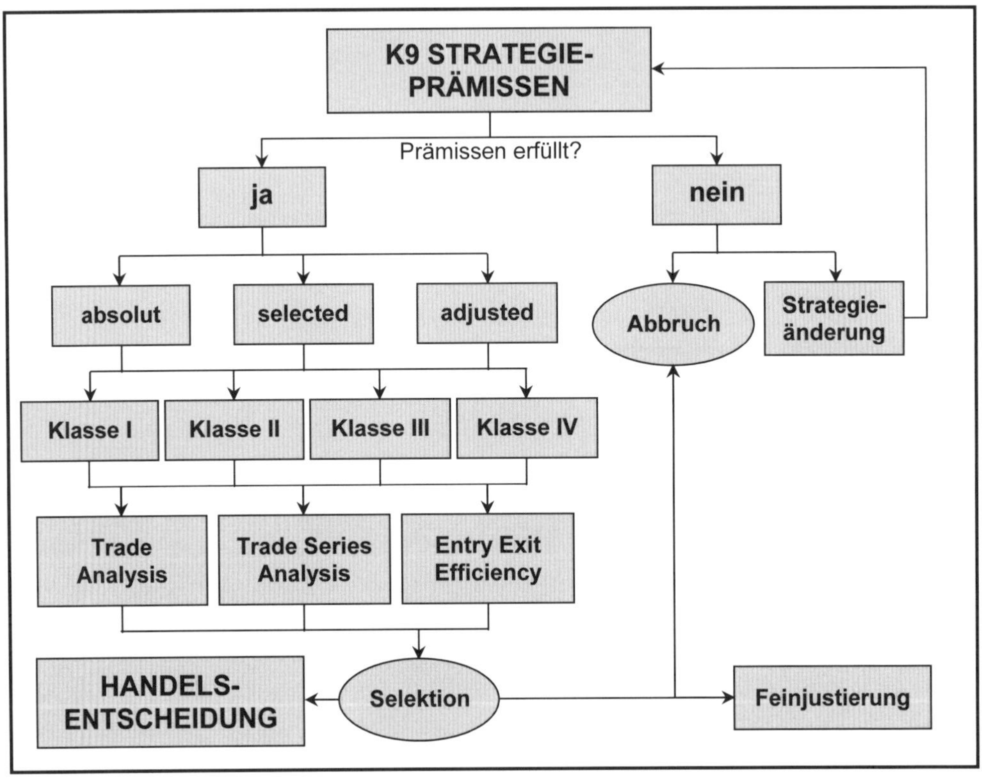

Abbildung 75: Aufbau Modul K9 Strategieprämissen

somit zum Löschen dieser Strategie oder zu einer Änderung der Prämissen, die dann wiederum auf ihre Erfüllung hin überprüft werden müssen. Werden die Prämissen erfüllt, so erfolgt eine Untergliederung der Ergebnisse der Performance-Analyse in absolute, selektierte und adjustierte Kennzahlen. Absolute Kennzahlen stellen dabei die tatsächlich ermittelten Ergebnisse dar, während die selektierten Kennzahlen um Zufallsergebnisse – Outliers – reduziert werden. Da bei einem funktionalen Stop-Management keine zufälligen Verluste eintreten können (Ausnahme: Gap bei Übernachtpositionen), zählen zu den Zufallsergebnissen in der Regel positive Gewinne. Diese werden eliminiert, um ein bereinigtes Ergebnis zu erhalten. Adjustierte Kennzahlen werden auf Basis des betrachteten Zeitraumes ermittelt. Wird eine nicht repräsentative Zeitperiode für die Berechnung des Ergebnisses herangezogen, so führt dies zu Verfälschungen, die mittels der Adjustierung entfernt werden. Dabei reduziert das System die Gewinnkennzahlen und erhöht die Verlustkennzahlen jeweils um varianzabhängige Größen. Das adjustierte Ergebnis stellt in der Regel das realistischste dar.

Anschließend werden die Kennzahlen in verschiedene Klassen eingeordnet, wobei jede Klasse einer bestimmten Kategorie zugeteilt wird. So existieren Klassen wie Gewinnkennzahlen, Verlustkennzahlen, Verhältniskennzahlen usw. Diese Klassen wiederum werden der Art der Analyse zugeordnet, um erkennen zu können, in welchen Teilen der Performance-Analyse Schwächen lokalisiert wurden. Diese können gezielt vom System approximiert werden. Es werden alle historisch real oder virtuell getätigten Trades in die Betrachtung einbezogen, um eine möglichst repräsentative Größe der Auswertungsdaten zu erhalten.

Aus der Analyse der Kennzahlen kann das System nun für jede einzelne Aktie eine Entscheidung treffen. Dabei existieren drei verschiedene Entscheidungsarten. Fällt die Entscheidung negativ aus, das heißt die Kennzahlen haben kein positives Ergebnis geliefert, so wird keine Handelsaktivität durchgeführt werden. Entweder ist das Ergebnis so schwach, dass es direkt zu einem Abbruch der Strategie kommt, oder es besteht die Aussicht, durch eine Feinjustierung der Inputs und eine neuerliche Analyse zu einem positiven Feedback zu gelangen. Liegt ein solches positives Analyseergebnis vor, so kommt es in der entsprechenden Aktie zu einem Handelssignal, und es wird eine Order an die Börse geroutet.

Absicherung offener Handelspositionen mittels Modul K9 Exit Management

Nach dem Eröffnen einer Handelsposition wird sofort das Modul K9 Exit Management, das im folgenden Abschnitt erläutert wird, aktiviert.

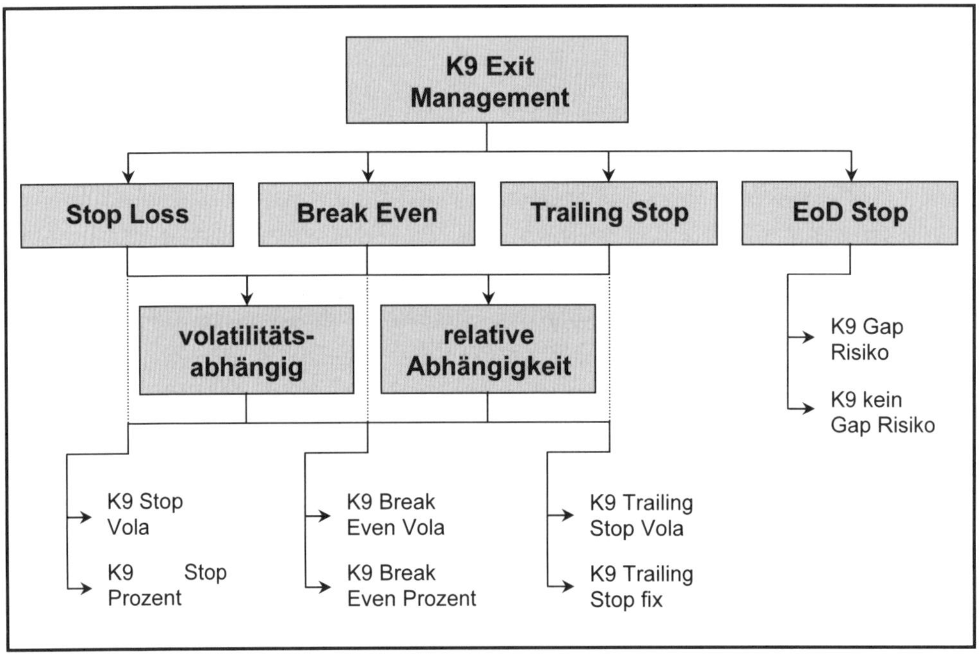

Abbildung 76: Aufbau Modul K9 Exit Management

Hat der Marktteilnehmer seine Handelsentscheidung getroffen und seinen Einstieg generiert, so wird er die eröffnete Position stets mit einem allumfassenden Stop-Management – bestehend aus Stop Loss, Break Even und Trailing Stop sowie optionalem End-of-Day-Ausstieg – absichern. Das Modul K9 Exit Management erkennt neben dem Einstiegspreis und der Positionsgröße auch die Richtung, in die der Anleger investiert hat. Diese automatisierte Absicherung gibt ihm die Möglichkeit, sofort nach weiteren Einstiegssignalen zu suchen, sofern sein Kontostand weitere Aktivitäten zulässt.

Begrenzung von Verlusten durch Stop Loss

Das Stop Loss soll die möglichen Verluste begrenzen, wenn der Kurs in eine andere als die prognostizierte Bewegung verfällt. Zeitgleich mit der Orderausführung wird als erstes Modul des Exit Managements das Stop Loss gesetzt. Bei Erreichen dieser Kursmarke wird die Position augenblicklich glattgestellt. Die Höhe des Stop Loss kann der Marktteilnehmer wahlweise in Abhängigkeit der Volatilität berechnen lassen oder über einen fixen Prozentsatz festlegen.

Break Even zur neutralen Absicherung offener Positionen

Als zweites Modul des Exit Managements wird der Break Even Point bestimmt. Dazu wird eine Gewinnschwelle ermittelt, nach deren Erreichen beim Einstiegskurs eine weitere Stop-Order gesetzt wird. Der Stop Loss, der zwar nach wie vor auf dem System existiert, verliert damit an Bedeutung, da laut Definition der Break Even Stop früher erreicht werden muss. Die beschriebene Gewinnschwelle kann ebenfalls volatilitätsabhängig oder mithilfe eines fixen Prozentsatzes beschrieben werden. Das Exit Management setzt den Break Even Stop nicht identisch mit dem Einstiegspreis, sondern berücksichtigt die Transaktionskosten in Höhe von zwei Cent sowie Slippage[9] in Höhe von einem Cent.

Gewinnmanagement durch den variablen Trailing Stop

Um eine Position im Gewinn abzusichern, wurde ein dynamisch verlaufender Trailing Stop entwickelt. Dieser nähert sich automatisch an den Kurs an, je länger der Zeitraum ist, in dem die Position bereits offen ist. Dies soll dazu führen, möglichst keine zu langen Zeitperioden investiert zu sein, da somit mögliche weitere Signale nicht gehandelt werden können. Die Opportunitätskosten können damit gesenkt werden. Genau wie bei Stop Loss und Break Even kann der dynamische Beschleunigungsfaktor in Abhängigkeit von der Volatilität oder mit einem fixen revolvierenden Wert bestimmt werden. Der Trailing Stop verändert sich mit jeder neuen Kursfeststellung. Bei einer klassischen Long-Position kann er nur an Wert zunehmen, bei einer Short-Position ausschließlich an Wert abnehmen. Nach erfolgtem Durchbruch des Kurses durch den zuletzt berechneten Trailing Stop wird die Position sofort glattgestellt. Die volatilitätsabhängige Berechnung des Trailing Stops berücksichtigt die Stärke der Bewegung des

9 Differenz zwischen dem gewünschten und dem tatsächlichen Ausführungskurs.

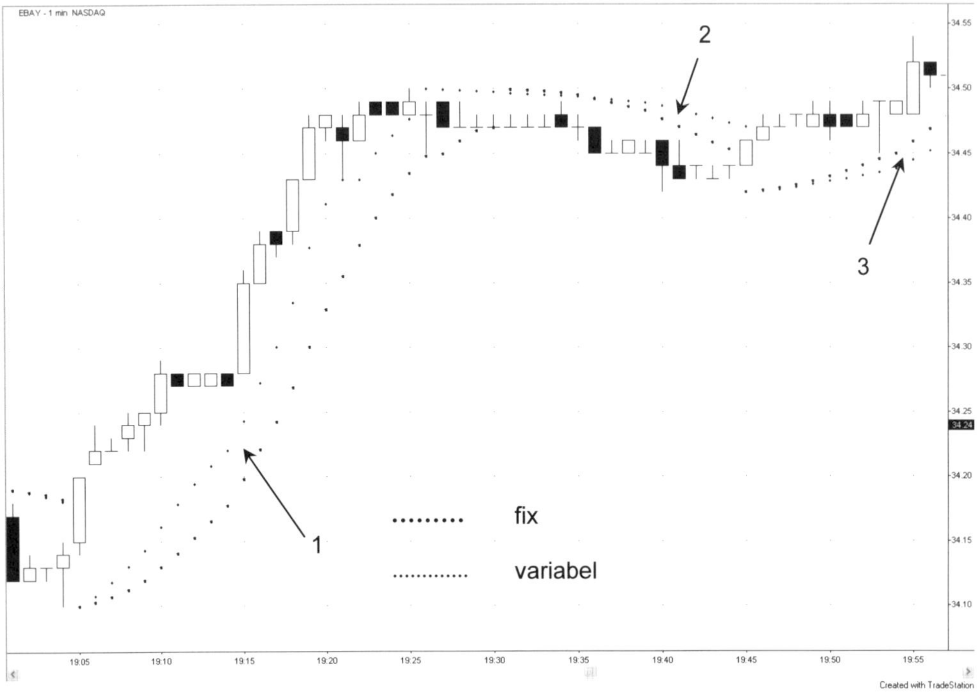

Abbildung 77: Variabler und fixer Trailing Stop: Chart Ebay Inc., 14.07.2007

Kurses. So wird in trendstarken Märkten der Trailing Stop schneller an den Kurs angepasst, als das bei der Verwendung des fixen Beschleunigungsfaktors der Fall ist (1). In trendschwachen Märkten jedoch nähert sich der volatilitätsabhängige Trailing Stop langsamer an den Kurs an (2 und 3).

Optionaler EoD Stop

Optional hat der Marktteilnehmer die Möglichkeit, zum Handelstagende seine offenen Positionen glattzustellen. Will er über einen längeren Zeitraum von mindestens einigen Tagen investiert bleiben, so wird er von dieser Möglichkeit keinen Gebrauch machen. Für den kurzfristig orientierten Marktteilnehmer, der seine Positionen am selben Tag schließt, stellt dies einen Widerspruch zu seinen Prämissen dar. Er würde sich in diesem Fall einem Kurssprung zwischen zwei Handelstagen aussetzen, was nicht seiner charakteristischen Eigenschaft entspricht. Der Marktteilnehmer wird ver-

	Symbol	Interval	Last	Net Chg	Net %Chg	Bid	Ask	High	Low	Volume Today	K9 Exit Management						
											Position	verkaufen	Einstieg	StopLoss	BreakEven	Trail Stop	OpenPL
1	Nasdaq 100 Index (100)																
2	AAPL	5 Tick	[illegible]	[illegible]	[illegible]	0.00	0.00	139.60	137.50	25,355,612	[illegible]	[illegible]	[illegible]	[illegible]	[illegible]	[illegible]	[illegible]
3	ADBE	5 Tick				0.00	0.00	41.74	40.82	6,272,757							
4	ADSK	5 Tick				0.00	0.00	47.47	46.88	1,462,663							
5	AKAM	5 Tick				0.00	0.00	49.53	48.77	2,424,181							
6	ALTR	5 Tick				0.00	999.99	25.07	24.40	8,714,964							
7	AMAT	5 Tick				0.00	0.00	22.08	20.75	71,353,231							
8	AMGN	5 Tick	55.54	-0.49	-0.87%	0.00	0.00	55.74	55.12	12,039,616							
9	AMLN	5 Tick	42.97	-0.21	-0.49%	0.00	0.00	43.54	42.74	1,083,900							
10	AMZN	5 Tick	73.18	-0.51	-0.69%	0.00	0.00	74.52	73.59	6,085,973							
11	APOL	5 Tick	62.42	-0.08	-0.13%	0.00	0.00	63.00	62.31	2,096,483							
12	ATVI	5 Tick	18.35	-0.35	-1.87%	0.00	0.00	18.76	18.16	7,003,301							
13	BBBY	5 Tick	35.96	-0.03	-0.10%	0.00	999.99	36.14	35.86	2,120,677							
14	BEAS(E)	5 Tick				0.00	0.00	13.96	13.67	19,409,665							
15	BIIB	5 Tick	54.76	-0.58	-1.05%	0.00	0.00	55.40	54.72	5,653,430							
16	BMET	5 Tick				0.00	0.00	45.65	45.41	2,054,535							
17	BRCM	5 Tick	32.39	-0.02	-0.06%	0.00	0.00	33.14	32.49	8,948,671							
18	CDNS	5 Tick				0.00	0.00	22.38	22.01	2,460,702							
19	CDWC	5 Tick	85.41	-0.14	-0.17%	0.00	0.00	85.69	85.00	783,612							
20	CELG	5 Tick	58.30	-0.02	-0.03%	0.00	0.00	58.81	57.65	3,685,807							
21	CEPH	5 Tick	81.66	-0.42	-0.51%	0.00	0.00	82.46	81.45	833,435							
22	CHKP	5 Tick				0.00	0.00	23.57	23.07	1,171,811							
23	CHRW	5 Tick				0.00	0.00	53.72	52.74	1,170,329							
24	CKFR	5 Tick	40.40	0.00	-0.00%	0.00	0.00	40.67	40.23	548,614							
25	CMCSA	5 Tick				0.00	0.00	28.22	27.67	16,222,138							
26	COST	5 Tick				0.00	0.00	62.47	61.66	3,738,971							
27	CSCO	5 Tick	29.56	-0.33	-1.10%	0.00	0.00	29.98	29.60	37,509,002							
28	CTAS	5 Tick				0.00	0.00	40.83	40.49	964,976							
29	CTSH	5 Tick	84.62	-1.06	-1.24%	0.00	0.00	86.30	84.05	2,170,529							
30	CTXS(E)	5 Tick				0.00	0.00	35.34	34.77	2,278,882							
31	DELL(E)	5 Tick	28.75	-0.20	-0.69%	0.00	0.00	29.61	29.09	18,884,165							
32	DISCA	5 Tick				0.00	0.00	25.96	25.46	3,317,775							
33	DISH	5 Tick	43.59	-0.33	-0.75%	0.00	0.00	44.15	43.34	1,388,105							
34	EBAY	5 Tick	34.15	-0.24	-0.70%	0.00	0.00	34.48	34.21	10,149,643							
35	ERIC	5 Tick	41.64	-0.36	-0.85%	0.00	0.00	41.87	41.38	1,255,720							
36	ERTS	5 Tick				0.00	0.00	49.57	48.02	4,992,344							
37	ESRX	5 Tick				0.00	0.00	54.47	53.59	1,389,771							
38	EXPD	5 Tick				0.00	0.00	46.66	45.69	2,003,946							
39	EXPE	5 Tick	29.46	-0.02	-0.08%	0.00	0.00	29.66	29.38	1,929,285							
40	FAST	5 Tick	48.09	-0.48	-1.00%	0.00	0.00	48.93	47.57	1,468,551							
41	FISV	5 Tick				0.00	0.00	57.32	56.53	917,385							
42	FLEX	5 Tick				0.00	0.00	11.71	11.27	10,794,226							
43	GENZ	5 Tick				0.00	0.00	61.12	60.25	2,298,208							
44	GILD	5 Tick	39.19	-0.43	-1.09%	0.00	0.00	39.78	39.03	8,095,528							
45	GOOG	5 Tick	551.00	-1.99	-0.36%	0.00	0.00	557.73	552.38	4,331,404							
46	GRMN	5 Tick	80.05	-2.69	-3.25%	0.00	0.00	84.32	79.65	2,899,987							
47	IACI	5 Tick				0.00	0.00	33.34	32.88	2,119,139							
48	INFY	5 Tick				0.00	0.00	53.01	52.20	2,332,053							

Exit Management | Basis

Created with TradeStation

Abbildung 78: RadarScreen K9 Exit Management

suchen, spätestens in den letzten Minuten des regulären Handels seine Positionen wieder abzustoßen. Bei Wahl der Option des automatischen Ausstiegs am Handelstagende führt das K9 Exit Management die notwendigen Orders selbstständig aus.

Abbildung 78 zeigt das Modul K9 Exit Management. Anhand der hier offenen Position von Apple Computer Inc. kann der Marktteilnehmer jederzeit seine einzelnen Ausstiegskurse, seinen Einstiegskurs, die Positionsgröße sowie seinen offenen Gewinn beziehungsweise Verlust einsehen. Bei Erreichen einer der Stoppkurse wird die Position automatisch glattgestellt.

3 Performanceanalyse des automatisierten Handelssystems Gresser K9

Um mit der Analyse des automatisierten Handelssystems K9 zu beginnen, sollte man sich zunächst mit einigen Grundbegriffen auseinandersetzen. Genau wie beim Erlernen einer neuen, fremden Sprache gibt es auch beim Trading Fachbegriffe, deren Inhalt man kennen und verstehen muss, um sie im Gesamtzusammenhang wiederzuerkennen. Mithilfe dieser Techniken ist der Anwender in der Lage, ein selbstständig entwickeltes System anhand bestimmter und nachfolgend erläuterter Parameter zu analysieren. Das richtige Verständnis der Kennziffern erleichtert deren Interpretation und ermöglicht die Entwicklung eines erfolgreichen Systems.

Begonnen werden soll mit einigen einfachen Performancemaßen, die leicht nachvollziehbar sind. Es wird versucht, für jede Kennzahl ein einfaches und leicht verständliches Beispiel hinsichtlich Berechnung und Interpretation hinzuzufügen. Die nachfolgende Tabelle, bestehend aus sechs abgeschlossenen Trades, die das automatisierte Handelssystem K9 generiert hat, soll dafür als Grundlage dienen. Vorab werden noch einige Prämissen festgelegt:

- Das automatisierte Handelssystem K9 kann sowohl von steigenden als auch von fallenden Kursen profitieren. Long-Positionen gewinnen an Wert, wenn das Kursniveau ansteigt, und verlieren, wenn die Kurse sinken. Bei Short-Positionen verhält es sich genau umgekehrt. Ihr Wert nimmt zu, wenn sich das Kursniveau abschwächt. Bei steigenden Notierungen werden sie an Wert verlieren.

- Zur Vereinfachung werden in den folgenden Beispielen keine Transaktionskosten berücksichtigt.

- K9 Entry stellt den Eintrittszeitpunkt dar (Eröffnung einer Position), K9 Exit ist der Zeitpunkt, zu dem die Position wieder aufgelöst wurde (Glattstellung).

- Die Differenz einer Transaktion wird berechnet, indem vom Ausstiegspreis der Einstiegspreis subtrahiert wird (Long-Position) beziehungsweise der Einstiegspreis vom Ausstiegspreis subtrahiert wird (Short-Position).

Beispiel automatisiertes Handelssystem K9

Trade 1 Amazon.com Inc.

Datum: 13.07.2007

Long 500 Stück	K9 Entry	74,01	15:44 Uhr
K9 Trailing Stop	K9 Exit	75,02	15:46 Uhr
	Differenz	1,01	
	Profit	505 USD	

Trade 2 Amazon.com Inc.

Datum: 13.07.2007

Short 300 Stück	K9 Entry	74,88	15:47 Uhr
K9 Trailing Stop	K9 Exit	73,83	16:00 Uhr
	Differenz	1,05	
	Profit	315 USD	

Trade 3 Ebay Inc.

Datum: 13.07.2007

Long 800 Stück	K9 Entry	33,78	17:36 Uhr
K9 Stop Loss	K9 Exit	33,70	17:40 Uhr
	Differenz	–0,08	
	Loss	–64 USD	

Trade 4 Starbucks Corp.

Datum: 13.07.2007

Short 500 Stück	K9 Entry	25,99	18:35 Uhr
K9 Stop Loss	K9 Exit	26,05	18:45 Uhr
	Differenz	–0,06	
	Loss	–30 USD	

Trade 5 Apple Computer Inc.

Datum: 13.07.2007

Long 500 Stück	K9 Entry	135,55	18:41 Uhr
K9 Trailing Stop	K9 Exit	136,80	21:12 Uhr
	Differenz	1,25	
	Profit	625 USD	

Trade 6 PowerShares QQQ Trust Series 1

Datum:	13.07.2007		
Long 1.000 Stück	K9 Entry	49,72	20:10 Uhr
K9 Break Even	K9 Exit	49,74	20:16 Uhr
	Differenz	0,02	
	Profit	20 USD	

In den folgenden Abschnitten wird anhand eines Exkurses ein Praxisbeispiel präsentiert und stetig weiterverfolgt. Dabei wird das automatisierte Handelssystem K9 über einen Zeitraum von zwei Monaten ausgewertet (Betrachtungszeitraum 15.05.2007 bis 15.07.2007). Die folgende Abbildung zeigt einige Beispieltrades während dieses Zeitraumes:

Datum	Symbol	Anzahl	Gebühren	Richtung	Kurs	Profit	Kumulierter Profit
15.05.2007 10:10:00	PTEN	1.000	8,00	Buy	25,55	-8,00	-8,00
15.05.2007 10:20:00	PTEN	1.000	8,00	Sell	25,92	392,00	384,00
15.05.2007 10:12:00	HON	500	5,00	Buy	59,03	-5,00	379,00
15.05.2007 10:27:00	HON	500	5,00	Sell	59,33	145,00	524,00
15.05.2007 10:38:00	HON	500	5,00	Sell Short	59,28	-5,00	519,00
15.05.2007 10:59:00	HON	500	5,00	Buy To Cover	58,83	220,00	739,00
15.05.2007 10:41:00	AAPL	300	3,00	Sell Short	109,82	-3,00	736,00
15.05.2007 10:47:00	AAPL	300	3,00	Buy To Cover	110,03	-66,00	670,00
15.05.2007 10:57:00	AAPL	300	3,00	Sell Short	109,98	-3,00	667,00
15.05.2007 11:05:00	AAPL	300	3,00	Buy To Cover	109,65	96,00	763,00

Datum	Symbol	Anzahl	Gebühren	Richtung	Kurs	Profit	Kumulierter Profit
15.05.2007 11:00:00	AMZN	500	5,00	Buy	61,04	-5,00	758,00
15.05.2007 11:49:00	AMZN	500	5,00	Sell	61,81	380,00	1.138,00
15.05.2007 11:30:00	EBAY	900	7,40	Sell Short	34,29	-7,40	1.130,60
15.05.2007 15:58:00	EBAY	900	7,40	Buy To Cover	33,51	694,60	1.825,20

Tabelle 7: Trades vom 15.05.2007

Jeder einzelne Trade – ob Einstieg oder Ausstieg – wird in der Trade List einzeln aufgelistet. Somit können die jeweiligen Signale entschlüsselt und bearbeitet und gegebenenfalls Rückschlüsse auf Vor- und Nachteile sowie schwierige Phasen der Strategie gezogen werden. Berücksichtigt sind in dieser Auswertung selbstverständlich auch die Handelsgebühren, die beim verwendeten Broker zwischen einem Cent (für die ersten 500 Aktien je Trade) und 0,6 Cent (für alle darüberliegenden Aktien) betragen. Die Analyse dieser Performance wird für jede einzelne Kennzahl in den entsprechenden Abschnitten vorgenommen.

Absolute Kennzahlen

Gross Profit und Gross Loss

Gross Profit

Definition:

Der Gross Profit ist eine Größe, in der alle abgeschlossenen und realisierten Gewinn-Trades über einen bestimmten Zeitraum erfasst und summiert werden.

Beim Gross Profit werden nur die Trades selektiert, die mit einem Gewinn abgeschlossen wurden. Der Betrag der einzelnen Gewinne innerhalb des Betrachtungszeitraums wird addiert und fortlaufend nach jedem neuen Gewinn-Trade aktualisiert. Anzahl und Höhe der Verlust-Trades haben jedoch auf diese Größe keine Einwirkung. Der Betrag des Gross Profit ist für einen Vergleich mit den Werten anderer Systeme

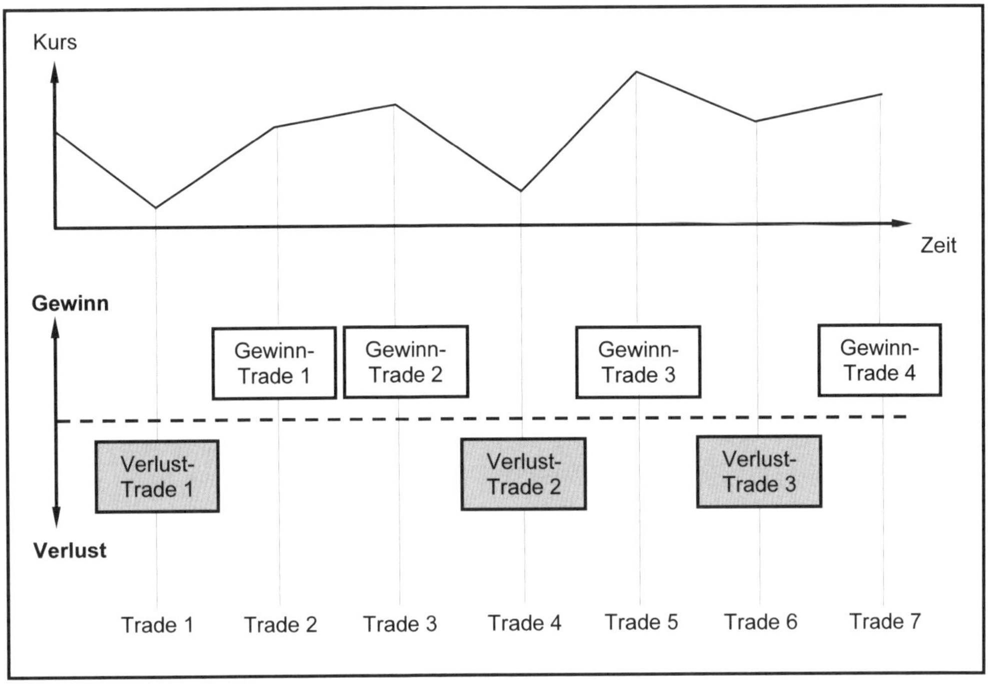

Abbildung 79: Darstellung der Gewinn- und Verlust-Trades

ungeeignet, da er von bestimmten Eingangsgrößen abhängt, die vom Marktakteur individuell festgelegt werden (zum Beispiel eingesetztes Kapital, Anzahl der Transaktionen des Betrachtungszeitraumes). Es ist hingegen sinnvoll, den Gross Profit eines Systems im Zeitverlauf als Linie darzustellen, womit sichtbar wird, in welchem Zeitraum sehr große oder weniger große Gewinne realisiert wurden.

Beispiel:

Gross Profit	=	Gewinn-Trade 1	+	Gewinn-Trade 2	+	Gewinn-Trade 5
1.445	=	505	+	315	+	625

Trade 1, Trade 2 und Trade 5 stellen Gewinn-Trades dar. Ihre Summe ergibt den Gross Profit. Trade 6 wird als Break-Even-Trading mit einem neutralen Ergebnis angesehen.

Gross Loss

Definition:

Der Gross Loss ist eine Größe, in der alle abgeschlossenen und realisierten Verlust-Trades über einen bestimmten Zeitraum erfasst und summiert werden.

Beispiel:

Gross Loss	=	Verlust-Trade 3	+	Verlust-Trade 4
–94	=	–64	+	–30

Beim Gross Loss verhält es sich genauso wie beim Gross Profit. Alle in der Handelsperiode entstandenen Verluste werden summiert. Der Gross Loss beträgt im Beispiel 94 US-Dollar. Genau wie beim Gross Profit ist der Betrag des Gross Loss für einen Vergleich mit den Werten anderer Systeme ungeeignet, da er von den gleichen Eingangsgrößen wie dem Gross Profit abhängt, die vom Marktakteur individuell festgelegt werden (zum Beispiel eingesetztes Kapital, Anzahl der Transaktionen des Betrachtungszeitraumes). Auch beim Gross Loss ist es sinnvoll, seine Werte im Zeitverlauf als Linie darzustellen, womit sichtbar wird, in welchem Zeitraum sehr große oder weniger große Verluste realisiert wurden.

Mithilfe der Kennzahlen des Gross Profit und Gross Loss ist es möglich, eine weitere wichtige Kennzahl zu ermitteln: den Profit Factor.

Zusammenfassung: Gross Profit, Gross Loss

	Gross Profit	Gross Loss
Wertebereich	0 bis +∞	–∞ bis 0
nicht definiert	keine Definitionslücken	
optimal	so groß wie möglich	so klein wie möglich

Exkurs – Analyse automatisiertes Handelssystem K9

In diesem Abschnitt sollen die eben beschriebenen Kennzahlen Gross Profit und Gross Loss anhand der Auswertung des automatisierten Handelssystems K9 analysiert werden. Dazu werden für den Gross Profit alle Gewinne und für den Gross Loss alle Verluste kumuliert. Es erfolgen eine Auflistung der Summe aller Handelsaktivitäten sowie eine Unterscheidung nach Long-Positionen und Short-Positionen. Daraus wird es möglich, Unterschiede in die einzelnen Richtungen herauszufinden, um diese gezielt zu analysieren.

	All Trades	Long-Trades	Short-Trades
Total Net Profit			
Gross Profit	25.138,00	17.477,00	7.661,00
Gross Loss	–5.201,00	–3.827,00	–1.374,00
Profit Factor			
Open Position P/L			
Select Total Net Profit			
Select Gross Profit			
Select Gross Loss			
Select Profit Factor			
Adjusted Total Net Profit			
Adjusted Gross Profit			
Adjusted Gross Loss			
Adjusted Profit Factor			
Total Number of Trades			
Percent Profitable			
Winning Trades			
Losing Trades			
Even Trades			
Avg. Net Profit			
Avg. Winning Trades			
Avg. Losing Trade			
Ratio Avg. Winning/Avg. Losing			
Max. Consecutive Winning Trades			
Max. Consecutive Losing Trades			
Return Retracement Ratio			
RINA Index			
Sharpe Ratio			
Time in the Market			
Percent of Time in the Market			
Max. Closed Trade Drawdown			
Max. Open Trade Drawdown			

Tabelle 8: Gross Profit und Gross Loss

Total Net Profit und Profit Factor

Total Net Profit

Definition:

Unter dem Total Net Profit versteht man die Addition aller Gewinne und Verluste der einzelnen Trades. Auf diese Weise erhält man den Gesamtgewinn (Gesamtverlust) eines Handelssystems im Betrachtungszeitraum.

Beispiel:

Total Net Profit	=	Gross Profit	+	Gross Loss
1.351	=	1.445	+	−94

Wie zu erkennen ist, berechnet diese Formel das Gesamtergebnis des Handelssystems. Leider ist diese Zahl oftmals wenig aussagekräftig und daher mit Vorsicht zu genießen. So soll beispielsweise ein Handelssystem betrachtet werden, das in einem sehr stark steigenden Markt agiert. Ständig wird eine konstante Anzahl an Aktien gekauft oder verkauft. Nun ist es so, dass zu Anfang bei einem niedrigen Kurswert auch relativ große prozentuale Gewinne nur einen geringen Einfluss auf den Gesamtgewinn haben. Am Ende, bei hohem Kurswert, fallen auch kleine prozentuale Gewinne stärker ins Gewicht. Ein Beispiel soll dies verdeutlichen. Es soll eine Aktie gehandelt werden, die von zehn auf 100 Euro gestiegen ist. Zu Beginn wird ein Gewinn von 15 Prozent erzielt. Dies entspricht einem Wert von 1,50 Euro je Aktie. Am Ende entspricht ein Gewinn von 15 Prozent allerdings 15 Euro je Aktie. Der Gesamtgewinn dieser beiden

Zusammenfassung: Adjusted Net Profit

Wertebereich	−∞ bis ∞
+∞	Die realisierten Gewinne sind sehr hoch, übersteigen deutlich die erwirtschafteten Verluste.
0	Die Gewinne sind im Testzeitraum genauso hoch wie die Verluste
−∞	Die realisierten Verluste sind sehr hoch, übersteigen deutlich die erwirtschafteten Gewinne.
nicht definiert	keine Definitionslücken
optimal	so groß wie möglich

Trades würde sich auf 16,50 Euro belaufen. Am Ende haben beide Positionen den gleichen relativen Gewinn gemacht, aber absolut ist der Unterschied elementar. Abhilfe schaffen hierbei nur die Ansätze des K9 Money Managements, das intelligent entscheidet, wie viele Aktien gekauft werden. Durch diese Flexibilität wird erreicht, dass in obigem Beispiel bei einem Kurswert von zehn Euro 1.000 Aktien gekauft werden und bei einem Kurswert von 100 Euro nur 100 Aktien. Es wird somit immer der gleiche Betrag in Höhe von 10.000 Euro eingesetzt. Das relative Ergebnis wird dann auf das investierte Kapital berechnet und in diesem Falle in beiden Trades jeweils ein Gewinn von 1.500 Euro erzielt – unabhängig von der Dimension des Kurswertes.

Exkurs – Analyse automatisiertes Handelssystem K9

Der Profit Factor wird nun für das automatisierte Handelssystem K9 ermittelt. Dazu wird in jeder Spalte der Gross Profit durch den Gross Loss dividiert. Der erhaltene Wert entspricht dem Betrag, der für einen Dollar Investition zurückerhalten wird. Anhand des Ergebnisses des automatisierten Handelssystems K9 ist zu erkennen, dass der Profit Factor in Höhe von knapp 5 ein solides Ergebnis liefert. Die Strategie hat hervorragend gearbeitet.

In der Auswertung des automatisierten Handelssystems K9 wird auch der Total Net Profit berechnet. Der erwirtschaftete Gewinn lag innerhalb der betrachteten zwei Monate bei ca. 20.000 US-Dollar. Die Long-Trades haben dabei einen etwa doppelt so hohen Gewinn wie die Short-Trades erzielt, was darauf zurückzuführen ist, dass im Analysezeitraum der Gesamtmarkt an Wert zugelegt hatte.

	All Trades	Long-Trades	Short-Trades
Total Net Profit	19.937,00	13.650,00	6.287,00
Gross Profit	25.138,00	17.477,00	7.661,00
Gross Loss	–5.201,00	–3.827,00	–1.374,00
Profit Factor	4,83	4,57	5,58
Open Position P/L			
Select Total Net Profit			
Select Gross Profit			
Select Gross Loss			
Select Profit Factor			

	All Trades	Long-Trades	Short-Trades
Adjusted Total Net Profit			
Adjusted Gross Profit			
Adjusted Gross Loss			
Adjusted Profit Factor			
Total Number of Trades			
Percent Profitable			
Winning Trades			
Losing Trades			
Even Trades			
Avg. Net Profit			
Avg. Winning Trades			
Avg. Losing Trade			
Ratio Avg. Winning/Avg. Losing			
Max. Consecutive Winning Trades			
Max. Consecutive Losing Trades			
Return Retracement Ratio			
RINA Index			
Sharpe Ratio			
Time in the Market			
Percent of Time in the Market			
Max. Closed Trade Drawdown			
Max. Open Trade Drawdown			

Tabelle 9: Total Net Profit und Profit Factor

Einzelauswertung der Trades

Prozentsatz an profitablen Trades

Definition:

Unter dem Total Net Profit versteht man die Addition aller Gewinne und Verluste der einzelnen Trades. Auf diese Weise erhält man den Gesamtgewinn (Gesamtverlust) eines Handelssystems im Betrachtungszeitraum.

Zusammen mit dem Profit Factor bildet der Prozentsatz profitabler Trades einen ersten guten Überblick über die Performance eines automatisierten Handelssystems. Sie gibt die Wahrscheinlichkeit an, mit der in der Vergangenheit Gewinn-Trades aufgetreten sind. Eine Wahrscheinlichkeit von 50 Prozent bedeutet, dass von 100 Trades durchschnittlich 50 mit Gewinn abgeschlossen wurden.

Beispiel:

Anzahl an Trades	6
→ davon mit Gewinn	3
→ davon mit Verlust	2
→ davon neutral (Break Even)	1

Prozentsatz profitabler Trades = Anzahl an Gewinn-Trades/alle Trades
Prozentsatz profitabler Trades = 3/6
Prozentsatz profitabler Trades = 50 %

Es sollte aber auch berücksichtigt werden, dass bei dieser Kennzahl nur die Anzahl der Gewinn-Trades für eine Aussage über die Qualität des Systems herangezogen wird, nicht aber die Höhe der einzelnen Gewinne. Aus dieser Kennzahl kann deshalb nicht abgeleitet werden, ob einer Vielzahl kleiner Gewinne wenige große Verluste gegenüberstehen und dadurch das System im langfristigen Einsatz nicht profitabel arbeitet oder ob sich kleinere Gewinne mit kleineren Verlusten abwechseln. Der Prozentsatz an profitablen Trades ist deshalb nur eine Tendenzzahl, die nur im Zusammenhang mit weiteren Kennzahlen qualitativ hochwertige Aussagen bereitstellt. Die isolierte Betrachtung dieser Kennzahl sollte daher vermieden werden.

Zusammenfassung: Prozentsatz an profitablen Trades

Wertebereich	0 bis 100
0	Es konnten keine Gewinne im Testzeitraum realisiert werden.
100	Es wurden ausschließlich Gewinne im Testzeitraum erzielt.
nicht definiert	keine Definitionslücken
optimal	so groß wie möglich
praktisch	Praktische Werte sollten oberhalb 60 Prozent liegen.

Exkurs – Analyse automatisiertes Handelssystem K9

Nun soll die Übersicht über alle Trades des automatisierten Handelssystems K9 betrachtet werden. Es ist zu erkennen, dass das System mit einer Profitabilität von etwa 79 Prozent gearbeitet hat. Das bedeutet, dass im Durchschnitt vier von fünf Trades erfolgreich beendet wurden. Bei einer Gesamtanzahl von 487 Trades entspricht das 385 Gewinnen und 102 Verlusten.

	All Trades	Long-Trades	Short-Trades
Total Net Profit	19.937,00	13.650,00	6.287,00
Gross Profit	25.138,00	17.477,00	7.661,00
Gross Loss	–5.201,00	–3.827,00	–1.374,00
Profit Factor	4,83	4,57	5,58
Open Position P/L			
Select Total Net Profit			
Select Gross Profit			
Select Gross Loss			
Select Profit Factor			
Adjusted Total Net Profit			
Adjusted Gross Profit			
Adjusted Gross Loss			
Adjusted Profit Factor			
Total Number of Trades	487	299	188
Percent Profitable	79,06%	79,60%	78,19%
Winning Trades	385	238	147
Losing Trades	102	61	41
Even Trades	0	0	0
Avg. Net Profit			
Avg. Winning Trades			
Avg. Losing Trade			
Ratio Avg. Winning/Avg. Losing			
Max. Consecutive Winning Trades			
Max. Consecutive Losing Trades			
Return Retracement Ratio			
RINA Index			
Sharpe Ratio			
Time in the Market			
Percent of Time in the Market			
Max. Closed Trade Drawdown			
Max. Open Trade Drawdown			

Tabelle 10: Auswertung der Trades und der Profitabilität

Maximum Consecutive Winners and Losers

Definition:

Mit Maximum Consecutive Winners and Losers wird die längste Serie unmittelbar hintereinanderfolgender Gewinn- beziehungsweise Verlust-Trades innerhalb des Testzeitraums bezeichnet.

Diese Kennziffern sind eher vom psychologischen Standpunkt aus zu sehen. Die Psyche eines Traders ist wohl einer der wichtigsten Aspekte beim Handel und beim Fällen von Entscheidungen. Es sind viele verschiedene Störungen bekannt. So kann es nach einer Serie an Gewinnen zu euphorischer Stimmung kommen, Zweifel werden nicht mehr zugelassen, neue Informationen ignoriert, und der Marktakteur glaubt, über den Dingen zu stehen. Nach einer Serie von Verlusten hingegen herrschen Niedergeschlagenheit und große Selbstzweifel vor.

Die Kennzahl von Maximum Consecutive Winners and Losers soll auf solche Phasen vorbereiten, indem angegeben wird, wie groß in der Vergangenheit die längsten Gewinn- beziehungsweise Verlustphasen andauerten. Der Trader kann sich so mental speziell auf die quälenden Verlustsituationen vorbereiten. Er weiß, dass solche Pha-

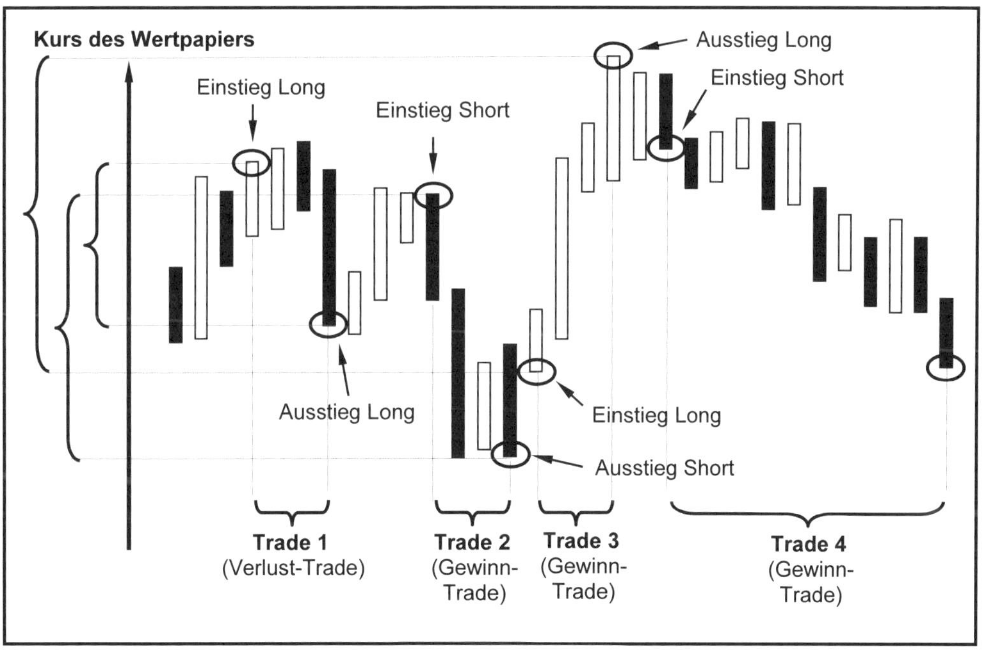

Abbildung 80: Chartanalyse der Trades

Auswertung des Charts:

	Trade 1	Trade 2	Trade 3	Trade 4
Gewinn-Trades	–	x	x	x
Verlust-Trades	x	–	–	–
Maximum Consecutive Winners	0	1	2	3
Maximum Consecutive Losers	1	1	1	1

Tabelle 11: Auswertung der Trades

sen, die möglicherweise auch noch länger andauern können, normal sind und bei Erscheinen nicht unbedingt gegen das Handelssystem sprechen. Allerdings hat er die Möglichkeit, einen automatischen Abbruch des Systems bei einer längeren Folge von Verlust-Trades zu berücksichtigen, um somit ein Overtrading des Handelssystems zu verhindern und ggf. eine Zwischenanalyse durchzuführen.

Damit Gefühlsausbrüchen sowohl in den Phasen der Euphorie als auch der Depression entgegengewirkt werden kann, werden gerade die automatisierten Handelssysteme entwickelt. Gefühle haben dann keinen Einfluss mehr auf das Trading; das System kann objektive Kriterien für die eigenen Handelsentscheidungen festlegen und auch ausführen. Natürlich sollten auch andere Parameter des Handelssystems einer Überprüfung standhalten. Abnorme Werte, die stark von vorherigen Durchschnittswerten abweichen, sollten als ein Alarmsignal gelten. Das im Voraus festgelegte Verlustlimit

Zusammenfassung: Maximum Consecutive Winners and Losers

Wertebereich	0 bis +∞
0	Es wurden im Testzeitraum entweder keine Gewinne oder keine Verluste erzielt.
+∞	Es konnten sehr viele Gewinn-Trades (beziehungsweise Verlust-Trades) hintereinander realisiert werden.
nicht definiert	keine Definitionslücken
optimal	so groß wie möglich bei Gewinn-Trades und so klein wie möglich bei Verlust-Trades
praktisch	Werte größer als »2« sollten bei Gewinn-Trades mindestens erreicht werden, während höchstens »3« unmittelbar aufeinanderfolgende Verlust-Trades angestrebt werden sollten.

sollte ständig im Auge behalten werden. Es gibt zwei Möglichkeiten: Entweder es wird gebrochen oder die Verlustserie endet. Tut sie dies nicht und die Verlustlimits werden überschritten, muss das Trading unbedingt gestoppt werden.

Exkurs – Analyse automatisiertes Handelssystem K9

Im Folgenden werden die Serien der Gewinn- und Verlust-Trades des automatisierten Handelssystems K9 dargestellt.

	All Trades	Long-Trades	Short-Trades
Total Net Profit	19.937,00	13.650,00	6.287,00
Gross Profit	25.138,00	17.477,00	7.661,00
Gross Loss	−5.201,00	−3.827,00	−1.374,00
Profit Factor	4,83	4,57	5,58
Open Position P/L			
Select Total Net Profit			
Select Gross Profit			
Select Gross Loss			
Select Profit Factor			
Adjusted Total Net Profit			
Adjusted Gross Profit			
Adjusted Gross Loss			
Adjusted Profit Factor			
Total Number of Trades	487	299	188
Percent Profitable	79,06%	79,60%	78,19%
Winning Trades	385	238	147
Losing Trades	102	61	41
Even Trades	0	0	0
Avg. Net Profit			
Avg. Winning Trades			
Avg. Losing Trade			
Ratio Avg. Winning/Avg. Losing			
Max. Consecutive Winning Trades	8	6	5
Max. Consecutive Losing Trades	3	3	2
Return Retracement Ratio			
RINA Index			
Sharpe Ratio			
Time in the Market			
Percent of Time in the Market			
Max. Closed Trade Drawdown			
Max. Open Trade Drawdown			

Tabelle 12: Serien der Gewinn- und Verlust-Tades

Varianz-selektierte Kennzahlen

Select Gross Profit und Gross Loss

Select Gross Profit

Definition:

Beim Select Gross Profit wird der Gross Profit in der Weise korrigiert, dass die einen bestimmten statistischen Wert überschreitenden Gross-Profit-Werte (positive statistische Ausreißer) von den gesamten Gewinn-Trades abgezogen und damit nicht mehr berücksichtigt werden. Verzerrungseffekte durch anormal verlaufene Trades werden dadurch abgeschwächt.

Der Gross Profit wird ermittelt, indem alle realisierten Gewinn-Trades erfasst und summiert werden. Gelegentlich treten dabei auch Gewinne auf, die sich durch ihre extreme Höhe von den anderen Gewinnen unterscheiden. Dadurch haben sie trotz ihrer geringen Anzahl auf die Entwicklung der durchschnittlichen Gewinnhöhe einen erheblichen Einfluss und sollten korrigiert werden. Zunächst müssen die statistischen Ausreißer als solche erkannt werden, damit sie im folgenden Schritt separiert werden können. Bewährt hat sich dafür die Bildung der Standardabweichung, die aufgrund ihrer Eigenschaft als Streuparameter in jedem System eingesetzt werden kann. Sie ist in der Lage, besonders zeitnah auf Schwankungen der Gewinnentwicklung zu reagieren, und passt sich den Veränderungen schnell an. Einzelne »statistische Ausreißer« beeinflussen die Entwick-

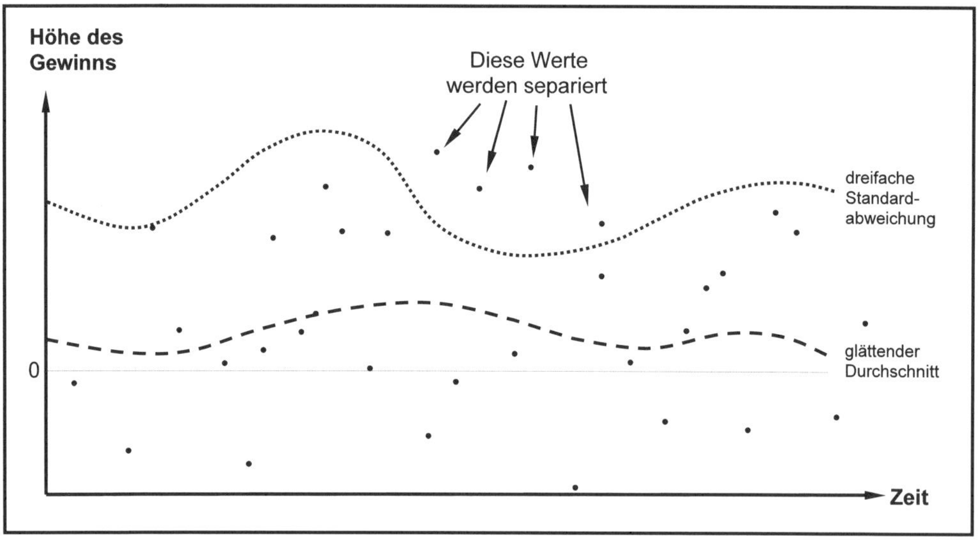

Abbildung 81: Standardabweichung und Durchschnitt des Gewinns

lung der Standardabweichung wenig, eine hohe Konzentration dieser Werte jedoch stark. Der Faktor »3«, mit dem die Standardabweichung im Anschluss multipliziert wird, bewirkt, dass die statistischen Ausreißer erst erfasst werden, wenn deren Abweichung vom Mittelwert mindestens das Dreifache beträgt. Die auf diese Weise erkannten Extremwerte der Gewinnentwicklung werden zunächst summiert und anschließend von der Summe der verbleibenden normalen Gewinne subtrahiert. Das Ergebnis, welches das Handelssystem anzeigt, ist der kumulierte Gewinn eines Testzeitraums der normalen Trades. Das System wird durch die Eliminierung der statistischen Ausreißer besser mit anderen Systemen vergleichbar. Schließlich sind die »statistischen Ausreißer« die Ausnahme, von der im »normalen« Trading nicht ausgegangen werden darf.

In Abbildung 81 ist noch einmal die Position der normalen Gewinne und die der Extremwerte dargestellt, die durch die Kennzahl Select Gross Profit gefiltert wird.

Zusammenfassung: Select Gross Profit

Wertebereich	0 bis +∞
0	Es wurden keine Gewinne vom System erwirtschaftet.
+∞	Es wurden sehr hohe Gewinne vom System erwirtschaftet, die nicht aus wenigen »statistischen Ausreißern« resultieren.
nicht definiert	keine Definitionslücken
optimal	so hoch wie möglich
praktisch	keine isolierte Aussage möglich

Select Gross Loss

Definition:

Beim Select Gross Loss wird der Gross Loss in der Weise korrigiert, dass die einen bestimmten statistischen Wert überschreitenden Gross-Loss-Werte (negative statistische Ausreißer) von den gesamten Verlust-Trades abgezogen und damit nicht mehr berücksichtigt werden. Verzerrungseffekte durch anormal verlaufene Trades werden dadurch abgeschwächt.

Wie bei der Kennzahl Select Gross Profit werden auch beim Gross Loss bestimmte Extremwerte bei der Gewinnermittlung in einem festgelegten Zeitraum nicht in die Berechnung des Select Gross Loss einbezogen. Jene Werte, welche die Begrenzungslinie der dreifachen Standardabweichung unterschreiten, werden vom System grundsätzlich eliminiert. Damit wird es möglich, nur die im »normalen« Trading-Verlauf realisierten Verluste des Systems zu erfassen, die auch zukünftig im Regelfall erwartet werden können. Die Kennzahl Select Gross Loss berechnet sich, indem die Summe der Extremwerte (negative Outliers) von der Summe der innerhalb des begrenzten Bereichs liegenden Werte (normale Gewinne) subtrahiert werden. Ziel dieses Verfahrens ist, dass die Vergleichbarkeit mit anderen Systemen verbessert und gleichzeitig die Prognosefähigkeit erhöht wird. Einzelne große, aber selten auftretende Verluste üben jedoch einen sehr großen Einfluss auf die Verlustentwicklung aus und würden damit die Auswertung der Systemperformance stark verzerren. Deren Eliminierung ist insbesondere dann besonders nützlich, wenn nur wenige Engagements im Testzeitraum eingegangen wurden, da die Werte einer einzelnen Größe bei wenigen Trades höher gewichtet werden.

In Abbildung 82 wird ersichtlich, dass Gewinne eines bestimmten Zeitraums vom System nicht erfasst werden, die unterhalb der dreifachen Standardabweichungslinie liegen. Die Veränderung der Standardabweichung bei Zunahme der Streuung der Gewinne ist besonders zu beachten. Die Höhe der einzelnen Gewinne ist hier für einen abgeschlossen Zeitraum (zum Beispiel ein Tag) jeweils mit einem Punkt dargestellt.

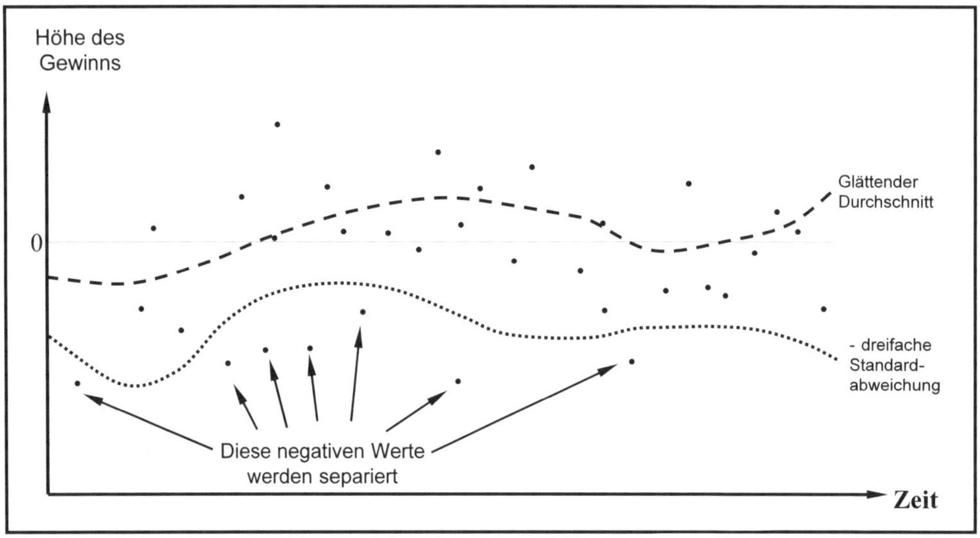

Abbildung 82: Standardabweichung und Durchschnitt des Verlustes

Erfolgversprechende und profitable Handelssysteme sollten keine negativen Ausreißer aufweisen. Da ein rigoroses Stoppmanagement wie das K9 Exit Management Verlust begrenzt, kann es nicht zu stärkeren Kursverlusten als dem Stop Loss kommen. Einzige Ausnahme bildet das Eingehen von Übernachtrisiken, bei dem durch Bildung eines Gaps ein ungewohnt hoher Verlust entstehen kann.

Zusammenfassung: Select Gross Loss

Wertebereich	–∞ bis 0
–∞	Es wurden sehr hohe Verluste vom System erwirtschaftet, die nicht aus wenigen »statistischen Ausreißern« resultieren.
0	Es wurden keine Verluste im Testzeitraum erwirtschaftet.
nicht definiert	keine Definitionslücken
optimal	so niedrig wie möglich
praktisch	keine isolierte Aussage möglich

Exkurs – Analyse automatisiertes Handelssystem K9

Da einige positive statistische Ausreißer im automatisierten Handelssystem K9 vorgekommen sind, werden diese im Select Gross Profit abgezogen. Auf Grund des K9 Exit Management und der gewählten Option des End-of-Day-Stopps treten keine negativen Ausreißer auf. Der Select Gross Loss ist somit mit dem Gross Loss identisch.

	All Trades	**Long-Trades**	**Short-Trades**
Total Net Profit	19.937,00	13.650,00	6.287,00
Gross Profit	25.138,00	17.477,00	7.661,00
Gross Loss	–5.201,00	–3.827,00	–1.374,00
Profit Factor	4,83	4,57	5,58
Open Position P/L			
Select Total Net Profit			
Select Gross Profit	19.983,00	13.983,00	6.000,00
Select Gross Loss	–5.201,00	–3.827,00	–1.374,00
Select Profit Factor			

	All Trades	Long-Trades	Short-Trades
Adjusted Total Net Profit			
Adjusted Gross Profit			
Adjusted Gross Loss			
Adjusted Profit Factor			
Total Number of Trades	487	299	188
Percent Profitable	79,06%	79,60%	78,19%
Winning Trades	385	238	147
Losing Trades	102	61	41
Even Trades	0	0	0
Avg. Net Profit			
Avg. Winning Trades			
Avg. Losing Trade			
Ratio Avg. Winning/Avg. Losing			
Max. Consecutive Winning Trades	8	6	5
Max. Consecutive Losing Trades	3	3	2
Return Retracement Ratio			
RINA Index			
Sharpe Ratio			
Time in the Market			
Percent of Time in the Market			
Max. Closed Trade Drawdown			
Max. Open Trade Drawdown			

Tabelle 13: Select Gross Profit und Select Gross Loss

Select Net Profit und Profit Factor

Select Net Profit

Definition:

Der Select Net Profit ist eine Größe, welche die korrigierten Werte des Net Profits angibt, indem alle Net-Profit-Werte, die einen bestimmten statistischen Wert (meist Standardabweichung beziehungsweise dreifache Standardabweichung) über- oder unterschreiten, aus der Berechnung herausgefiltert werden, sodass auftretende Anomalien nicht die Berechnung des Net Profit beeinflussen und verzerren.

Das Ziel der Bildung des Select Net Profit ist, statistische Ausreißer, die hin und wieder in bestimmten Trading-Phasen auftreten, selektiv zu eliminieren, damit die Ertragskennziffer Net Profit nicht zu stark von bestimmten Einzel-Trades sowohl in positiver als auch in negativer Hinsicht verzerrt wird. Selektiv bedeutet, dass die unerwünschten

Werte (Outliers) in der Berechnung nicht berücksichtigt werden. Die Kennzahl Select Net Profit wird vom einfachen Net Profit abgeleitet, indem zuerst mit den Werten des Net Profits ein glättender Durchschnitt sowie dessen Standardabweichung berechnet werden. Anschließend wird ein Korridor festgelegt, in dem sich die normalen Werte des Net Profit befinden sollen. Für die obere Begrenzung zum glättenden Durchschnitt wird meist die dreifache Standardabweichung hinzuaddiert und für die untere Begrenzung die gleiche Größe subtrahiert.

Auf diese Weise wird ein symmetrischer Wertebereichskorridor erhalten, dessen innen liegenden positiven Werte auf erfolgreiche Transaktionen im Betrachtungszeitraum zurückzuführen sind und in die Berechnung des Select Net Profit einfließen. Negative Werte werden ebenfalls berücksichtigt, resultieren aber aus nicht profitabel abgeschlossenen Trades.

Im Gegensatz dazu fließen die Werte, welche die obere beziehungsweise untere Schranke überschreiten beziehungsweise unterschreiten (Outliers), in die Berechnung des Select Net Profit nicht ein. Auf diese Weise kann der erwirtschaftete Gewinn realitätsnäher ermittelt werden, und Verzerrungseffekte bestimmter Einzel-Trades werden minimiert.

Bei der Betrachtung sehr vieler Trades oder sehr langer Zeiträume wird sich die Kennzahl Select Net Profit an die des Net Profits annähern, da der Einfluss anormaler

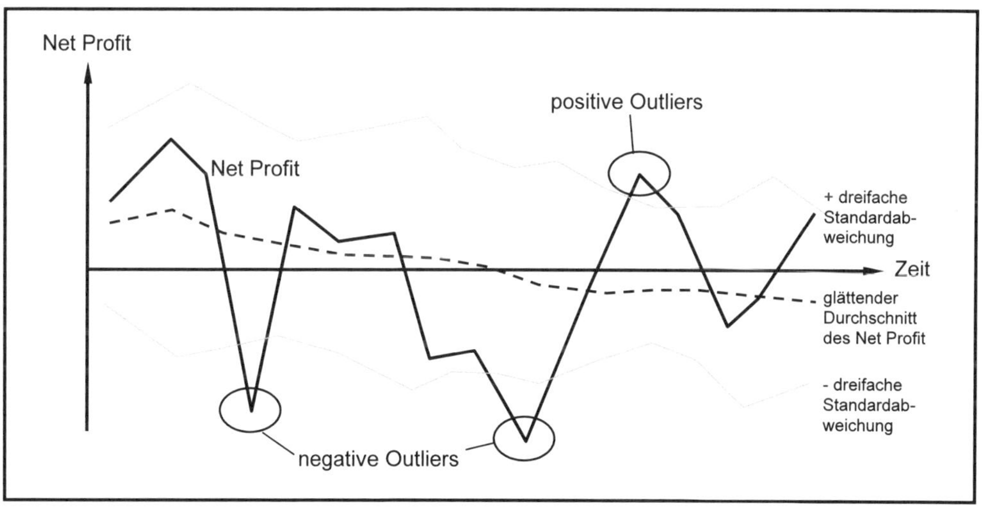

Abbildung 83: Standardabweichung und Durchschnitt des Net Profit

Einzel-Trades bereits stark geglättet wird. Ein Vergleich beider Kennzahlen erscheint aus unserer Sicht dennoch lohnenswert.

Zusammenfassung: Select Net Profit

Wertebereich	0 bis +∞
0	Es wurde kein Gewinn mit »normalen« Trades erwirtschaftet.
+∞	Es wurden sehr hohe Gewinne mit »normalen« Trades erwirtschaftet.
nicht definiert	keine Definitionslücken
optimal	keine Aussage, da eine isolierte Betrachtung der Höhe des Gewinns keine Aussagekraft hat
praktisch	Werte in Höhe des Net Profit, da dies impliziert, dass das Ergebnis nicht durch Ausreißer zustande gekommen ist

Select Profit Factor

Definition:

Der Select Profit Factor ist der Quotient aus dem Select Gross Profit und Select Gross Loss, wobei diese Werte jeweils um Ausreißer, die vom Durchschnitt einen bestimmten statistischen Wert (meist Standardabweichung beziehungsweise dreifache Standardabweichung) abweichen, bereinigt wurden.

Berechnung des Select Profit Factor

	Select Gross Profit	**1.023,48**
/	**Select Gross Loss**	**268,25**
=	**Select Profit Factor**	**3,82**

In dem fiktiven Beispiel ergibt sich ein Select Profit Factor von 3,82. In seine Berechnungen gehen der Select Gross Profit und der Select Gross Loss ein. Der Select Profit Factor ist Ausdruck dafür, wie das Ergebnis des automatisierten Handelssystems ohne Ausreißer im Betrachtungszeitraum gewesen ist. Da ein profitables Handelssystem keine negativen Ausreißer aufgrund eines restriktiven Stop Loss zulässt (Ausnahme Overnight-Gap), werden im Allgemeinen nur positive Outliers den Select Profit Factor beeinflussen. Da überdurchschnittlich hohe Gewinne immer wieder auftreten können aber nicht müssen, ist diese Bereinigung durchaus realistisch einzuschätzen. Trades, die im Betrachtungszeitraum einen hohen Profit erzielten, können nicht in die Zukunft approximiert werden. Sie können zwar auftreten und damit zu einem angenehmen Effekt führen, sollten aber nicht als Grundlage einer effizienten Auswertung eines Handelssystems herangezogen werden.

Zusammenfassung: Select Profit Factor

Wertebereich	0 bis +∞
1	Die kumulierten Gewinne sind über den Testzeitraum genauso hoch wie die Verluste.
0	Es konnten keine Gewinne im Testzeitraum realisiert werden.
+∞	Die realisierten Gewinne sind so hoch, dass keine Verluste eingetreten sind oder nur noch einen geringen Einfluss auf die Berechnung ausüben.
0 < PF < 1	Die kumulierten Verluste sind im Testzeitraum größer als die kumulierten Gewinne.
1 < PF < ∞	Die kumulierten Gewinne sind im Testzeitraum größer als die kumulierten Verluste.
nicht definiert	keine Definitionslücken
optimal	so groß wie möglich
praktisch	Praktische Werte sollten größer als »2« sein.

Exkurs – Analyse automatisiertes Handelssystem K9

Das automatisierte Handelssystem K9 erwirtschaftet aufgrund des K9 Exit Managements keine negativen Outliers, ausschließlich positive. Der Select Total Net Profit fällt entsprechend geringer aus als der Total Net Profit. Der Select Profit Factor ist demzufolge kleiner als der Profit Factor und erzielt dennoch mit 3,84 eine sehr gute Performance.

	All Trades	Long-Trades	Short-Trades
Total Net Profit	19.937,00	13.650,00	6.287,00
Gross Profit	25.138,00	17.477,00	7.661,00
Gross Loss	−5.201,00	−3.827,00	−1.374,00
Profit Factor	4,83	4,57	5,58

	All Trades	Long-Trades	Short-Trades
Open Position P/L			
Select Total Net Profit	14.782,00	10.156,00	4.626,00
Select Gross Profit	19.983,00	13.983,00	6.000,00
Select Gross Loss	–5.201,00	–3.827,00	–1.374,00
Select Profit Factor	3,84	3,65	4,37
Adjusted Total Net Profit			
Adjusted Gross Profit			
Adjusted Gross Loss			
Adjusted Profit Factor			
Total Number of Trades	487	299	188
Percent Profitable	79,06%	79,60%	78,19%
Winning Trades	385	238	147
Losing Trades	102	61	41
Even Trades	0	0	0
Avg. Net Profit			
Avg. Winning Trades			
Avg. Losing Trade			
Ratio Avg. Winning/Avg. Losing			
Max. Consecutive Winning Trades	8	6	5
Max. Consecutive Losing Trades	3	3	2
Return Retracement Ratio			
RINA Index			
Sharpe Ratio			
Time in the Market			
Percent of Time in the Market			
Max. Closed Trade Drawdown			
Max. Open Trade Drawdown			

Tabelle 14: Select Total Net Profit und Select Profit Factor

Repräsentativ-adjustierte Kennzahlen

Adjusted Gross Profit und Gross Loss

Adjusted Gross Profit

Der Adjusted Gross Profit stellt den angepassten voraussichtlichen Gesamtgewinn des Handelssystems dar. Der Korrekturfaktor ergibt sich aus der Gesamtzahl an Gewinn-Trades. Es ist logisch, dass ein System mit einer hohen Handelsfrequenz und entsprechend mehr Trades ein realistisches Ergebnis repräsentiert. Den Ergebnissen kann eher Vertrauen geschenkt werden. Der Korrekturfaktor fällt dann entsprechend der Berech-

Definition:

Der Adjusted Gross Profit ist das Produkt aus dem durchschnittlichen Gewinn und einem bestimmten Adjustierungsfaktor. Der Adjustierungsfaktor berechnet sich, indem die Differenz aus der Anzahl aller Gewinn-Trades und deren Wurzel gebildet wird.

$$ADF = \frac{\sum Gewinne}{Tradeanzahl} x\left(Tradeanzahl - \sqrt{Tradeanzahl}\right)$$

Beispiel:

Anzahl an Gewinn-Trades:	3		Trade 1	und	Trade 2	und	Trade 5
Wurzel aus der Anzahl an Gewinn-Trades:	1,73	=	(Wurzel aus 3)				
Gesamtgewinn:	1.445	=	505	+	315	+	625
Durchschnittlicher Gewinn:	481,67	=	(505	+	315	+	625) / 3
Adjustierungsfaktor:	1,27		3 Trades mit Gewinn / (Anzahl an Gewinn-Trades minus Wurzel aus Anzahl an Gewinn-Trades)				
Adjusted Gross Profit:	610,73		(Adjustierungsfaktor multipliziert mit dem durchschnittlichen Gewinn)				

nungsmethode nicht mehr so stark ins Gewicht. Mit ihm sollen statistische Ausreißer ein wenig geglättet werden. Das Ergebnis bedeutet eine vorsichtige Schätzung und liegt stets unter dem berechneten Gross Profit. Im Beispiel, das lediglich aus sechs Trades, drei davon wurden mit Gewinn abgeschlossen, besteht, hat dieser Korrekturfaktor einen enormen Einfluss auf das Gesamtergebnis. Während der normal berechnete Gross Profit 1.445 Euro beträgt, hat er nun nur noch eine Höhe von 610,73 Euro. Später wird ein Beispiel folgen, an dem der Einfluss der Anzahl an Trades noch einmal aufgezeigt wird.

Die hinter der Bildung des Adjusted Gross Profit stehende Idee ist, dass der Quotient: 1/(Wurzel n) gegen »0« konvergiert. Dies bedeutet, dass der Faktor bei einer großen Anzahl von Trades immer kleiner wird und damit das Durchschnittsergebnis immer weniger beeinflusst. Im Extremfall nimmt der Adjustierungsfaktor den Wert »1« an, womit der Adjusted Gross Profit dem »einfachen« Gross Profit entspricht. Außerdem wird mit dieser Berechnung ein direkter Vergleich mit Adjusted Gross Loss erst möglich.

Zusammenfassung: Adjusted Gross Profit

Wertebereich	0 bis +∞
1	keine Aussagekraft
0	Es konnten keine Gewinne im Testzeitraum realisiert werden.
+∞	Die realisierten Gewinne sind sehr hoch, besitzen aber isoliert betrachtet keine Aussagekraft.
nicht definiert	keine Definitionslücken
optimal	so groß wie möglich
praktisch	keine Aussagekraft bei isolierter Betrachtung

Im Folgenden wird die Berechnung des Adjusted Gross Profit noch einmal in einer Formel dargestellt (bezogen auf alle Trades).

$$\text{Adjusted Gross Profit} = \frac{25.138}{385} \; x \; \left(385 - \sqrt{385}\right) = \frac{25.138}{385} \; x \; 365 \approx 23.856{,}85$$

Adjusted Gross Loss

Definition:

Der Adjusted Gross Loss ist das Produkt aus dem durchschnittlichen Verlust und einem bestimmten Adjustierungsfaktor. Der Adjustierungsfaktor berechnet sich, indem die Summe aus der Anzahl aller Verlust-Trades und deren Wurzel gebildet wird.

$$ADF = \frac{\sum Verluste}{Tradezahl} \, x\left(Tradeanzahl + \sqrt{Tradeanzahl}\right)$$

Ebenso wie der Adjusted Gross Profit stellt auch der Adjusted Gross Loss eine vorsichtige Größe dar. Während Gewinne kleiner als aufgetreten gerechnet werden, werden Verluste größer gemacht, als sie eigentlich aufgetreten sind.

Beispiel:

Anzahl an Verlust-Trades:	2		Trade 3	und	Trade 4
Wurzel aus der Anzahl an Verlust-Trades:	1,41	=		(Wurzel aus 2)	
Gesamtverlust:	−94	=	−64	+	−30
Durchschnittlicher Verlust:	−47	=	(−64	+	−30) / 2
Adjustierungsfaktor:	3,41		2 Trades mit Gewinn / (Anzahl an Gewinn-Trades plus Wurzel aus Anzahl an Verlust-Trades)		
Adjusted Gross Loss:	**−160,47**		(Adjustierungsfaktor multipliziert mit dem durchschnittlichen Verlust)		

Der durchschnittliche Verlust wird berechnet, indem der Gesamtverlust durch die Anzahl der Verlust-Trades dividiert wird. Dieser beträgt im Beispiel −47 Euro, und er ergibt sich aus den gesamten im Handelsverlauf aufgetretenen Verlusten dividiert durch die Anzahl an Verlust-Trades. Der Korrekturfaktor errechnet sich aus der Anzahl der getätigten Trades plus der Wurzel aus den getätigten Trades. Schlussendlich erfolgt eine Multiplikation des Korrekturfaktors mit dem durchschnittlichen Verlust. Ergebnis ist im Beispiel −160,47 Euro, das heißt, im schlimmsten Fall muss bei der wiederholten Anwendung des Handelssystems mit einer Summe der Verluste in dieser Höhe gerechnet werden. Es wird eine Art Worst-Case-Szenario beschrieben. Durch die Summierung der Anzahl an Trades und dessen Wurzel ergibt sich stets ein größerer adjustierter Verlust im Vergleich zum reinen Gross Loss. Mit steigender Anzahl an Trades nimmt, genau wie beim Adjusted Gross Profit, der Einfluss des Korrekturfaktors ab.

Warum wird beim Gross Profit die Wurzel aus der Anzahl an Trades abgezogen und beim Gross Loss hingegen zur Anzahl an Trades hinzuaddiert? Dies wird wie bereits erläutert aus Gründen der Vorsicht gemacht. Zukünftige Gewinne sollen im Zweifelsfall eher als zu niedrig als zu hoch angesetzt werden, künftige Verluste hingegen eher

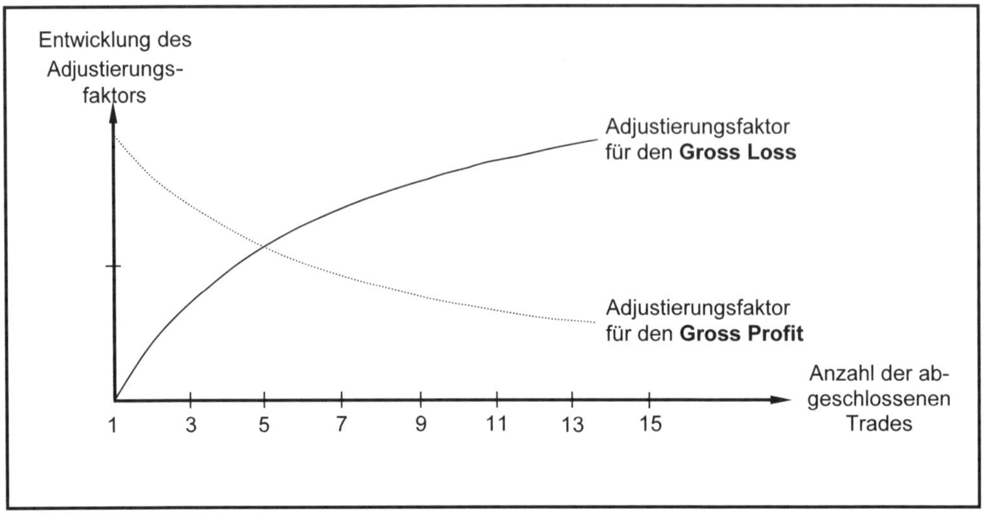

Abbildung 84: Adjustierungsfaktor für Gross Loss und Gross Profit

als zu hoch als zu niedrig. So besteht nicht die Gefahr, sich unberechtigterweise reich zu rechnen, wenn man sich in der Entwicklungsphase eines automatisierten Handelssystems befindet.

Zusammenfassung: Adjusted Gross Loss

Wertebereich	$-\infty$ bis 0
–1	keine Aussagekraft
0	Es wurden keine Verluste im Testzeitraum realisiert.
$-\infty$	Die realisierten Verluste sind sehr hoch, besitzen aber isoliert betrachtet keine Aussagekraft.
nicht definiert	keine Definitionslücken
optimal	so klein wie möglich
praktisch	keine Aussagekraft bei isolierter Betrachtung

Im Folgenden wird die Berechnung des Adjusted Gross Loss noch einmal in einer Formel dargestellt (bezogen auf alle Trades).

$$\text{Adjusted Gross Loss} = \frac{5.201}{102} \; x \; \left(102 + \sqrt{102}\right) = \frac{5.201}{102} \; x \; 112 \approx 5.715{,}98$$

Exkurs – Analyse automatisiertes Handelssystem K9

Die bereits berechneten Werte für den Adjusted Gross Profit und den Adjusted Gross Loss für den Betrachtungszeitraum, in dem das automatisierte Handelssystem K9 ausgewertet wurde, werden nun in die Performance-Übersicht implementiert.

	All Trades	Long-Trades	Short-Trades
Total Net Profit	19.937,00	13.650,00	6.287,00
Gross Profit	25.138,00	17.477,00	7.661,00
Gross Loss	–5.201,00	–3.827,00	–1.374,00
Profit Factor	4,83	4,57	5,58
Open Position P/L			
Select Total Net Profit	14.782,00	10.156,00	4.626,00
Select Gross Profit	19.983,00	13.983,00	6.000,00
Select Gross Loss	–5.201,00	–3.827,00	–1.374,00
Select Profit Factor	3,84	3,65	4,37
Adjusted Total Net Profit			
Adjusted Gross Profit	23.856,85	16.344,13	7.029,13
Adjusted Gross Loss	5.715,98	4.316,99	1.588,58
Adjusted Profit Factor			
Total Number of Trades	487	299	188
Percent Profitable	79,06%	79,60%	78,19%
Winning Trades	385	238	147
Losing Trades	102	61	41
Even Trades	0	0	0
Avg. Net Profit			
Avg. Winning Trades			
Avg. Losing Trade			
Ratio Avg. Winning/Avg. Losing			
Max. Consecutive Winning Trades	8	6	5
Max. Consecutive Losing Trades	3	3	2
Return Retracement Ratio			
RINA Index			
Sharpe Ratio			
Time in the Market			
Percent of Time in the Market			
Max. Closed Trade Drawdown			
Max. Open Trade Drawdown			

Tabelle 15: Adjusted Gross Profit und Adjusted Gross Loss

1. Beispielvergleich von Gross Profit und Adjusted Gross Profit für verschiedene Anzahl an Trades

Anhand von einfachen fiktiven Zahlenwerten soll die Bedeutung der Anzahl von Trades auf den Gross Profit verdeutlicht werden.

a) Anzahl an Gewinn-Trades: drei
Gross Profit: 3.000 Euro
durchschnittlicher Gewinn: 1.000 Euro

Berechnung des Adjusted Gross Profit:

Adjusted Gross Profit = (Anzahl an Trades – Wurzel aus Anzahl an Trades) x durchschnittlicher Gewinn
Adjusted Gross Profit = (3 – Wurzel 3) x 1.000 Euro
Adjusted Gross Profit = 1,27 x 1.000 Euro
Adjusted Gross Profit = 1.270 Euro

b) Anzahl an Gewinn-Trades: 100
Gross Profit: 3.000 Euro
durchschnittlicher Gewinn: 30 Euro

Berechnung des Adjusted Gross Profit:

Adjusted Gross Profit = (Anzahl an Trades – Wurzel aus Anzahl an Trades) x durchschnittlicher Gewinn
Adjusted Gross Profit = (100 – Wurzel 100) x 30 Euro
Adjusted Gross Profit = 90 x 30 Euro
Adjusted Gross Profit = 2.700 Euro

Der Adjusted Gross Profit wurde in Beispiel a) unter Beachtung von drei Gewinn-Trades berechnet. Der Gross Profit beträgt 3.000 Euro. Dadurch ergibt sich ein durchschnittlicher Gewinn pro Trade von 1.000 Euro. Es ist zu erkennen, dass der Abschlag des Gross Profit auf den adjustierten Wert sehr groß ist. Er beträgt fast 60 Prozent. Dies muss so sein, denn wie beschrieben kann das System aus drei Trades noch nicht als ausreichend bewertet bezeichnet werden. Rein zufällige Ergebnisse könnten den Gross Profit bestimmt haben.

In Beispiel b) wurde der Adjusted Gross Profit unter der Prämisse von 100 durchgeführten Gewinn-Trades berechnet. Der Gross Profit wird ebenfalls mit 3.000 Euro angenommen. Damit ergibt sich ein Wert des durchschnittlichen Gewinns pro Trade von 30 Euro. Der Adjusted Gross Profit beträgt nun 2.700 Euro. Dies entspricht einem Abschlag von zehn Prozent auf den tatsächlich aufgetretenen Gross Profit. Bei den 100

Trades besteht bereits eine relativ hohe statistische Signifikanz. Deswegen müssen die erwarteten Gewinne nicht so stark von den Durchschnittswerten abweichen.

2. Beispielvergleich von Gross Loss und Adjusted Gross Loss basierend auf einer unterschiedlichen Anzahl an Trades

Anhand von einfachen fiktiven Zahlenwerten soll die Bedeutung der Anzahl von Trades auf den Gross Loss verdeutlicht werden.

a) Anzahl an Verlust-Trades: drei
   Gross Loss: 3.000 Euro
   durchschnittlicher Verlust: 1.000 Euro

Berechnung des Adjusted Gross Loss:

Adjusted Gross Loss = (Anzahl an Trades + Wurzel aus Anzahl an Trades) x durchschnittlicher Verlust
Adjusted Gross Loss = (3 + Wurzel 3) x 1.000 Euro
Adjusted Gross Loss = 4,73 x 1.000 Euro
Adjusted Gross Loss = 4.730 Euro

In diesem Beispiel wird genau mit den auch für den Adjusted Gross Profit verwendeten Daten gerechnet. Wichtig ist hier ein Vergleich des Adjusted Gross Loss mit dem Gross Loss. Da wir mit Verlusten rechnen, werden diese größer dargestellt als von unserem Handelssystem ausgegeben. In diesem Fall von drei Verlust-Trades entspricht dies einem Aufschlag von fast 60 Prozent. Der Adjusted Gross Loss beträgt 4.730 Euro gegenüber dem gegebenen Gross Loss von 3.000 Euro. Begründet wird dies mit der mangelnden statistischen Signifikanz der Ergebnisse bei nur wenigen Trades.

b) Anzahl an Trades: 100
   Gross Loss: 3.000 Euro
   durchschnittlicher Verlust: 30 Euro

Berechnung des Adjusted Gross Loss:

Adjusted Gross Loss = (Anzahl an Trades + Wurzel aus Anzahl an Trades) x durchschnittlicher Verlust
Adjusted Gross Loss = (100 + Wurzel 100) x 30 Euro
Adjusted Gross Loss = 110 x 30 Euro
Adjusted Gross Loss = 3.300 Euro

In dem Beispiel mit 100 Trades kann nicht mehr von mangelnder statistischer Bestätigung gesprochen werden. Nach 100 Trades hat sich das Handelssystem als stabil herausgestellt. Deswegen ist auch nur ein kleiner Aufschlag von zehn Prozent auf das ursprüngliche Gross-Loss-Resultat die Folge.

3. Vergleich von Adjusted Gross Profit und Adjusted Gross Loss

Die Berechnungen von Adjusted Gross Profit und Adjusted Gross Loss ähneln sich sehr. Bei Ersterem wird der Korrekturfaktor, der sich aus der Wurzel der Trades ergibt, abgezogen. Bei Verlustberechnungen wird er hinzugerechnet. Aufgrund des Prinzips der vorsichtigen Schätzung aller Ergebnisse ergeben sich bei einer Anzahl von 50 bis 100 Trades sinnvolle Ergebnisse. Handelssysteme, die in ihrem Betrachtungszeitraum eine kleinere Anzahl aufweisen, sind als noch nicht ausreichend erprobt anzusehen.

Adjusted Gross Profit und Adjusted Gross Loss leiten auch hier zum Adjusted Profit Factor über.

Adjusted Net Profit und Profit Factor

Adjusted Net Profit

Definition:

Der Adjusted Net Profit wird berechnet, indem der Adjusted Gross Loss vom Adjusted Gross Profit subtrahiert wird. Es wird dabei ein Worst-Case-Szenario simuliert, bei dem jeweils die höchsten Verlust-Trades und die niedrigsten Gewinn-Trades berücksichtigt werden.

Berechnung des Adjusted Net Profit:

	Adjusted Gross Profit	610,73
	Adjusted Gross Loss	–160,47
=	**Adjusted Net Profit**	**450,26**

Im ursprünglichen Beispiel ergibt sich ein Adjusted Net Profit von 450,26 Euro. Der Adjusted Net Profit findet nur der Vollständigkeit halber Erwähnung. Er ist genauso wenig aussagekräftig wie der Net Profit.

Zusammenfassung: Adjusted Net Profit

Wertebereich	–∞ bis ∞
+∞	Die realisierten Gewinne sind sehr hoch, übersteigen deutlich die erwirtschafteten Verluste.
0	Die Gewinne sind im Testzeitraum genauso hoch wie die Verluste.
–∞	Die realisierten Verluste sind sehr hoch, übersteigen deutlich die erwirtschafteten Gewinne.
nicht definiert	keine Definitionslücken
optimal	so groß wie möglich
praktisch	keine Aussagekraft bei isolierter Betrachtung

Adjusted Profit Factor

Definition:

Der Adjusted Profit Factor ist der Quotient aus dem Adjusted Gross Profit und Adjusted Gross Loss. Dabei wird ein Worst-Case-Szenario simuliert, bei dessen Berechnung des Adjustierungsfaktors jeweils die niedrigsten Gewinn-Trades und die höchsten Verlust-Trades berücksichtigt werden.

Berechnung des Adjusted Profit Factor:

	Adjusted Gross Profit	610,73
/	Adjusted Gross Loss	160,47
=	**Adjusted Profit Factor**	**3,81**

Mit den Zahlen aus dem ursprünglichen Beispiel ergibt sich ein Adjusted Profit Factor von 3,81. In seine Berechnung sind der Adjusted Gross Profit und der Adjusted Gross Loss eingegangen. Da diese auf nur wenigen Trades beruhten, hat der Korrekturfaktor entsprechend großen Einfluss ausgeübt. Der »normale« Profit Factor hatte einen Wert von 15,37 angenommen. Bei einem Profit Factor, der sich unter eins befindet, sind die Verluste größer als die Gewinne. Ein Handelssystem mit einem solchen Wert sollte aus dem Handel herausgenommen werden. Im Beispiel bedeutet dies, dass man für jeden Euro, den man verliert, im Gegenzug 3,81 Euro an Gewinn zurückerhält.

Zusammenfassung: Adjusted Profit Factor

Wertebereich	0 bis +∞
1	Die kumulierten Gewinne sind über den Testzeitraum genauso hoch wie die Verluste.
0	Es konnten keine Gewinne im Testzeitraum realisiert werden.
+∞	Die realisierten Gewinne sind so hoch, dass keine Verluste eingetreten sind oder sie nur noch einen geringen Einfluss auf die Berechnung ausüben.
0 < PF < 1	Die kumulierten Verluste sind im Testzeitraum größer als die kumulierten Gewinne.
1 < PF < ∞	Die kumulierten Gewinne sind im Testzeitraum größer als die kumulierten Verluste.
nicht definiert	keine Definitionslücken
optimal	so groß wie möglich
praktisch	Praktische Werte sollten größer als »2« sein.

Exkurs – Analyse automatisiertes Handelssystem K9

Im Folgenden werden der Adjusted Profit Factor sowie der Adjusted Net Profit für den Betrachtungszeitraum des automatisierten Handelssystems K9 berechnet.

	All Trades	Long-Trades	Short-Trades
Total Net Profit	19.937,00	13.650,00	6.287,00
Gross Profit	25.138,00	17.477,00	7.661,00
Gross Loss	−5.201,00	−3.827,00	−1.374,00
Profit Factor	4,83	4,57	5,58
Open Position P/L			
Select Total Net Profit	14.782,00	10.156,00	4.626,00
Select Gross Profit	19.983,00	13.983,00	6.000,00
Select Gross Loss	−5.201,00	−3.827,00	−1.374,00
Select Profit Factor	3,84	3,65	4,37
Adjusted Total Net Profit	18.140,87	12.027,14	5.440,55
Adjusted Gross Profit	23.856,85	16.344,13	7.029,13
Adjusted Gross Loss	−5.715,98	−4.316,99	−1.588,58
Adjusted Profit Factor	4,17	3,79	4,42

	All Trades	Long-Trades	Short-Trades
Total Number of Trades	487	299	188
Percent Profitable	79,06%	79,60%	78,19%
Winning Trades	385	238	147
Losing Trades	102	61	41
Even Trades	0	0	0
Avg. Net Profit			
Avg. Winning Trades			
Avg. Losing Trade			
Ratio Avg. Winning/Avg. Losing			
Max. Consecutive Winning Trades	8	6	5
Max. Consecutive Losing Trades	3	3	2
Return Retracement Ratio			
RINA Index			
Sharpe Ratio			
Time in the Market			
Percent of Time in the Market			
Max. Closed Trade Drawdown			
Max. Open Trade Drawdown			

Tabelle 16: Adjusted Profit Factor und Adjusted Net Profit

Zusammenhang Average Winning/Average Losing Trade

Average Trade und Average Winning/Average Losing Trade

Average Winning Trade

Definition:

Mit dem Average Winning Trade wird der Gewinn berechnet, der durchschnittlich erwirtschaftet wird, wenn nur alle erfolgreich durchgeführten Trades während eines festgelegten Zeitraums berücksichtigt werden. Dabei werden die Beträge aller Gewinn-Trades summiert und anschließend durch die Anzahl an Gewinn-Trades geteilt.

Beispiel:

Gewinn-Trade 1 = 505 USD

Gewinn-Trade 2 = 315 USD

Gewinn-Trade 3 = 625 USD

Average Winning Trade = (505 USD + 315 USD + 625 USD)/3

Average Winning Trade = 481,67 USD

Dieser durchschnittliche Gewinn sollte einen Erwartungswert für die Zukunft darstellen. Er dient als Vergleichskennzahl, um Abweichungen des Handelssystems in der Zukunft feststellen zu können.

Zusammenfassung: Average Winning Trade

Wertebereich	0 bis +∞
0	Es wurden im Testzeitraum keine Gewinne erzielt.
+∞	Es konnten sehr hohe Gewinne realisiert werden.
nicht definiert	keine Definitionslücken
optimal	so groß wie möglich
praktisch	keine isolierte Aussage möglich

Average Losing Trade

Definition:

Ist der Verlust, der im Durchschnitt bei allen mit Verlust beendeten Trades während eines festgelegten Zeitraums erwirtschaftet wurde. Dabei werden nur die Beträge aller Verlust-Trades summiert und anschließend durch die Anzahl aller Verlust-Trades dividiert.

Beispiel:

Verlust-Trade 1 = –64 USD

Verlust-Trade 2 = –30 USD

Average Losing Trade = (–64 USD + –30 USD)/2

Average Losing Trade = 47 USD

Der durchschnittlich aufgetretene Verlust beträgt 47 Dollar. Auch dies stellt einen Erwartungswert für die Zukunft dar. Der Wert des durchschnittlichen Verlusts sollte in der Praxis für das Handelssystem nicht in bedeutendem Umfang über- oder unterschritten werden. Dabei könnte gedacht werden, ein Unterschreiten dieser Marke sei nicht schlimm. Dies ist recht kurzsichtig gesehen. Da das Handelssystem scheinbar anders funktioniert, als im Betrachtungszeitraum festgestellt, kann plötzlich auch ein großer Verlust entstehen. Arbeitet das System nicht ganz genau nach den Parametern und Vorgaben, wird es unberechenbar.

Mit der Durchschnittsbetrachtung werden statistische Ausreißer bei genügend großer Trade-Anzahl nahezu eliminiert, bei einer geringeren Anzahl von Trades nur geglättet. Jedoch liegt der Vorteil der Durchschnittsbetrachtung in der realitätsnahen Darstellung des Trading-Erfolgs, unabhängig von einzelnen verzerrenden Trades.

Zusammenfassung: Average Losing Trade

Wertebereich	–∞ bis 0
0	Es wurden im Testzeitraum keine Verluste erzielt.
–∞	Es wurden sehr hohe Verluste realisiert .
nicht definiert	keine Definitionslücken
optimal	so klein wie möglich
praktisch	keine isolierte Aussage möglich

Exkurs – Analyse automatisiertes Handelssystem K9

Im Folgenden werden der durchschnittliche Gewinn sowie der durchschnittliche Verlust pro Gewinn- beziehungsweise Verlust-Trade für das automatisierte Handelssystem K9 im Analysezeitraum angegeben.

	All Trades	Long-Trades	Short-Trades
Total Net Profit	19.937,00	13.650,00	6.287,00
Gross Profit	25.138,00	17.477,00	7.661,00
Gross Loss	–5.201,00	–3.827,00	–1.374,00
Profit Factor	4,83	4,57	5,58
Open Position P/L			
Select Total Net Profit	14.782,00	10.156,00	4.626,00
Select Gross Profit	19.983,00	13.983,00	6.000,00
Select Gross Loss	–5.201,00	–3.827,00	–1.374,00
Select Profit Factor	3,84	3,65	4,37
Adjusted Total Net Profit	18.140,87	12.027,14	5.440,55
Adjusted Gross Profit	23.856,85	16.344,13	7.029,13
Adjusted Gross Loss	–5.715,98	–4.316,99	–1.588,58
Adjusted Profit Factor	4,17	3,79	4,42
Total Number of Trades	487	299	188
Percent Profitable	79,06%	79,60%	78,19%
Winning Trades	385	238	147

	All Trades	Long-Trades	Short-Trades
Losing Trades	102	61	41
Even Trades	0	0	0
Avg. Net Profit	40,94	45,65	33,44
Avg. Winning Trades	65,29	73,43	40,75
Avg. Losing Trade	50,99	62,74	33,51
Ratio Avg. Winning/Avg. Losing			
Max. Consecutive Winning Trades	8	6	5
Max. Consecutive Losing Trades	3	3	2
Return Retracement Ratio			
RINA Index			
Sharpe Ratio			
Time in the Market			
Percent of Time in the Market			
Max. Closed Trade Drawdown			
Max. Open Trade Drawdown			

Tabelle 17: Durchschnittliche Gewinn- und Verlust-Trades

Ratio Average Winning/Average Losing Trade

Die Kennzahlen Average Winning Trade und Average Losing Trade geben an, wie viel Geld im Durchschnitt in einer Trading-Periode gewonnen oder verloren wird. Es besteht auch die Möglichkeit, mit einem System, das einen höheren durchschnittlichen Verlust als Gewinn aufweist, erfolgreich zu sein. Dies ist dann der Fall, wenn der Prozentsatz an profitablen Trades den Prozentsatz an Verlust-Trades weit überschreitet und die durchschnittlichen Verluste nicht weitaus höher sind als die durchschnittlichen Gewinne. Allerdings sollte dieser Zustand nur von vorübergehender Dauer sein. Andernfalls muss eine Überarbeitung des Stop Loss in Erwägung gezogen werden.

Beispiel eines solchen Falles:

Durchschnittlicher Gewinn: 2.000 Euro

Durchschnittlicher Verlust: 2.300 Euro

Percent profitable: 55%

Der Erwartungswert bei 100 Trades an Gesamtgewinn beträgt 110.000 Euro (55 × 2.000 Euro). Dem stehen 103.500 Euro (45 × 2.300 Euro) an Verlusten gegenüber. Man ist so in der Lage, einen Mehrwert von 6.500 Euro zu erwirtschaften. Bei einem dauerhaft erfolgreichen Handelssystem sollten die durchschnittlichen Gewinne dennoch konstant größer als die durchschnittlichen Verluste sein.

Verhältnis der durchschnittlichen Gewinne zu den durchschnittlichen Verlusten

Definition:

Es ist das Verhältnis aller durchschnittlichen Gewinn-Trades zu den durchschnittlichen Verlust-Trades. Damit wird ein geglättetes Ergebnis erhalten.

Beispiel:

durchschnittlicher Gewinn= 420 Euro

durchschnittlicher Verlust= 370 Euro

Verhältnis durchschnittlicher Gewinn zu durchschnittlicher Verlust = 420 Euro/370 Euro

Verhältnis durchschnittlicher Gewinn zu durchschnittlicher Verlust = 1,135

Allgemein sollte darauf geachtet werden, dass die Kennzahl größer als eins ist. Im vorangegangenen Beispiel wurde zwar gezeigt, dass bei einem Verhältnis kleiner als eins dennoch ein Gesamtgewinn entstehen kann. Dies ist der Fall, wenn die Kennzahl der profitablen Trades besonders hoch ist und die durchschnittlichen Verluste nicht

Zusammenfassung: Verhältnis der durchschnittlichen Gewinne zu den durchschnittlichen Verlusten

Wertebereich	0 bis $+\infty$
0	Es wurden im Testzeitraum keine Gewinne und nur Verluste realisiert.
$0 < V < 1$	Es wurden im Testzeitraum im Durchschnitt höhere Verluste als Gewinne realisiert.
1	Es wurden im Testzeitraum im Durchschnitt genauso hohe Verluste wie Gewinne realisiert.
$V > 1$	Es wurden im Testzeitraum im Durchschnitt höhere Gewinne als Verluste realisiert.
nicht definiert	keine Definitionslücken
optimal	so groß wie möglich
praktisch	Es sollten langfristig Werte über 1 erreicht werden.

bedeutend höher sind als die durchschnittlichen Gewinne. Allerdings sollte dies nicht die Regel darstellen und höchstens für einen kurzen Zeitraum auftreten.

Die Bildung von Durchschnitten bei der Berechnung dieser Kennzahl sowohl bei den Gewinn-Trades als auch bei den Verlust-Trades führt dazu, dass statistische Ausreißer und damit verbundene Verzerrungen eliminiert werden können. Nachteilig wirkt sich aber aus, dass bei unbemerkter Veränderung der Performance des Systems die Veränderungen der Eingangsgrößen in diese Kennzahl möglicherweise nicht rechtzeitig erkannt werden könnten, womit notwendige Anpassungen der Parametereinstellungen vom Trader nur verspätet vorgenommen werden können.

Exkurs – Analyse automatisiertes Handelssystem K9

Im Folgenden wird das Verhältnis der durchschnittlichen Gewinne zu den durchschnittlichen Verlusten für das automatisierte Handelssystem K9 im Analysezeitraum berechnet. Dies ergibt konstante Werte über eins.

	All Trades	Long-Trades	Short-Trades
Total Net Profit	19.937,00	13.650,00	6.287,00
Gross Profit	25.138,00	17.477,00	7.661,00
Gross Loss	–5.201,00	–3.827,00	–1.374,00
Profit Factor	4,83	4,57	5,58
Open Position P/L			
Select Total Net Profit	14.782,00	10.156,00	4.626,00
Select Gross Profit	19.983,00	13.983,00	6.000,00
Select Gross Loss	–5.201,00	–3.827,00	–1.374,00
Select Profit Factor	3,84	3,65	4,37
Adjusted Total Net Profit	18.140,87	12.027,14	5.440,55
Adjusted Gross Profit	23.856,85	16.344,13	7.029,13
Adjusted Gross Loss	–5.715,98	–4.316,99	–1.588,58
Adjusted Profit Factor	4,17	3,79	4,42
Total Number of Trades	487	299	188
Percent Profitable	79,06%	79,60%	78,19%
Winning Trades	385	238	147
Losing Trades	102	61	41
Even Trades	0	0	0

	All Trades	Long-Trades	Short-Trades
Avg. Net Profit	40,94	45,65	33,44
Avg. Winning Trades	65,29	73,43	40,75
Avg. Losing Trade	50,99	62,74	33,51
Ratio Avg. Winning/Avg. Losing	1,28	1,17	1,56
Max. Consecutive Winning Trades	8	6	5
Max. Consecutive Losing Trades	3	3	2
Return Retracement Ratio			
RINA Index			
Sharpe Ratio			
Time in the Market			
Percent of Time in the Market			
Max. Closed Trade Drawdown			
Max. Open Trade Drawdown			

Tabelle 18: Verhältnis der durchschnittlichen Gewinne und Verluste

Zeitdimensionierte Auswertung

Time in the Market

Definition:

Mit der Kennzahl »Time in the Market« wird die Zeit erfasst, die eine bestimmte Strategie im Markt investiert ist. Je größer der Anteil der Zeit vom Gesamtzeitraum ist, die die Strategie im Markt investiert ist, desto länger ist das für die Strategie notwendige Kapital den Marktaktivitäten ausgesetzt, womit das Verlustrisiko ansteigt.

Die Zeit ist neben den Marktbewegungen die einzige Größe, auf die ein Trader keinen Einfluss nehmen kann. Deshalb müssen Sie alle Marktteilnehmer als gegebene Größe akzeptieren und Ihre Engagements so effizient wie möglich planen. Das Ziel eines jeden Traders sollte daher sein, den Gewinn mit möglichst kurzen Marktpositionierungen zu realisieren. Für die Umsetzung dieser schwierigen Aufgabe wird meist die Kennziffer »Time in the Market« herangezogen. Sie erfasst genau die Zeitspanne eines gesamten Betrachtungszeitraums, die eine bestimmte Strategie im Markt investiert ist. Die Idee, die sich hinter dieser Kennzahl verbirgt, ist, zu bestimmen, wie hoch das potenzielle Marktrisiko einer Position ist, denn je länger eine Position im Markt verbleibt, desto größer wird das Risiko, den Marktschwankungen und somit einem potenziellen Verlustrisiko ausgesetzt zu sein. Sicherlich ist diese Annahme unter Tradern nicht unumstritten, da nach Meinung einiger Investoren im Gegensatz dazu mit längerfristigen Positionierungen dem Investor die Möglichkeit eröffnet wird, in stärkerem Maße am vorliegenden Trend zu partizipieren, womit höhere Gewinne realisiert würden. Bedacht werden sollte aber, dass der Trader jederzeit von kursbeeinflussenden Nachrichten überrascht werden kann und sich das Trendende schneller abzeichnet, als ihm lieb sein könnte. Insbesondere, wenn mehrere Märkte gleichzeitig beobachtet werden, ist es gar nicht so einfach, den Überblick über alle noch offenen Positionen und deren Verhalten zu behalten. Dazu kann er sich alternativ einer Übersicht wie des K9 Money Management bedienen, um die Übersicht über sein Konto zu bewahren.

Mit der Kennzahl »Time in the Market« wird die Dauer der Positionierungen nur absolut gemessen, das heißt in Minuten, Stunden oder Tagen, weshalb sie nicht ohne weiteres miteinander, vor allem mit anderen Handelssystemen, vergleichbar ist. Diese Kennzahl ist aber sehr nützlich für die Messung der Performance eines Systems im Zeitverlauf. Verlängert sich etwa die durchschnittliche Positionierungsdauer nach einigen Monaten erheblich, könnte eine Neujustierung des Systems nicht nur in Betracht gezogen werden, sondern erforderlich sein, um das schleichend erhöhte Schwankungsrisiko des Marktes wieder abzusenken. Nicht nur die Performance eines Systems ist für den langfristigen Trading-Erfolg entscheidend, sondern auch, unter welchem Risiko diese Performance erreicht wurde! Für einen Vergleich der Handelssysteme untereinander bietet sich eher die von dieser Kennzahl abgeleitete Kennziffer »Percent in the Market« an, die nachfolgend ausführlich erläutert wird. Sie wandelt die absolut gemessenen Zeiträume in prozentuale Angaben um, womit auch das Risiko quantitativ erfasst werden kann. Das Risiko ist nämlich mit einer »absoluten« Zahl, wie sie die »Time in the Market« liefert, nicht messbar.

Mittels erfolgreicher Handelssysteme kann die Dauer für Positionierungen enorm verkürzt werden, da deren Handelssignale einem aufwendigen Filterprozess unterzogen wurden. Bei einem profitablen Handelssystem werden nur die Signale generiert, die

Zusammenfassung: Time in the Market

Wertebereich	0 bis +∞
0	praktisch nicht erreichbar, geringe Werte reflektieren ein niedriges Marktrisiko
+∞	schlecht, da sehr große Zeiträume für die Positionierungen benötigt werden
nicht definiert	keine Definitionslücken
optimal	so niedrig wie möglich
praktisch	keine isolierte Aussage möglich

auch wirklich viel versprechend sind. Handelssysteme sollten deshalb in der Lage sein, innerhalb sehr kurzer Zeiträume Marktschwankungen für gewinnbringende Trades auszunutzen.

Exkurs – Analyse automatisiertes Handelssystem K9

Das automatisierte Handelssystem K9 hatte etwa 160 Stunden während des Betrachtungszeitraums von zwei Monaten (Handelszeit regulärer Handel sowie vor- und nachbörslicher Handel 521 Stunden) mindestens eine Position offen.

	All Trades	Long-Trades	Short-Trades
Total Net Profit	19.937,00	13.650,00	6.287,00
Gross Profit	25.138,00	17.477,00	7.661,00
Gross Loss	–5.201,00	–3.827,00	–1.374,00
Profit Factor	4,83	4,57	5,58
Open Position P/L			
Select Total Net Profit	14.782,00	10.156,00	4.626,00
Select Gross Profit	19.983,00	13.983,00	6.000,00
Select Gross Loss	–5.201,00	–3.827,00	–1.374,00
Select Profit Factor	3,84	3,65	4,37
Adjusted Total Net Profit	18.140,87	12.027,14	5.440,55
Adjusted Gross Profit	23.856,85	16.344,13	7.029,13
Adjusted Gross Loss	–5.715,98	–4.316,99	–1.588,58
Adjusted Profit Factor	4,17	3,79	4,42
Total Number of Trades	487	299	188
Percent Profitable	79,06%	79,60%	78,19%
Winning Trades	385	238	147
Losing Trades	102	61	41
Even Trades	0	0	0
Avg. Net Profit	40,94	45,65	33,44
Avg. Winning Trades	65,29	73,43	40,75
Avg. Losing Trade	50,99	62,74	33,51
Ratio Avg. Winning/Avg. Losing	1,28	1,17	1,56
Max. Consecutive Winning Trades	8	6	5
Max. Consecutive Losing Trades	3	3	2
Return Retracement Ratio			
RINA Index			
Sharpe Ratio			
Time in the Market	6 Dys, 17 Hrs, 16 Min		
Percent of Time in the Market			
Max. Closed Trade Drawdown			
Max. Open Trade Drawdown			

Tabelle 19: Gesamte Handelszeit

Percent in the Market

Definition:

Mit der Kennzahl »Percent in the Market« wird der Anteil des Gesamtzeitraums ermittelt, den ein Trader auf Grund seiner Strategie im Markt investiert ist. Sie wird berechnet, indem das Verhältnis aus der Summe jener Zeiteinheiten, in denen mindestens eine Handelsposition im Bestand gehalten wurde, zum gesamten Betrachtungszeitraum gebildet wird. Das Ergebnis ist eine prozentuale Größe.

Für einen Investor ist es nicht unerheblich zu wissen, wie lange er mit seinen Positionen im Markt investiert ist, um quantitativ beurteilen zu können, wie hoch sein Risiko ist, den Markschwankungen ausgesetzt zu sein. Nur wenn er keine offenen Positionen hält, nimmt er kein Trading-Risiko auf sich. Folglich sollte er anstreben, so kurz wie möglich seine Positionen im Markt zu halten, um sein Marktrisiko zu vermindern. Offensichtlich erhöht sich das Marktrisiko des Traders, je länger sein Engagement im Markt im Verhältnis zum gesamten Betrachtungszeitraum besteht.

Die Kennzahl »Percent in the Market« ist daher ein Risikomaß, das auf der Annahme basiert, je länger das Kapital im Markt investiert ist, desto höher ist das für die Strategie notwendige Kapital den Marktaktivitäten ausgesetzt, womit sich in gleichem Maße das allgemeine Marktrisiko (Verlustrisiko) erhöht. Neben dem Risiko, dem sich der Trader aussetzt, wenn er im Markt investiert ist, hat er selbstverständlich auch die Chance, bei auftretenden Marktschwankungen überproportional zu profitieren. Deshalb kann der reinen Risikobehauptung entgegengestellt werden, dass bei einer minimalen Zeitspanne, die der Trader im Markt positioniert ist, auch nur ein minimaler Gewinn resultieren kann. Diese Kennzahl sollte deshalb keine Extremwerte annehmen, wie beispielsweise ein Prozent (geringes Risiko, geringe Ertragschance) oder 99 Prozent (sehr hohes Risiko, hohe Ertragschance). Sinnvolle Größen sind abhängig von der jeweils verwendeten Strategie. So existieren Handelssysteme, die bei zehn Prozent Investition in den Markt überaus profitabel arbeiten, während auch Handelssysteme, die 70 Prozent der Handelszeit Positionen halten, durchaus zu sehr guten Ergebnissen führen können.

Die Berechnung der Kennzahl »Percent in the Market« kann über mehrere Ansätze erfolgen, was im Endeffekt zu unterschiedlichen Ergebnissen führen könnte. Für die quantitative Erfassung des Risikos ist dies hingegen unproblematisch, die Vergleichbarkeit der Systeme leidet jedoch darunter. Hat man sich einmal für eine bestimmte Berechnungsmethode entschieden, sollte unbedingt in der Folgezeit dieser Ansatz beibehalten werden, da er für einen unproblematischen Vergleich der unterschiedlichen Handelszeiträume unabdingbar ist. Alle Ansätze haben gemeinsam, dass das

Ergebnis eine prozentuale Größe ist, bei der die mit Trades im Markt verstrichene Zeit zum gesamten Betrachtungszeitraum ins Verhältnis gesetzt wird. Nachfolgend werden wir Ihnen die verschiedenen Berechnungsmethoden kurz vorstellen.

a) Abzählen der einzelnen Candlesticks:

Bei dieser Berechnungsmethode wird der Betrachtungszeitraum in verschiedene, gleich große Zeiteinheiten aufgeteilt. Dieses Ziel wird beispielsweise mit der Darstellung des Handelsgeschehens durch Candlesticks bereits erreicht, da jede einzelne Kerze einen bestimmten Zeitraum der Handelsaktivitäten abbildet. Bei Verwendung eines Ein-Minuten-Charts bildet jede einzelne Kerze das Handelsgeschehen von genau einer Minute des Handelszeitraums ab. Ein Testzeitraum von fünf Stunden enthält folglich 300 Kerzen. Anschließend wird die Anzahl der Trades ermittelt, die im Testzeitraum eröffnet und wieder geschlossen wurden, wobei es unerheblich ist, zu welchem exakten Zeitpunkt die einzelnen Transaktionen durchgeführt wurden. Es werden nur diejenigen Kerzen gezählt, bei denen mindestens eine offene Position bestand. Man beginnt mit dem Zählen bei der Kerze, bei der eine Position eröffnet wurde, und beendet das Zählen an der Kerze, an der die Position geschlossen wurde. Bei jedem weiteren Trade innerhalb des Testzeitraums beginnt die Zählung aufs Neue. Auf diese Weise werden diejenigen verstrichenen Zeiteinheiten erfasst, in denen sich mindestens eine Position im Markt befand. Zur Vervollständigung sei noch angemerkt, dass vom Trader sehr groß gewählte Zeiteinheiten (etwa eine 30-Minuten-Darstellung) die Ungenauigkeit der Zeiterfassung vergrößern, da im Nachhinein nicht mehr feststellbar ist, ob die Transaktion am Anfang einer Kerze oder am Ende derselben eröffnet beziehungsweise beendet wurde. Tendenziell sollten deshalb möglichst kleine Zeiteinheiten zur Erfassung genutzt werden.

Zum Abschluss werden die ermittelten verstrichenen Zeiteinheiten aller Trades summiert und ins Verhältnis zur Gesamtzahl der Zeiteinheiten des Betrachtungszeitraums gesetzt. Damit wird eine prozentuale Angabe erhalten, die angibt, wie hoch der Anteil von im Markt befindlichen Positionen an der Gesamtzeit gewesen ist. Zweifellos können für eine weitere Quantifizierung auch Gewichtungsfaktoren verwendet werden, um einen stufenweisen Positionsaufbau sowie mögliche Teilliquidationen bestehender Positionen genauer zu erfassen (Pyramiding).

Nachfolgend soll die Ermittlung der Kennzahl an einem fiktiven Beispiel noch einmal verdeutlicht werden. Der Betrachtungszeitraum soll 30 Minuten umfassen und als Ein-Minuten-Chart dargestellt werden. Folglich besteht der Chart aus 30 Kerzen (Zeiteinheiten). Im Testzeitraum fanden, wie in Abbildung 85 zu sehen ist, drei Trades

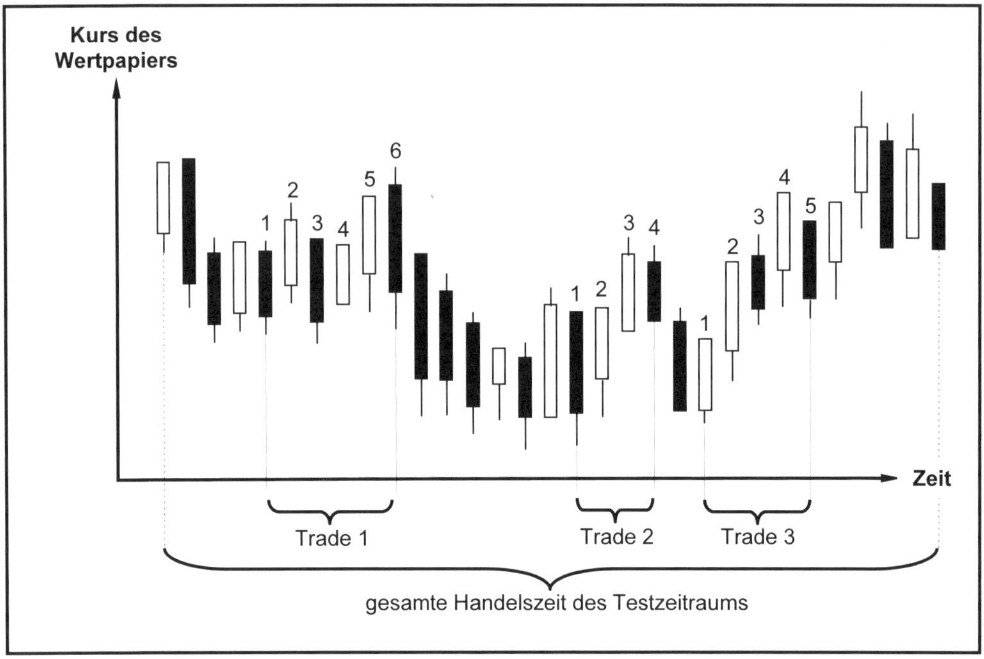

Abbildung 85: Darstellung der Zeiten im Markt zur gesamten Handelszeit

statt, wobei der erste sich über sechs Zeiteinheiten erstreckte, das zweite Engagement nur vier Zeiteinheiten andauerte und die dritte Transaktion genau fünf Minuten im Markt verblieb. Die Summe der insgesamt verstrichenen Zeiteinheiten von den im Markt befindlichen Positionen beträgt demnach 15 Zeiteinheiten. Nun wird das Verhältnis aus der Anzahl der Zeiteinheiten der im Markt befindlichen Positionen und der Gesamtzahl aller Zeiteinheiten gebildet. Man erhält den Wert 50 Prozent (15 / 30 = 0,5 »Percent in the Market«), was nichts anderes bedeutet, als dass der Trader 50 Prozent der Gesamtzeit mit mindestens einer Position im Markt aktiv gewesen ist.

b) Bestimmung der genauen Zeit:

Die Kennzahl »Percent in the Market« kann auch berechnet werden, indem die mit Positionen im Markt exakt verbrachte Zeit ermittelt wird. In der Regel wird dieser Wert genauer sein als das einfache Abzählen der betroffenen Zeiteinheiten. Dazu ist es zunächst notwendig, die genauen Eröffnungszeitpunkte der Positionen sowie deren Glattstellungszeitpunkte festzuhalten. Die meisten Handelsplattformen bieten dieses Feature zur Erfassung dieses Datenmaterials meist auch ohne zusätzliche Kosten dem

Trader an. Das System ist mit diesen Daten in der Lage, die Dauer der einzelnen Trades auf die Sekunde genau zu bestimmen. Die Verweildauer der Positionen im Markt, seien es auch nur wenige Sekunden, wird vom System für jedes einzelne Engagement einzeln erfasst und anschließend über den gesamten Betrachtungszeitraum summiert. Die Summe der mit Positionen im Markt verbrachten Zeit wird zur Gesamtzeit des Betrachtungszeitraums, der bei dieser Methode absolut gemessen wird (zum Beispiel in Minuten, Stunden, Tagen etc.), ins Verhältnis gesetzt. Auf diese Weise wird wieder eine prozentuale Angabe über den Anteil der gesamten Zeit, die mit mindestens einer Position im Markt verbracht wurde, erhalten. Bei dieser Berechnungsmethode ist es ebenfalls problemlos möglich, für die genaue Quantifizierung sinnvolle Gewichtungsfaktoren für die einzelnen Positionen einzuführen, damit ein stufenweiser Positionsaufbau sowie mögliche Teilliquidationen genauer erfasst werden können (Pyramiding).

Das Abzählbeispiel der einzelnen Kerzen aus dem vorherigen Abschnitt soll erneut verwendet werden, jedoch diesmal unter Nutzung der genauen zeitlichen Angaben, um die zahlenmäßigen Unterschiede der beiden Berechnungsmethoden gegenüberzustellen. Der Aussagegehalt beider Methoden bleibt jedoch erhalten und weicht, wie vielleicht erwartet, in keinster Weise voneinander ab! Der betrachtete Testzeitraum beträgt wie bekannt 30 Minuten und wird als Ein-Minuten-Chart dargestellt, in dem drei abgeschlossene Transaktionen stattfanden. Wie aus der Abbildung ersichtlich, wurde der erste Trade um 10 Uhr 34 Minuten und 28 Sekunden eröffnet und um 10 Uhr 39 und 39 Sekunden wieder glattgestellt. Folglich war die Position genau fünf Minuten und elf Sekunden im Markt. Das zweite Engagement wurde um 10 Uhr 46 Minuten und 44 Sekunden eröffnet und um 10 Uhr 49 Minuten und 2 Sekunden geschlossen, womit sich eine Positionierungsdauer von genau zwei Minuten und 18 Sekunden ergibt. Um 10 Uhr 51 Minuten und 2 Sekunden wurde die Order für den dritten Trade ausgeführt und um 10 Uhr 55 Minuten und 56 Sekunden wieder glattgestellt. Diese Position war demzufolge genau vier Minuten und 54 Sekunden im Markt. Nun werden die einzelnen Zeiten der drei Positionierungen innerhalb des Betrachtungszeitraums addiert, und als kumulierte Positionierungsdauer erhält man genau 12 Minuten und 23 Sekunden (5:11 + 2:18 + 4:54). Zum Abschluss muss noch das Verhältnis zwischen der Zeit, in der die Positionen im Markt gewesen sind, und dem gesamten Betrachtungszeitraum gebildet werden. Das Ergebnis beträgt 41,28 Prozent (12:23 Minuten / 30 Minuten x 100 %), was bedeutet, dass etwa 41 Prozent des Gesamtzeitraums mindestens eine Position im Markt und damit dem Marktänderungsrisiko ausgesetzt gewesen ist. Ein abschließender Vergleich dieses Werts mit dem aus der Berechnungsmethode »a)« ergibt, dass in »a)« eine wesentlich ungenauere Angabe, die jedoch zur groben Betrachtung ausreicht, vorliegt.

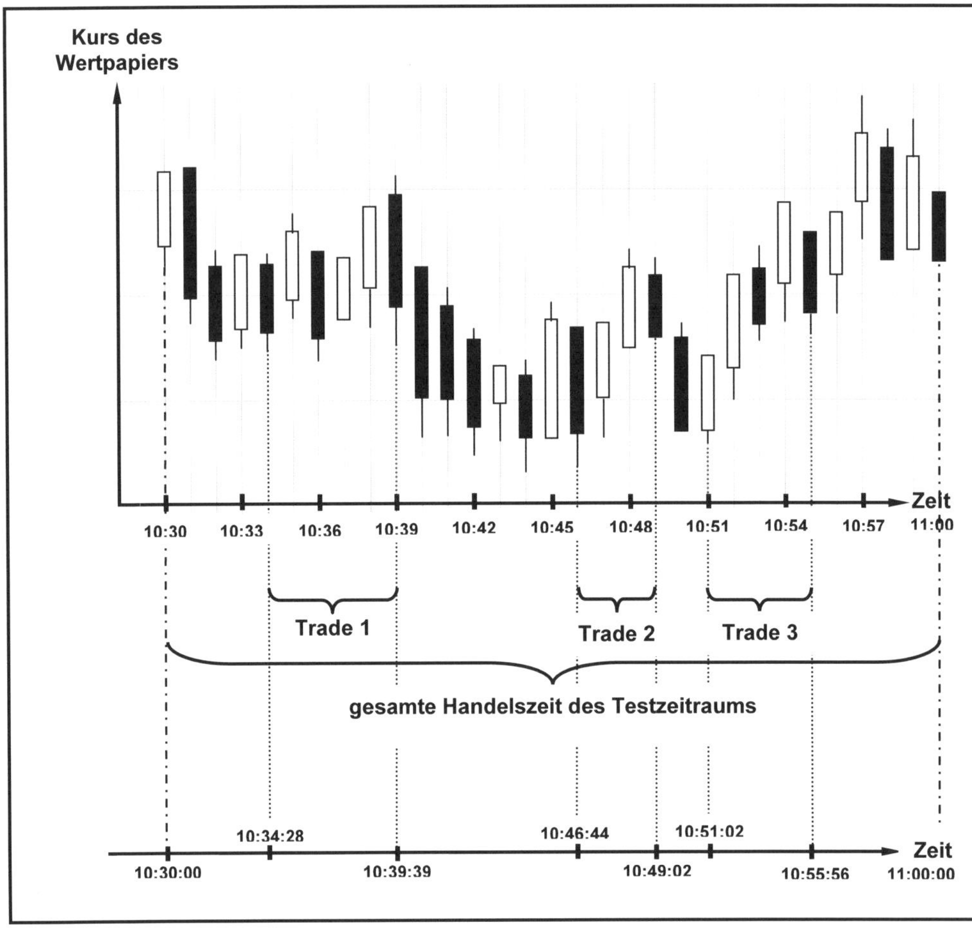

Abbildung 86: Darstellung der Trades mit exakter Zeitangabe

Zusammenfassung: Percent in the Market

Wertebereich	0 bis 100
0	praktisch nicht erreichbar, geringe Werte reflektieren ein sehr geringes Marktrisiko
100	höchstes Risiko, da ständig mindestens eine Position im gesamten Zeitraum im Markt gewesen ist
nicht definiert	keine Definitionslücken
optimal	so niedrig wie möglich
praktisch	Werte zwischen 10 und 70 Prozent

Exkurs – Analyse automatisiertes Handelssystem K9

Das automatisierte Handelssystem K9 war nach der genauen Berechnungsmethode »b« im Betrachtungszeitraum zu etwa 30 Prozent im Markt investiert.

	All Trades	Long-Trades	Short-Trades
Total Net Profit	19.937,00	13.650,00	6.287,00
Gross Profit	25.138,00	17.477,00	7.661,00
Gross Loss	−5.201,00	−3.827,00	−1.374,00
Profit Factor	4,83	4,57	5,58
Open Position P/L			
Select Total Net Profit	14.782,00	10.156,00	4.626,00
Select Gross Profit	19.983,00	13.983,00	6.000,00
Select Gross Loss	−5.201,00	−3.827,00	−1.374,00
Select Profit Factor	3,84	3,65	4,37
Adjusted Total Net Profit	18.140,87	12.027,14	5.440,55
Adjusted Gross Profit	23.856,85	16.344,13	7.029,13
Adjusted Gross Loss	−5.715,98	−4.316,99	−1.588,58
Adjusted Profit Factor	4,17	3,79	4,42
Total Number of Trades	487	299	188
Percent Profitable	79,06%	79,60%	78,19%
Winning Trades	385	238	147
Losing Trades	102	61	41
Even Trades	0	0	0
Avg. Net Profit	40,94	45,65	33,44
Avg. Winning Trades	65,29	73,43	40,75
Avg. Losing Trade	50,99	62,74	33,51
Ratio Avg. Winning/Avg. Losing	1,28	1,17	1,56
Max. Consecutive Winning Trades	8	6	5
Max. Consecutive Losing Trades	3	3	2
Return Retracement Ratio			
RINA Index			
Sharpe Ratio			
Time in the Market	6 Dys, 17 Hrs, 16 Min		
Percent of Time in the Market	30,95%		
Max. Closed Trade Drawdown			
Max. Open Trade Drawdown			

Tabelle 20: Prozentuale Zeitangabe des Handels

Drawdown-Analyse

Maximum Intraday Drawdown

Definition:

In jeder Zeiteinheit wird der größtmögliche Verlust berechnet, indem die Differenz aus dem Kaufkurs (Verkaufskurs bei Short-Positionen) und dem Tiefstkurs (Höchstkurs bei Short-Positionen) der jeweiligen Zeiteinheit gebildet wird. Anschließend wird diese Differenz mit der Anzahl der ge- oder verkauften Aktien multipliziert. Diese Zahl wird mit jener der vorhergehenden Zeiteinheit verglichen, wobei im Falle eines Überschreitens der ermittelte Betrag als der Maximum Intraday Drawdown bezeichnet wird, während bei einem Unterschreiten des Wertes des maximalen Intraday Drawdowns der vergangenen Zeiteinheit der Betrag der vorhergehenden Zeiteinheit beibehalten wird und als maximaler Intraday Drawdown weitergeführt wird.

Der Maximum Intraday Drawdown wird berechnet, indem man sich die höchste Spitze in der Eigenkapitalentwicklung heraussucht. Davon wird der folgende tiefste Punkt abgezogen. Die Differenz ist der Maximum Drawdown.

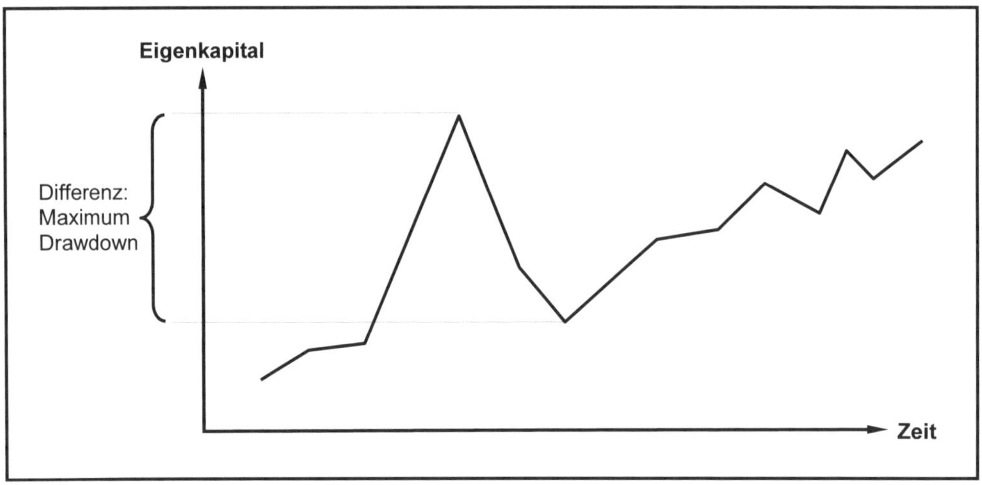

Abbildung 87: Darstellung des Drawdowns

Es wird in zwei verschiedene Arten vom maximalen Drawdown unterschieden: den Closed Trade Drawdown und den Open Trade Drawdown.

Der Closed Trade Drawdown ist der Drawdown, der am Ende des Trades als Verlust verbleibt. Dies entspricht dem wirklichen vom Handelssystem produzierten Eigenkapitalabschlag. Es ist aber auch möglich, die Schwankungsbreite (Volatilität) der einzelnen Zeiteinheiten als maximalen Drawdown zu betrachten. Die dahinterstehende Idee ist, dass bei Long-Positionen eine Position am Höchstkurs einer Zeiteinheit eröffnet wird und anschließend das maximale Verlustpotenzial gemessen wird, indem angenommen wird, die Position werde auf dem Tiefstkurs der Zeiteinheit wieder verkauft. Dadurch wird die vollständige Länge einer Kerze als Verlustpotenzial erhalten. Äquivalent finden bei Short-Positionen der Verkauf am Tiefstpunkt der Zeiteinheit und deren Eindeckung

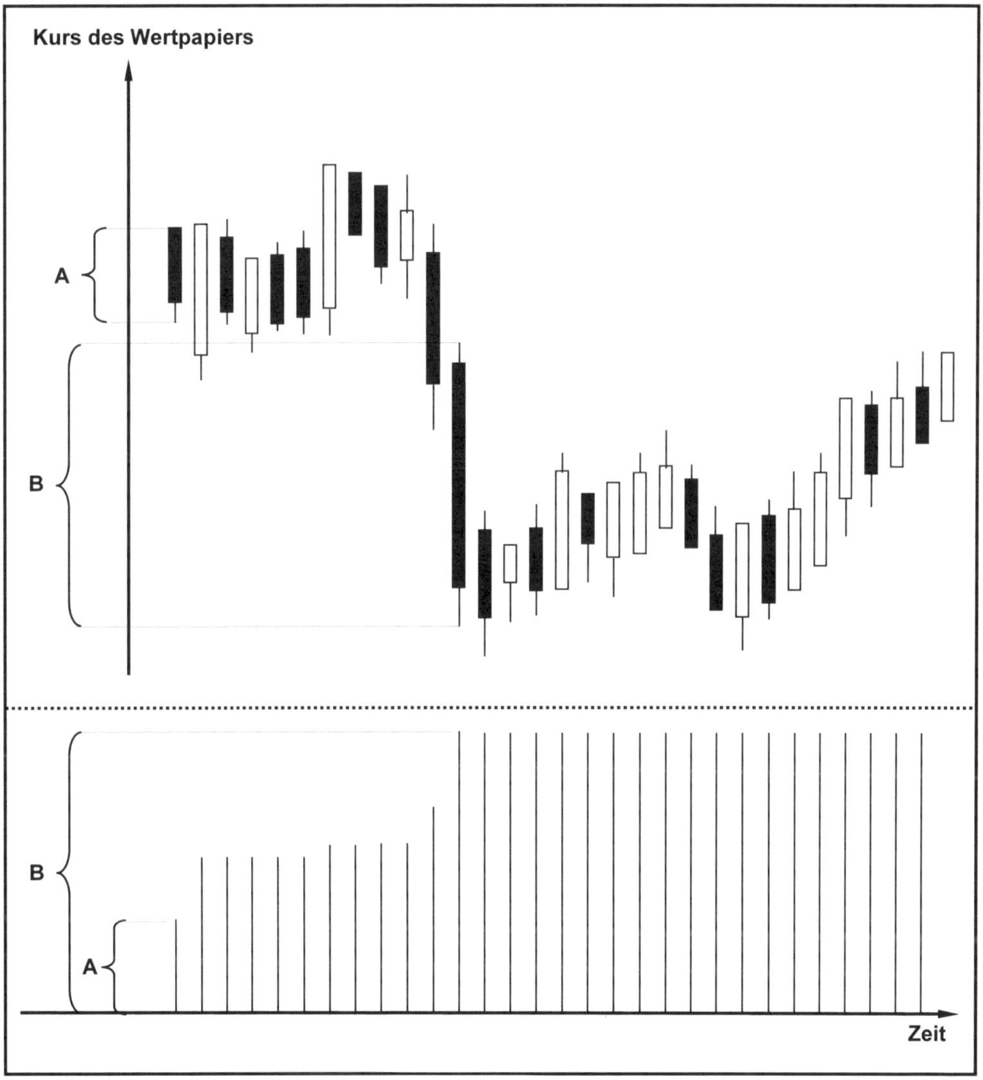

Abbildung 88: Darstellung der Volatilität

am Höchstpunkt statt. Das Ergebnis für beide Positionen ist die Risikomesszahl »Volatilität«, die mit der Anzahl der Aktien multipliziert werden muss, um den höchstmöglichen Verlustbetrag der Zeiteinheit zu berechnen. Anzumerken wären noch mögliche Kurslücken, die zum maximalen Drawdown hinzugerechnet werden müssen.

Der Open Trade Drawdown bezieht sich auf die Kapitalverminderung in einem Trade, der noch nicht beendet wurde. Verluste können hier auch wieder aufgeholt werden. Folgendes Beispiel soll dies verdeutlichen: 100 Microsoft-Aktien sind im Besitz des Marktakteurs. Sie notieren zurzeit glatt bei 30 Euro. Nun erfolgt eine Herabstufung der Aktie durch einen Analysten. Sie fällt auf 25 Euro. Dies ergibt einen Verlust in Höhe von 500 Euro. Es wird angenommen, dass das Handelssystem die Position noch nicht ausstoppt. Am nächsten Tag melden sich zahlreiche andere Analysten zu Wort, die meinen, dass Microsoft eindeutig unterbewertet sei, und sprechen Kaufempfehlungen aus. Sie steigt auf 28 Euro. Die Aktien werden verkauft. Damit wird ein Closed Trade Drawdown von 200 Euro erzielt. Dies entspricht dem realisierten Verlust der Position. Die 500 Euro, die die Position zwischenzeitlich im Minus gewesen war, sind der Open Trade Drawdown.

Professionelle Handelsplattformen wie TradeStation berechnen beide Varianten des Maximum Drawdown und stellen diese gegenüber. Die Aussagefähigkeit des Maximum Intraday Drawdown ist jedoch ähnlich dem Total Net Profit relativ begrenzt. Da nicht bekannt ist, welche Position mit welchem Kapitalstock hinter dem Maximum Drawdown gesteckt hat, ist eine isolierte Aussage kaum möglich. Allerdings sollte der Maximum Intraday Drawdown im Vergleich zum Startkapital nicht übermäßig hoch sein. Um den wahren erwarteten Drawdown zu bestimmen, ist es wichtig, in Prozentzahlen zu rechnen. Der maximale Drawdown sollte, wenn er auftritt, in Prozent angegeben werden. Dann ist es leicht, diese Angabe auf den heutigen Markt zu übertragen und eine realistische Vorstellung vom maximalen Drawdown zu erhalten.

Zusammenfassung: Maximum Intraday Drawdown

Wertebereich	$-\infty$ bis 0
0	Es traten keine Buch- oder Eigenkapitalverluste im Testzeitraum auf.
$-\infty$	Der maximal mögliche Verlust war sehr hoch.
nicht definiert	keine Definitionslücken
optimal	so klein wie möglich
praktisch	keine isolierte Aussage möglich

Exkurs – Analyse automatisiertes Handelssystem K9

Im Folgenden wird der im Betrachtungszeitraum vom automatisierten Handelssystem K9 erwirtschaftete Maximum Intraday Drawdown dargestellt.

	All Trades	Long-Trades	Short-Trades
Total Net Profit	19.937,00	13.650,00	6.287,00
Gross Profit	25.138,00	17.477,00	7.661,00
Gross Loss	−5.201,00	−3.827,00	−1.374,00
Profit Factor	4,83	4,57	5,58
Open Position P/L			
Select Total Net Profit	14.782,00	10.156,00	4.626,00
Select Gross Profit	19.983,00	13.983,00	6.000,00
Select Gross Loss	−5.201,00	−3.827,00	−1.374,00
Select Profit Factor	3,84	3,65	4,37
Adjusted Total Net Profit	18.140,87	12.027,14	5.440,55
Adjusted Gross Profit	23.856,85	16.344,13	7.029,13
Adjusted Gross Loss	−5.715,98	−4.316,99	−1.588,58
Adjusted Profit Factor	4,17	3,79	4,42
Total Number of Trades	487	299	188
Percent Profitable	79,06%	79,60%	78,19%
Winning Trades	385	238	147
Losing Trades	102	61	41
Even Trades	0	0	0
Avg. Net Profit	40,94	45,65	33,44
Avg. Winning Trades	65,29	73,43	40,75
Avg. Losing Trade	50,99	62,74	33,51
Ratio Avg. Winning/Avg. Losing	1,28	1,17	1,56
Max. Consecutive Winning Trades	8	6	5
Max. Consecutive Losing Trades	3	3	2
Return Retracement Ratio			
RINA Index			
Sharpe Ratio			
Time in the Market	6 Dys, 17 Hrs, 16 Min		
Percent of Time in the Market	30,95%		
Max. Closed Trade Drawdown	108,00	64,00	44,00
Max. Open Trade Drawdown	122,00	85,00	122,00

Tabelle 21: Maximum Open und Closed Drawdown

Average Drawdown

Definition:

Der Average Drawdown beschreibt das durchschnittliche Verlustpotenzial aller Trades eines Betrachtungszeitraums, womit das »normale« Verlustpotenzial des Systems quantifiziert wird, und stellt einen Erwartungswert für die Zukunft dar.

Der Average Drawdown ist eine geeignete Kennzahl, um das durchschnittliche Verlustpotenzial des Handelssystems anhand des Kursverlaufs im Betrachtungszeitraum zu ermitteln und als künftige Größe anzugeben. Kursrückschläge sowohl für Long- als auch für Short-Positionen werden vom Average Drawdown getrennt voneinander erfasst, indem vom Einstiegspunkt innerhalb jeder Zeiteinheit des Betrachtungszeitraums die jeweils größte Abweichung entgegen der gewählten Positionierung gemessen wird. Auf diese Weise wird das »empirisch ermittelte« Verlustpotenzial (Drawdown) erhalten. Nicht in jeder Zeiteinheit muss zwangsläufig ein Drawdown entstehen, er entsteht nur dann, wenn sich die Position entgegen der Erwartung des Traders entwickelt und in den Verlustbereich gelangt. Berechnet wird der Average Drawdown letztendlich durch die Summation aller einzelnen Drawdowns für die jeweilige Positionierung im Betrachtungszeitraum und anschließende Division durch die Anzahl aller Zeiteinheiten im Betrachtungszeitraum. Das bedeutet, dass im Normalfall für Short-Positionen ein anderer Average Drawdown berechnet wird als für Long-Positionen. Diese Fallunterscheidung ist unbedingt notwendig, da sich bei unsymmetrischem Kursverlauf für Long-Positionen andere Verlustpotenziale ergeben als bei Short-Positionen. Nachdem eine beliebige Position eröffnet wurde, ist dem System stets bekannt, ob der Drawdown je nach Positionierungsrichtung bei steigenden oder sinkenden Kursen entstehen wird. Nur die für die Berechnung relevanten Werte werden berücksichtigt, die anderen hingegen ausgefiltert. Treten im Betrachtungszeitraum nur sehr wenige oder sehr geringe Drawdowns auf, wird der durchschnittliche Drawdown verringert, womit das Verlustpotenzial geringer wird. Sehr volatile Titel werden daher tendenziell zu höheren Werten des Average Drawdowns führen als weniger volatile Aktien. Schließlich sind die volatilen Werte grundsätzlich mit einem höheren Risiko behaftet.

Nachfolgend soll an einem Beispiel veranschaulicht werden, wie groß der Drawdown für eine Long-Position (Fall a) und anschließend im selben Beispiel für eine Short-Position (Fall b) ist.

a) Long-Position:

Im obigen Beispiel besteht der Betrachtungszeitraum aus 16 Zeiteinheiten. Nach einer Positionseröffnung zu Beginn der ersten Zeiteinheit sind alle diejenigen Zeiteinheiten

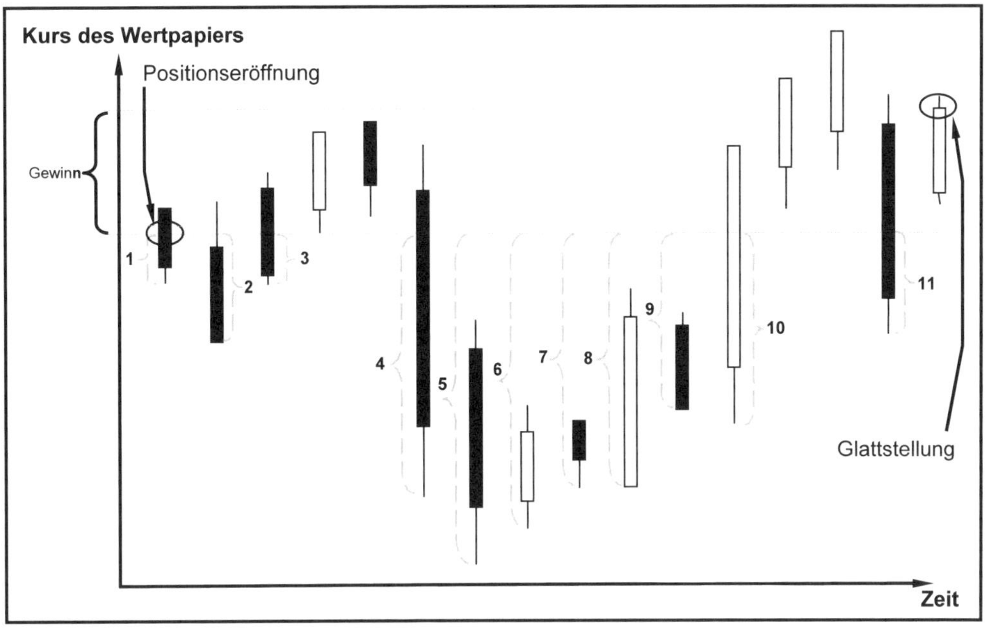

Abbildung 89: Drawdown der Long-Position

fortlaufend mit den Ziffern von 1 bis 11 gekennzeichnet, bei denen im Betrachtungszeitraum ein Drawdown auftrat. Diese elf Werte müssen addiert und anschließend durch 16 dividiert werden. Das Ergebnis ist der Average Drawdown für eine Long-Position.

b) Short-Position:

Für Short-Positionen gelten die gleichen Grundsätze. Hätte ein Trader im gleichen Beispiel zu Beginn der ersten Zeiteinheit anstelle einer Long-Position eine Short-Position eröffnet, wären andere Verlustpotenziale ermittelt worden, da in diesem Fall das Verlustpotenzial nicht in den Kursrückgängen steckt, sondern in unerwarteten Kursanstiegen. Zur Berechnung müssen wie im Fall a) diesmal die zehn verschiedenen Drawdowns der Short-Position innerhalb des Betrachtungszeitraums summiert und anschließend durch die 16 Zeiteinheiten dividiert werden. In diesem Fall ist der Average Drawdown für die Short-Positionen erhalten. Ein Vergleich der beiden verschiedenen Werte des Average Drawdown führt zu der Feststellung, dass die Werte für die Short-Positionen kleiner sind als die der Long-Position. Dies ist nur auf die Tatsache zurückzuführen, dass die Schwankungen unterhalb des Einstiegs heftiger ausgefallen sind als oberhalb. Dies muss aber nicht zwangsläufig so sein.

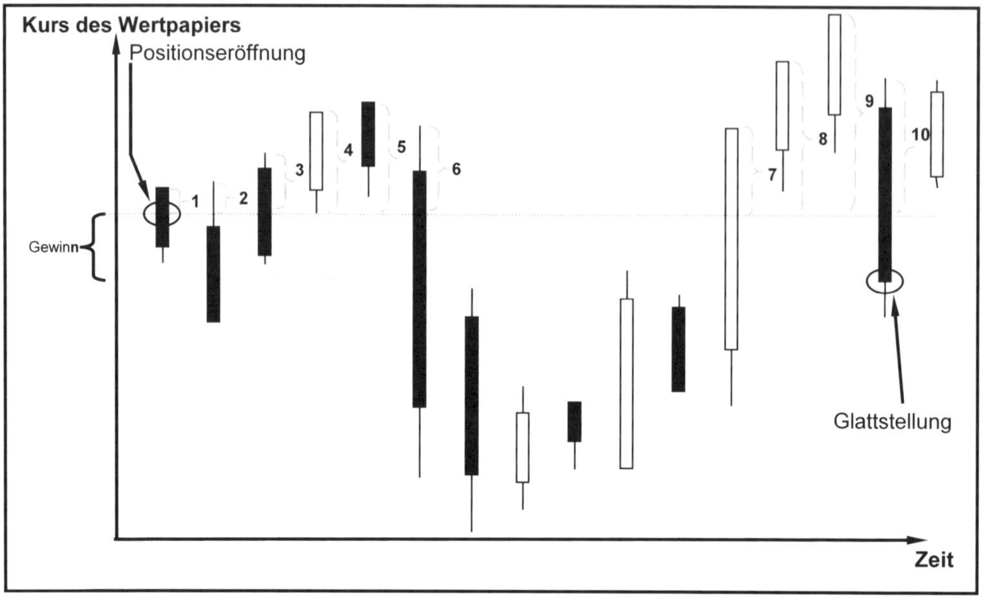

Abbildung 90: Drawdown der Short-Position

Zusammenfassung: Average Drawdown

Wertebereich	–∞ bis 0
–∞	sehr hohes Risiko, die Schwankungen sind sehr groß
0	praktisch nicht erreichbar, es liegen keine Schwankungen vor
nicht definiert	keine Definitionslücken
optimal	so klein wie möglich
praktisch	keine isolierte Aussage möglich

Exkurs – Analyse automatisiertes Handelssystem K9

Da das automatisierte Handelssystem K9 in verschiedene Aktien der NASDAQ 100 und mit stark divergierenden Kurswerten investiert hat, ist eine sinnvolle Ermittlung und Berechnung des Average Drawdown innerhalb des Betrachtungszeitraums nicht möglich. Eine solche Auswertung bietet sich ausschließlich isoliert für eine einzelne Aktie an. Der Average Drawdown einer Google-Aktie ist entsprechend anders zu bewerten als der von Microsoft. Ebenso spielt eine Berücksichtigung der jeweiligen Schwankungsbreite zur Interpretation des Average Drawdown eine wichtige Rolle.

Kapitalmarkttheoretische Kennzahlen

Sharpe Ratio

Definition:

Das Sharpe Ratio ist eine Kennzahl, bei welcher der in einem bestimmten Zeitraum erwirtschaftete Gewinn abzüglich des risikofreien Zinses durch die Standardabweichung des Gewinns dividiert wird. Diese Kennzahl misst die Höhe der Risikoprämie. Je größer die Verhältniszahl ausfällt, desto höher ist der Ertrag bezogen auf die Ertragsschwankungen. Werte von »>1« sollten angestrebt werden.

Für die Auswertung der Performance eines automatisierten Handelssystems ist es sinnvoll, den erwirtschafteten Gewinn in Relation zum eingegangenen Risiko zu betrachten. Beim Sharpe Ratio wird zunächst der risikofreie Zins des Kapitalmarktes vom erwirtschafteten Gewinn subtrahiert, um zu ermitteln, welchen Ertrag das System über den sicheren Zins hinaus erwirtschaftet hat. Dieser »Überertrag« wird anschließend mit der Standardabweichung ins Verhältnis gesetzt, womit eine prozentuale Größe entsteht. Die Standardabweichung beschreibt dabei das Risiko der Ertragsschwankungen im Testzeitraum, indem die absoluten Änderungen der Gewinne erfasst werden. Übersteigen die Gewinne abzüglich des risikofreien Zinses die durchschnittlichen Ertragsschwankungen (Standardabweichung), wird ein großes Sharpe Ratio festgestellt und als positiv angesehen. Problematisch wird ein Sharpe Ratio von » < 1«.

$$Sharpe\ Ratio = \frac{G - i_{rf}}{\sigma}$$

G = Gewinn im Testzeitraum

i_{rf} = risikofreier Zins des Kapitalmarktes

σ = Standardabweichung (Risikomaß)

Abbildung 91 zeigt, dass die Höhe des realisierten Gewinns immer in Relation zum in Kauf genommenen Risiko gesehen werden muss. Nimmt der Wert der Standardabweichung zu und übersteigt sogar den realisierten Gewinn, verändert sich das Sharpe Ratio nachteilig. Werte, die unterhalb von »1« liegen, sollten nach Möglichkeit vermieden werden, und Trades dieser Art sollte man künftig vermeiden. Handelssysteme, die diesen Wert langfristig unterschreiten, sollten stets überarbeitet werden, da ihre Profitabilität und ihr Aufwand nicht im Verhältnis zum erhöhten Risiko stehen.

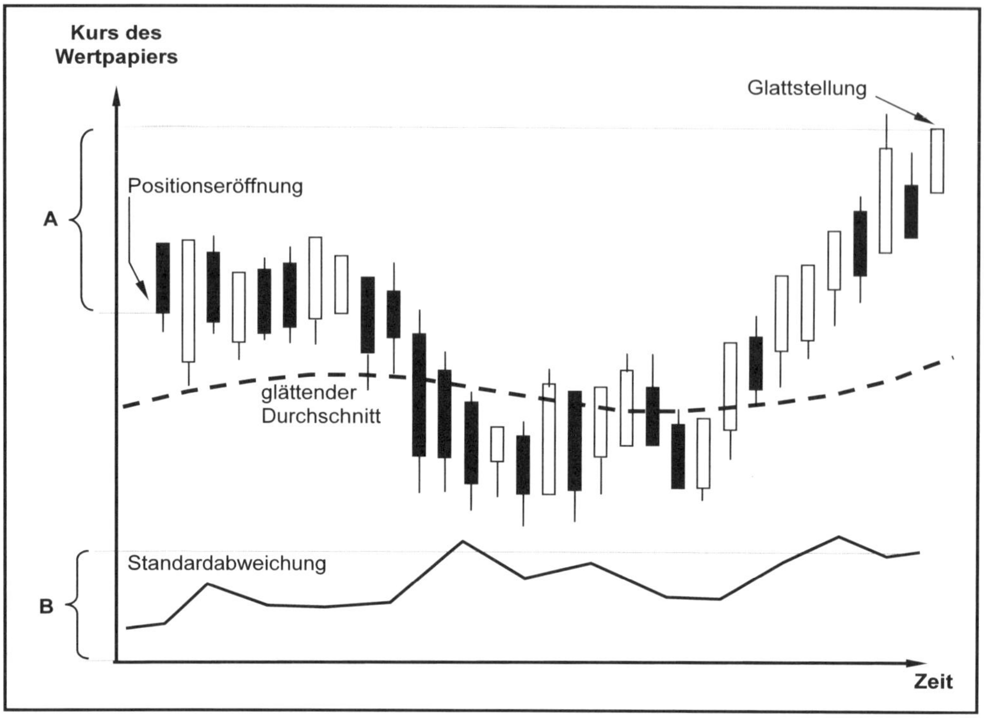

Abbildung 91: Risiko der Ertragsschwankung

Zusammenfassung: Sharpe Ratio (SR)

Wertebereich	–∞ bis +∞
–∞	Es wurden sehr hohe Verluste vom System erwirtschaftet, die unabhängig vom Risiko entstanden sind.
–∞ < SR < –1	Es wurden sehr hohe Verluste vom System erwirtschaftet, die Verhältniszahl nähert sich dem Wert »–1« an, wenn sich das Risiko den realisierten Verlusten annähert.
–1	Die realisierten Verluste entsprechen genau dem Wert für das Risiko.
–1 < SR < 0	Es werden Verluste oder Gewinne unterhalb des risikofreien Zinses realisiert, wobei gleichzeitig das Risiko vergleichsweise hoch ist.
0	Es wurde kein Gewinn über den risikofreien Zins hinaus vom System erwirtschaftet.
0 < SR < +1	Es wurden sehr kleine Gewinne realisiert, das Risiko ist höher als die Gewinne.
+1	Der erwirtschaftete Gewinn über den risikofreien Zins hinaus entspricht genau dem eingegangenen Risiko.
+∞	Es wurden sehr hohe Gewinne vom System erwirtschaftet, die unabhängig vom risikofreien Zins sind.
nicht definiert	$\sigma = 0$ (kein Risiko)
optimal	Sharpe Ratio > 1
praktisch	Der gesamte Wertebereich wird abgedeckt.

Exkurs – Analyse automatisiertes Handelssystem K9

Das automatisierte Handelssystem K9 erzielte im Betrachtungszeitraum ein Sharpe Ratio in Höhe von 8,76.

	All Trades	Long-Trades	Short-Trades
Total Net Profit	19.937,00	13.650,00	6.287,00
Gross Profit	25.138,00	17.477,00	7.661,00
Gross Loss	–5.201,00	–3.827,00	–1.374,00
Profit Factor	4,83	4,57	5,58
Open Position P/L			
Select Total Net Profit	14.782,00	10.156,00	4.626,00
Select Gross Profit	19.983,00	13.983,00	6.000,00
Select Gross Loss	–5.201,00	–3.827,00	–1.374,00
Select Profit Factor	3,84	3,65	4,37
Adjusted Total Net Profit	18.140,87	12.027,14	5.440,55
Adjusted Gross Profit	23.856,85	16.344,13	7.029,13
Adjusted Gross Loss	–5.715,98	–4.316,99	–1.588,58
Adjusted Profit Factor	4,17	3,79	4,42
Total Number of Trades	487	299	188
Percent Profitable	79,06%	79,60%	78,19%
Winning Trades	385	238	147
Losing Trades	102	61	41
Even Trades	0	0	0
Avg. Net Profit	40,94	45,65	33,44
Avg. Winning Trades	65,29	73,43	40,75
Avg. Losing Trade	50,99	62,74	33,51
Ratio Avg. Winning/Avg. Losing	1,28	1,17	1,56
Max. Consecutive Winning Trades	8	6	5
Max. Consecutive Losing Trades	3	3	2
Return Retracement Ratio			
RINA Index			
Sharpe Ratio	8,76		
Time in the Market	6 Dys, 17 Hrs, 16 Min		
Percent of Time in the Market	30,95%		
Max. Closed Trade Drawdown	108,00	64,00	44,00
Max. Open Trade Drawdown	122,00	85,00	122,00

Tabelle 22: Sharpe Ratio

Return on Retracement Ratio

Definition:

Das Return on Retracement Ratio ist eine Kennzahl, bei welcher der Ertrag zum eingegangenen Risiko ins Verhältnis gesetzt wird. Im Gegensatz zum Sharpe Ratio unterscheidet diese Größe zwischen Abwärts- und Aufwärtsertragsschwankungen. Je größer das ermittelte Verhältnis, desto größer ist der Ertrag in Bezug auf das eingegangene Risiko gewesen.

Der bei einem Investment erwirtschaftete Ertrag sollte nicht als die einzige maßgebliche Größe für den Erfolg eines Handelssystems betrachtet, sondern immer auch in Beziehung zum in Kauf genommenen Risiko gesehen werden. Die Kennzahl Return on Retracement Ratio setzt diese beiden Größen in Relation zueinander, damit ermittelt werden kann, ob der Ertrag mit einem überproportional hohen Risiko erwirtschaftet wurde. Hohe Erträge sind zwar wünschenswert, sollten aber nicht mit einem zu hohen Risiko realisiert werden. Risiko beschreibt als Wahrscheinlichkeitsmaß immer in quantitativer Hinsicht die Unsicherheit einer Position im Markt und wird gemessen, indem der im Betrachtungszeitraum höchste Kursrückschlag innerhalb einer Zeiteinheit er-

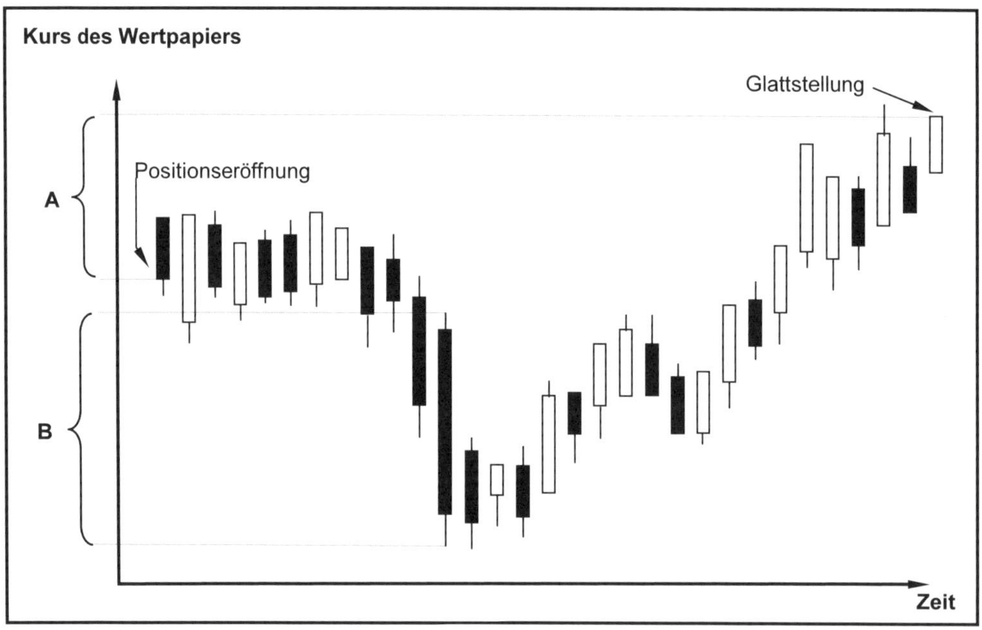

Abbildung 92: Verhältnis von Gewinn und Risiko

mittelt wird. Der höchste Kursrückgang innerhalb dieser Zeitspanne ist der Maßstab für die prozentuale Skalierung des Risikos und wird mit 100 Prozent angesetzt. Das Überschreiten des Wertes für den größten Kursrückgang in der Folgezeit bewirkt eine neue Skalierung, wobei der neue Kursverlust mit 100 Prozent angesetzt wird. Beachtet werden muss außerdem, dass bei der Ermittlung dieser Kennzahl in Aufwärts- und Abwärtsschwankungen unterschieden werden muss. In Aufwärtsbewegungen sind die Gewinnpotenziale unbeschränkt und das Risiko auf den Einsatzbetrag beschränkt (bei Termingeschäften oder Hebelprodukten unter Umständen Nachschusspflichten), womit das Return on Retracement Ratio theoretisch unendlich große Werte annehmen kann. Sind die Aufwärtsphasen sehr lang, ist dieser Effekt sehr deutlich sichtbar, da ein Vielfaches des Einsatzbetrages als Gewinn realisiert wird, während das Risiko nur mit dem größten Rückschlag im selben Zeitraum quantifiziert wird. In Abwärtsbewegungen sind die Gewinnmöglichkeiten jedoch stets beschränkt, die Verlustpotenziale hingegen unendlich groß. Diese Tatsache führt dazu, dass die Kennzahl nur in wenigen Ausnahmefällen einen Wert von größer als »1« annimmt, ohne dass die zugrunde liegenden Trades als problematisch bezeichnet werden müssten. Das Verhältnis zwischen Gewinn und dem in Kauf genommenen Risiko sollte bei Long-Positionen jedoch mindestens »1« betragen, besser wären Werte von »2« oder größer.

Abbildung 92 zeigt den in diesem Zeitraum erwirtschaften Gewinn einer Long-Position (A) sowie das höchste Risiko (B) innerhalb der Haltedauer. Es ist deutlich sichtbar, dass das Risiko den realisierten Gewinn übersteigt und die Bildung des Return on Retracement Ratios zu einem Wert, der kleiner als »1« ist, führt. Dieser fiktive Trade kann deshalb nicht als optimal bezeichnet werden.

Zusammenfassung: Return on Retracement Ratio

Wertebereich	0 bis +∞
0	Es wurden im Testzeitraum keine Gewinne erzielt.
+∞	Es wurden im Testzeitraum sehr viele Gewinne unter sehr geringem Risiko erwirtschaftet.
nicht definiert	praktisch keine Definitionslücken, theoretisch, wenn das Risiko »Null« ist
optimal	so groß wie möglich
praktisch	Es sollten bei Long-Positionen langfristig Werte oberhalb von »2« erreicht werden, bei Short-Positionen möglichst nahe dem Wert »1«.

Exkurs – Analyse automatisiertes Handelssystem K9

Das automatisierte Handelssystem K9 beinhaltet ein restriktives Stopp-Management, das K9 Exit Management. Dieses sorgt dafür, dass bei Auftreten hoher Risiken offene Positionen unverzüglich glattgestellt werden. Im Verlustbereich ist dafür das K9 Stop Loss zuständig, bei einem größeren Rückschlag im Gewinnbereich sorgt der dynamisch mitlaufende K9 Trailing Stop für ein zügiges Glattstellen bei Auftreten größerer Risikobewegungen. Da das automatisierte Handelssystem K9 im kurzfristigen Bereich auf Tickebene arbeitet, ist ein Unterschied innerhalb des Return on Retracement Ratio in Long- und Short-Positionen nicht nötig. Der theoretisch unbegrenzte Verlust und begrenzte Gewinn hat in diesen kurzfristigen Handelsaktivitäten keinerlei Bedeutung. Das automatisierte Handelssystem K9 erreichte deshalb im Betrachtungszeitraum in Summe für alle Trades ein Return on Retracement Ratio in Höhe von 2,28.

	All Trades	Long-Trades	Short-Trades
Total Net Profit	19.937,00	13.650,00	6.287,00
Gross Profit	25.138,00	17.477,00	7.661,00
Gross Loss	−5.201,00	−3.827,00	−1.374,00
Profit Factor	4,83	4,57	5,58
Open Position P/L			
Select Total Net Profit	14.782,00	10.156,00	4.626,00
Select Gross Profit	19.983,00	13.983,00	6.000,00
Select Gross Loss	−5.201,00	−3.827,00	−1.374,00
Select Profit Factor	3,84	3,65	4,37
Adjusted Total Net Profit	18.140,87	12.027,14	5.440,55
Adjusted Gross Profit	23.856,85	16.344,13	7.029,13
Adjusted Gross Loss	−5.715,98	−4.316,99	−1.588,58
Adjusted Profit Factor	4,17	3,79	4,42
Total Number of Trades	487	299	188
Percent Profitable	79,06%	79,60%	78,19%
Winning Trades	385	238	147
Losing Trades	102	61	41
Even Trades	0	0	0
Avg. Net Profit	40,94	45,65	33,44
Avg. Winning Trades	65,29	73,43	40,75
Avg. Losing Trade	50,99	62,74	33,51
Ratio Avg. Winning/Avg. Losing	1,28	1,17	1,56
Max. Consecutive Winning Trades	8	6	5
Max. Consecutive Losing Trades	3	3	2

	All Trades	Long-Trades	Short-Trades
Return Retracement Ratio	2,28		
RINA Index			
Sharpe Ratio	8,76		
Time in the Market	6 Dys, 17 Hrs, 16 Min		
Percent of Time in the Market	30,95%		
Max. Closed Trade Drawdown	108,00	64,00	44,00
Max. Open Trade Drawdown	122,00	85,00	122,00

Tabelle 23: Return on Retracement Ratio

K-Stabilität

Definition:

Die Kennzahl K-Stabilität weist das durchschnittliche Rückschlagspotenzial eines Handelssystems aus und gilt als Erwartungswert für die Zukunft. Das durchschnittliche Rückschlagspotenzial wird berechnet, indem der durchschnittliche Kursverlust / Kursgewinn mit der durchschnittlichen Positionsgröße multipliziert wird.

Für jede Zeiteinheit im Betrachtungszeitraum wird vom System zuerst die Differenz aus dem Höchst- und dem Tiefstkurs berechnet und anschließend halbiert. Danach werden alle diese Zwischenwerte summiert und abschließend durch die Anzahl der Zeiteinheiten dividiert. Das Ergebnis stellt die durchschnittliche halbe Kerzenlänge des Betrachtungszeitraums dar und wird als durchschnittliches Rückschlagspotenzial sowohl für Long- als auch für Short-Positionen angesehen. Vereinfacht kann diese Größe auch als die halbe Handelsspanne einer Zeiteinheit betrachtet werden. Man geht bei der Bestimmung der K-Stabilität grundsätzlich davon aus, dass immer eine Position am Anfang einer neuen Zeiteinheit eröffnet wird. Die Prämisse, auf der diese Berechnung basiert, besagt, dass ein spezieller K-Faktor vom Trader zu Handelsbeginn gewählt werden muss, der die Wahrscheinlichkeit angibt, mit der das Kursniveau tendenziell ansteigt oder absinkt. Werte von null bis eins sind dafür möglich. Am häufigsten wird angenommen, dass nach einer Positionseröffnung das Kursniveau im gleichen Maße, also in diesem Fall zu je 50 Prozent, ansteigen oder absinken kann. Der K-Faktor beträgt unter dieser Annahme 0,5. Im Allgemeinen kann diese Wahrscheinlichkeitsaussage je nach Einstellung und Einschätzung des Traders davon abweichen.

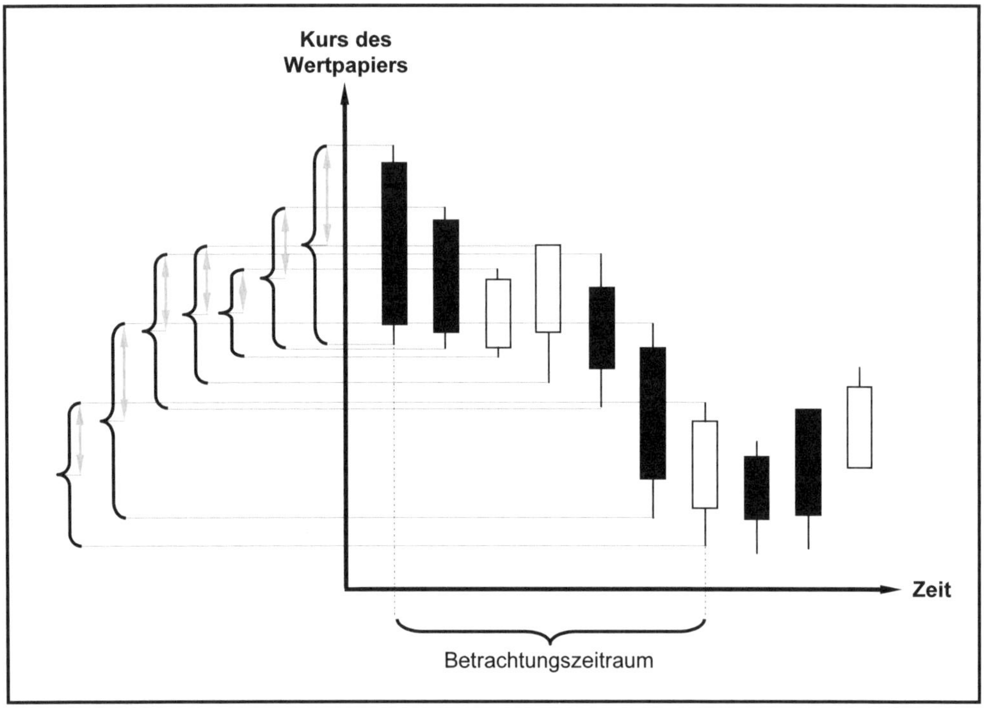

Abbildung 93: K-Faktor und K-Stabilität

Unmittelbar einleuchtend sollte auch die Tatsache sein, dass dieser Wert sich wie ein glättender Durchschnitt verändert, da die letzte Zeiteinheit nicht mehr in die Berechnung einbezogen wird, sobald eine neue – die aktuellste – Zeiteinheit angezeigt wird. Die neueste Zeiteinheit ersetzt immer die letzte Zeiteinheit des Betrachtungszeitraums, womit der Idee dieser Kennzahl Rechnung getragen wird, eine volatilitätsabhängige Anpassung des Rückschlagspotenzials vorzunehmen. Die Berechnung dieser Kennziffer ist mit der Bestimmung des durchschnittlichen Rückschlagspotenzials aber noch nicht abgeschlossen.

Weiterhin muss die durchschnittliche Positionsgröße ermittelt und abschließend mit der durchschnittlichen halben Kerzenlänge multipliziert werden. Werden etwa immer 100 Aktien gekauft, ist dieser Wert auch die durchschnittliche Positionsgröße. Schwieriger wird die Bestimmung, wenn unterschiedliche Positionsgrößen und unterschiedliche Wertpapiere handeln. Dafür soll zur Veranschaulichung folgendes Beispiel dienen. Berechnet werden soll, wie hoch das durchschnittliche Rückschlagspotenzial eines Wertpapiers nach dem vierten Trade ist. Es wird angenommen, dass zuerst 500, danach 300, dann 600 und zum Schluss 200 Aktien gehandelt wurden. Die erwartete

Trendbewegung wird in Form des K-Faktors in der dritten Spalte festgelegt. Die zum jeweiligen Handelszeitpunkt vorliegenden Werte für die Schwankungsbreite (durchschnittliche Kerzenlänge nach oben und unten) sind in der vierten Spalte dargestellt. Wie zu sehen ist, unterliegt die K-Stabilität sehr großen Schwankungen, beeinflusst durch die Schwankungsintensität des gewählten Wertpapiers und der gewählten Positionsgröße! Einen sehr großen Anteil hat auch die Wahl des K-Faktors, der deshalb mit Bedacht ausgewählt werden sollte.

Beispiel:

	Aktien-anzahl	K-Faktor		durchschnittliche halbe Kerzenlänge oben	unten	durchschnittliches Rückschlagspotenzial
Position 1 (Long)	500	0,7	0,3	2,13	3,34	1246,50
		500 x (0,7 x 2,13 + 0,3 x 3,34)				
Position 2 (Long)	300	0,7	0,3	2,45	0,98	602,70
		300 x (0,7 x 2,45 + 0,3 x 0,98)				
Position 3 (Short)	600	0,3	0,7	3,70	2,86	1867,20
		600 x (0,3 x 3,70 + 0,7 x 2,86)				
Position 4 (Long)	200	0,7	0,3	2,38	1,39	416,60
		200 x (0,7 x 2,38 + 0,3 x 1,39)				

Zusammenfassung: K-Stabilität

Wertebereich	0 bis +∞
0	praktisch nicht erreichbar, es liegen keine Schwankungen vor
+∞	sehr hohes Risiko, die Schwankungen sind unendlich groß
nicht definiert	keine Definitionslücken
optimal	so klein wie möglich
praktisch	keine isolierte Aussage möglich

Exkurs – Analyse automatisiertes Handelssystem K9

Da das automatisierte Handelssystem K9 in verschiedene Aktien der NASDAQ 100 und in unterschiedliche Positionsgrößen investiert hat, ist eine sinnvolle Ermittlung und Berechnung der K-Stabilität innerhalb des Betrachtungszeitraums nicht möglich.

RINA Index

Definition:

Der RINA Index ist eine Kennzahl, die berechnet werden kann, indem der Quotient aus dem Select Net Profit und dem durchschnittlichen Drawdown des Systems, multipliziert mit der prozentual im Markt verbrachten Zeit, gebildet wird.

$$RI = \frac{SNP}{AD \ x \ PTM}$$

SNP – Select Net Profit
AD – Average Drawdown
PTM – Time in the Market

Nachdem in den vorherigen Abschnitten einige Kennzahlen zur Risikobestimmung vorgestellt wurden, soll in diesem Abschnitt eine weitere Kennziffer zur Risikobewertung sowie zur Bestimmung der Effizienz herangezogen werden. Der RINA Index ist eine Kombination aus den bereits dargestellten Kennzahlen »Select Net Profit«, »Time in the Market« und »Average Drawdown«, deren individuelle Besonderheiten in eine einzige Formel zur Berechnung einfließen. Für die Interpretation des RINA Index ist es zunächst sinnvoll, die Beziehung zwischen den einzelnen Eingangsparametern schrittweise zu analysieren.

Mit dem Select Net Profit werden ausschließlich die um die statistischen Ausreißer bereinigten realisierten Gewinne berücksichtigt, was etwa den zu erwartenden durchschnittlichen Gewinnen im Betrachtungszeitraum entspricht. Dieser Select Net Profit wird zum Produkt aus durchschnittlichem Rückschlagspotenzial (Average Drawdown) und der mit Trades prozentual im Markt verbrachten Zeit ins Verhältnis gesetzt. Anders ausgedrückt bedeutet dies, dass die im Regelfall zu erwartenden Gewinne des Handelssystems auf die möglicherweise eintretenden Handelsverluste bezogen werden. Damit wird ein Risikomaß erhalten, das dauerhaft möglichst deutlich über eins liegen sollte - besser sind Werte jenseits von 30, damit sichergestellt ist, dass die im Handelsverlauf realisierten »Normalgewinne« das theoretische Verlustrisiko übersteigen. Schließlich soll angestrebt werden, dass ein Durchschnittsgewinn einen Durchschnittsverlust mindestens kompensiert.

Der RINA Index kann auch als eine Ertrag-Risiko-Kennziffer angesehen werden, womit beschrieben wird, wie hoch der realisierte Gewinn im Verhältnis zum eingegangenen Risiko gewesen ist. Je größere Werte der Quotient erreicht, desto effizienter ist das angewendete Handelssystem gewesen beziehungsweise desto effizienter arbeitete das

System. Der RINA Index ist im Gegensatz zu anderen Risikokennzahlen, wie dem Sharpe Ratio, eine auf einem bestimmten Handelssystem basierende Kennziffer, während die Berechnung des Sharpe Ratios ausschließlich auf Werten der Markt-Performance beruht.

Zusammenfassung: RINA Index

Wertebereich	0 bis +∞
0	praktisch nicht erreichbar, es würden sonst keine Marktschwankungen oder keine Investition vorliegen
+1	Die realisierten Gewinne sind genauso groß wie das potenzielle Verlustrisiko.
+∞	Das System erzielt sehr hohe Gewinne, die das theoretische Verlustrisiko bei Weitem übersteigen.
nicht definiert	keine Definitionslücken
optimal	so groß wie möglich
praktisch	Werte > 30 sind anzustreben

Exkurs – Analyse automatisiertes Handelssystem K9

Zur Ermittlung des RINA Index fehlt dem automatisierten Handelssystem aufgrund der bereits beschriebenen Problematik der Average Drawdown. Um dennoch eine vergleichbare Größe zu ermitteln, wird der Maximum Intraday Drawdown als höchstmögliches Verlustpotenzial herangezogen. Der RINA Index bekommt dadurch eine höhere Bedeutung als Risikomaß. Im Betrachtungszeitraum liegt der Wert des RINA Index deutlich über den angestrebten Wert von 30.

	All Trades	Long-Trades	Short-Trades
Total Net Profit	19.937,00	13.650,00	6.287,00
Gross Profit	25.138,00	17.477,00	7.661,00
Gross Loss	–5.201,00	–3.827,00	–1.374,00
Profit Factor	4,83	4,57	5,58
Open Position P/L			
Select Total Net Profit	14.782,00	10.156,00	4.626,00
Select Gross Profit	19.983,00	13.983,00	6.000,00
Select Gross Loss	–5.201,00	–3.827,00	–1.374,00

	All Trades	Long-Trades	Short-Trades
Select Profit Factor	3,84	3,65	4,37
Adjusted Total Net Profit	18.140,87	12.027,14	5.440,55
Adjusted Gross Profit	23.856,85	16.344,13	7.029,13
Adjusted Gross Loss	–5.715,98	–4.316,99	–1.588,58
Adjusted Profit Factor	4,17	3,79	4,42
Total Number of Trades	487	299	188
Percent Profitable	79,06%	79,60%	78,19%
Winning Trades	385	238	147
Losing Trades	102	61	41
Even Trades	0	0	0
Avg. Net Profit	40,94	45,65	33,44
Avg. Winning Trades	65,29	73,43	40,75
Avg. Losing Trade	50,99	62,74	33,51
Ratio Avg. Winning/Avg. Losing	1,28	1,17	1,56
Max. Consecutive Winning Trades	8	6	5
Max. Consecutive Losing Trades	3	3	2
Return Retracement Ratio	2,28		
RINA Index	391,48		
Sharpe Ratio	8,76		
Time in the Market	6 Dys, 17 Hrs, 16 Min		
Percent of Time in the Market	30,95%		
Max. Closed Trade Drawdown	108,00	64,00	44,00
Max. Open Trade Drawdown	122,00	85,00	122,00

Tabelle 24: RINA Index

4 Live-Präsentation Handelssystem Gresser K9

Verwendete Systemmodule

Bei den Live-Trading-Events in Dubai wurden alle Systemmodule des K9 Systems verwendet. Folgende Abbildung zeigt die Module, die mithilfe des Optimierungsalgorithmus während des Live-Tradings automatisch optimiert wurden.

		Inputs	
	primär	sekundär	tertiär
K9 Movement			
K9 M K MK dyn 1 dim	x		x
K9 M K MK stat 1dim	x		x
K9 M K MK stat n dim			
K9 M K ZK OVCNOHCG			x
K9 M P P Ganze Zahl	x		x
K9 M P P WidSt UntSt			x
K9 M P R up downside	x	x	x
K9 M V DS global Eff	x		x
K9 M V DS Vola Quot	x		x
K9 M V DS Vola Reg	x		x
K9 M V DU Vola Std	x		x
K9 M V SS Down Ticks			
K9 M V SS lokale Eff			x
K9 M V SS Sender		x	
K9 M V SS Up Ticks			
K9 Pricing			
K9 P L II Bid Ask I			
K9 P L II Bid Ask II			
K9 P L II Bid Ask V			x
K9 P L II Bid AskIII			
K9 P Regression Beta	x		x
K9 P Regression norm	x		x
K9 Volume			
K9 V KF K Kapital			
K9 V KF K Kurs			
K9 V KF S Stück			
K9 V L V Umsatz	x		
K9 V L V Volumen	x		
K9 V L S Spread			
K9 V PL HP H-Preis		x	
K9 V PL VP V-Preis		x	

K9 Money Management			
K9 MM real KE	x		
K9 MM real KS			
K9 MM virtuell WL		x	x
K9 Entry			
K9 E K K CS Intraday	x		x
K9 E K K Pivot oben	x		
K9 E K K Pivot unten	x		
K9 E K IB Bewegung	x	x	x
K9 E K IB Tages HoTi		x	
K9 E K N Niveau IV		x	
K9 E K N Niveau V		x	
K9 E L N Niveau I		x	
K9 E L N Niveau II		x	
K9 E L N Niveau III		x	
K9 E L V Bewegung	x	x	x
K9 E M K CS Daily			x
K9 E M K Spezial Gap			x
K9 E M TB tägl. Bew.		x	x

Tabelle 25: Programmoptimierung in Excel

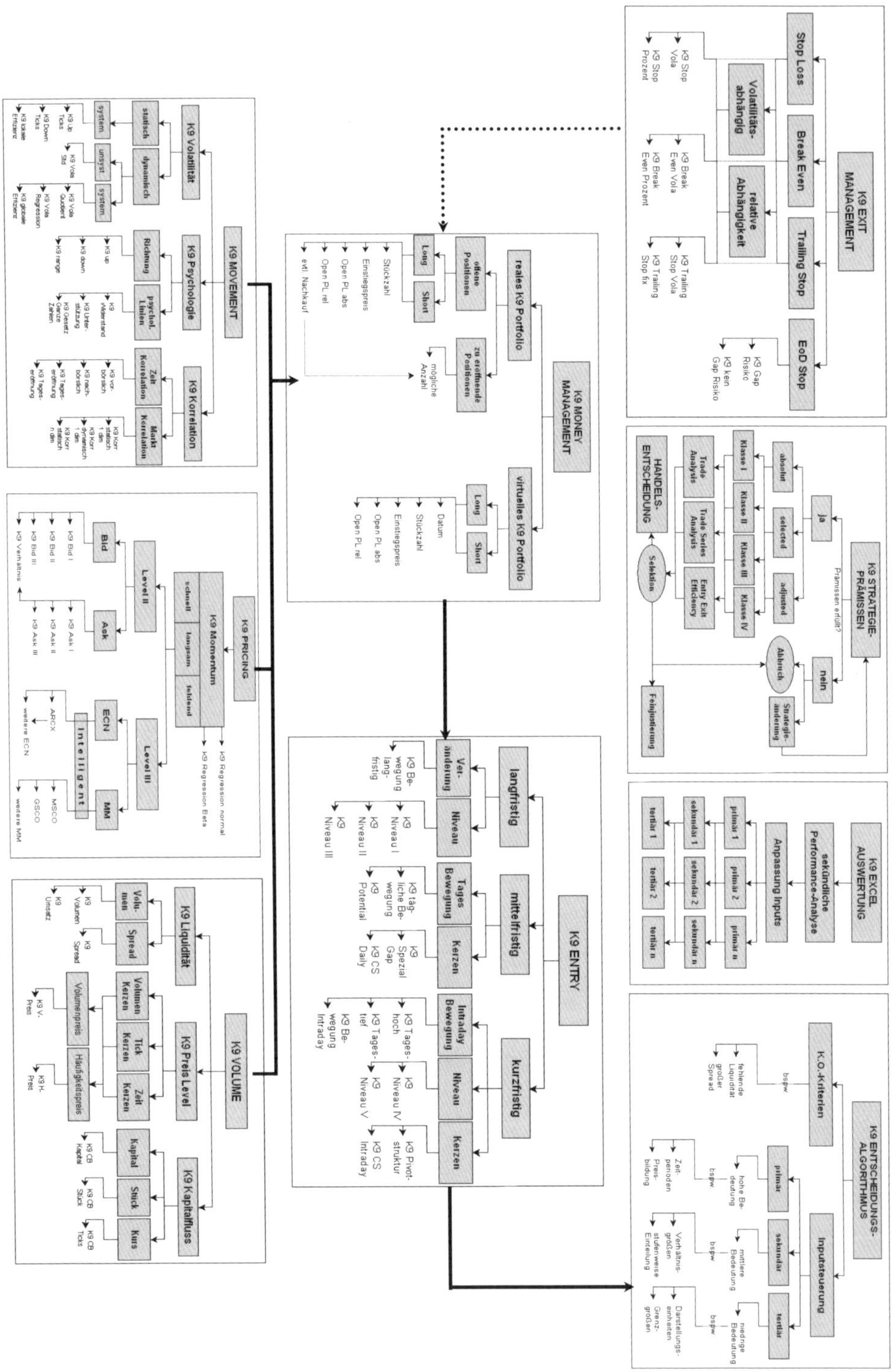

Abbildung 94: Konzeptioneller Aufbau des Handelssystems K9

Live-Trading-Event in Dubai, 06. – 10.08.2007

In diesem Kapitel werden die Live-Trading-Tage des Coachings in Dubai vom 6. bis 10. August 2007 ausgewertet. Gehandelt wurde auf einem Konto, dessen Kontostand zu Beginn des Coachings bei 487.893,57 Dollar lag. Das System durfte mit einem maximalen Hebel von zwei handeln, wodurch die Kaufkraft höchstens rund 975.000 Dollar betragen hat. Am Ende von jedem der fünf Handelstage wurde eine Auswertung für den vergangenen Tag vorgenommen, die im Folgenden aufgeführt sind. Das Coaching fand im Gresser Institute in Dubai statt.

Tag 1 – Montag, 6. August 2007

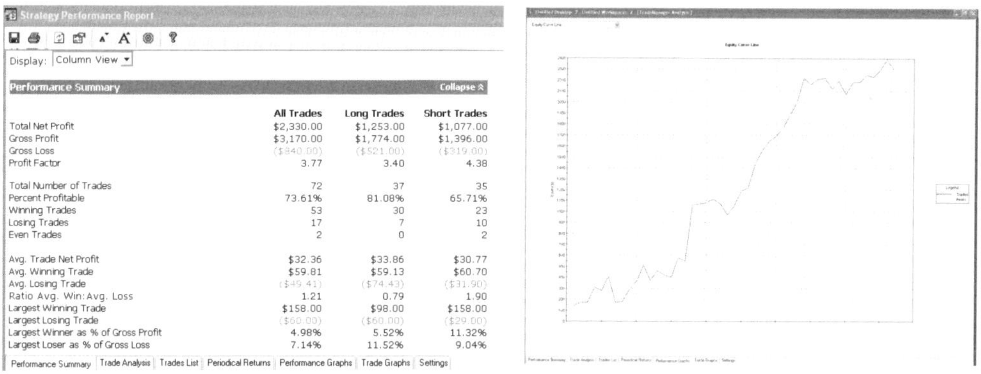
Strategy Performance Report

Display: Column View

Performance Summary — Collapse

	All Trades	Long Trades	Short Trades
Total Net Profit	$2,330.00	$1,253.00	$1,077.00
Gross Profit	$3,170.00	$1,774.00	$1,396.00
Gross Loss	($840.00)	($521.00)	($319.00)
Profit Factor	3.77	3.40	4.38
Total Number of Trades	72	37	35
Percent Profitable	73.61%	81.08%	65.71%
Winning Trades	53	30	23
Losing Trades	17	7	10
Even Trades	2	0	2
Avg. Trade Net Profit	$32.36	$33.86	$30.77
Avg. Winning Trade	$59.81	$59.13	$60.70
Avg. Losing Trade	($49.41)	($74.43)	($31.90)
Ratio Avg. Win:Avg. Loss	1.21	0.79	1.90
Largest Winning Trade	$158.00	$98.00	$158.00
Largest Losing Trade	($60.00)	($60.00)	($29.00)
Largest Winner as % of Gross Profit	4.98%	5.52%	11.32%
Largest Loser as % of Gross Loss	7.14%	11.52%	9.04%

Abbildung 95: Performance Report und Performance Graph, 06.08.2007

Tagesauswertung	Gesamt	Long	Short
Gewinn	3.170,00	1.774,00	1.396,00
Verlust	–840,00	–521,00	–319,00
Ergebnis	2.330,00	1.253,00	1.077,00
Profit Factor	3,77	3,40	4,38
Profitabilität	73,61 %	81,08 %	65,71 %

Tabelle 26: Auswertung 06.08.2007

Tag 2 – Dienstag, 7. August 2007

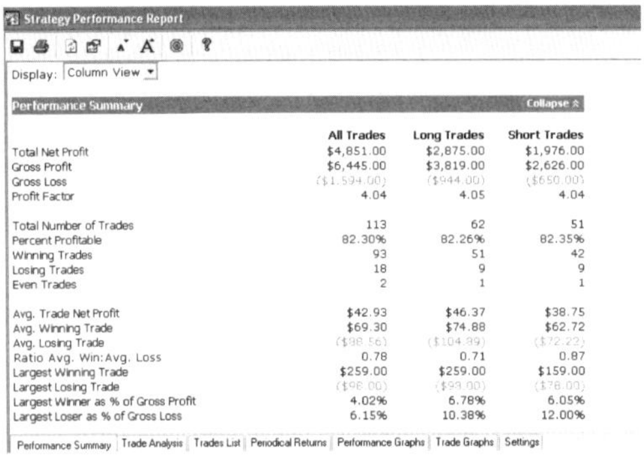

Strategy Performance Report

Display: Column View

Performance Summary — Collapse

	All Trades	Long Trades	Short Trades
Total Net Profit	$4,851.00	$2,875.00	$1,976.00
Gross Profit	$6,445.00	$3,819.00	$2,626.00
Gross Loss	($1,594.00)	($944.00)	($650.00)
Profit Factor	4.04	4.05	4.04
Total Number of Trades	113	62	51
Percent Profitable	82.30%	82.26%	82.35%
Winning Trades	93	51	42
Losing Trades	18	9	9
Even Trades	2	1	1
Avg. Trade Net Profit	$42.93	$46.37	$38.75
Avg. Winning Trade	$69.30	$74.88	$62.72
Avg. Losing Trade	($88.56)	($104.89)	($72.22)
Ratio Avg. Win:Avg. Loss	0.78	0.71	0.87
Largest Winning Trade	$259.00	$259.00	$159.00
Largest Losing Trade	($98.00)	($98.00)	($78.00)
Largest Winner as % of Gross Profit	4.02%	6.78%	6.05%
Largest Loser as % of Gross Loss	6.15%	10.38%	12.00%

Performance Summary | Trade Analysis | Trades List | Periodical Returns | Performance Graphs | Trade Graphs | Settings

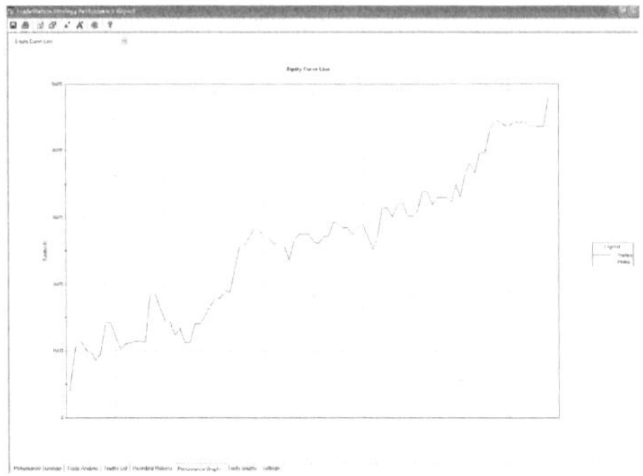

Abbildung 96: Performance Report und Performance Graph, 07.08.2007

Tagesauswertung	Gesamt	Long	Short
Gewinn	6.445,00	3.819,00	2.626,00
Verlust	–1.594,00	–944,00	–650,00
Ergebnis	4.851,00	2.875,00	1.976,00
Profit Factor	4,04	4,05	4,04
Profitabilität	82,30 %	82,26 %	82,35 %

Tabelle 27: Auswertung 07.08.2007

Tag 3 – Mittwoch, 8. August 2007

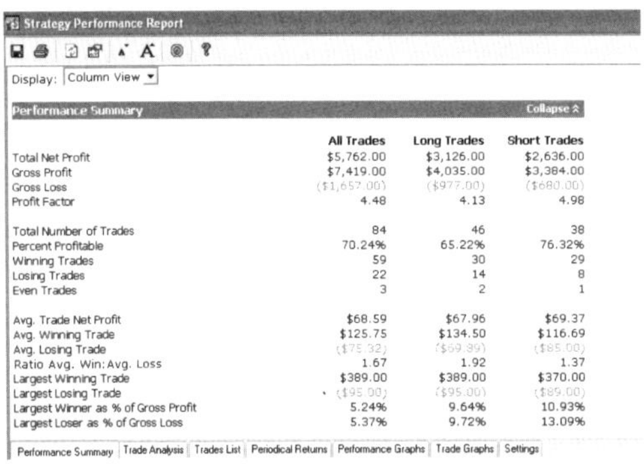

Strategy Performance Report

Display: Column View

Performance Summary — Collapse

	All Trades	Long Trades	Short Trades
Total Net Profit	$5,762.00	$3,126.00	$2,636.00
Gross Profit	$7,419.00	$4,035.00	$3,384.00
Gross Loss	($1,657.00)	($977.00)	($680.00)
Profit Factor	4.48	4.13	4.98
Total Number of Trades	84	46	38
Percent Profitable	70.24%	65.22%	76.32%
Winning Trades	59	30	29
Losing Trades	22	14	8
Even Trades	3	2	1
Avg. Trade Net Profit	$68.59	$67.96	$69.37
Avg. Winning Trade	$125.75	$134.50	$116.69
Avg. Losing Trade	($75.32)	($69.79)	($85.00)
Ratio Avg. Win:Avg. Loss	1.67	1.92	1.37
Largest Winning Trade	$389.00	$389.00	$370.00
Largest Losing Trade	($95.00)	($95.00)	($89.00)
Largest Winner as % of Gross Profit	5.24%	9.64%	10.93%
Largest Loser as % of Gross Loss	5.37%	9.72%	13.09%

Performance Summary | Trade Analysis | Trades List | Periodical Returns | Performance Graphs | Trade Graphs | Settings

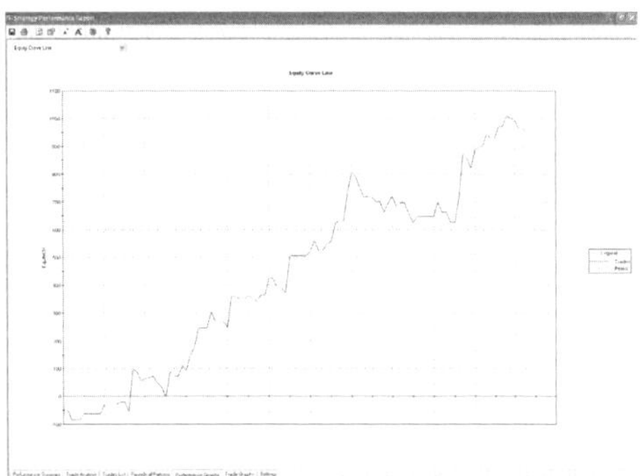

Abbildung 97: Performance Report und Performance Graph, 08.08.2007

Tagesauswertung	Gesamt	Long	Short
Gewinn	7.419,00	4.035,00	3.384,00
Verlust	–1.657,00	–977,00	–680,00
Ergebnis	5.762,00	3.126,00	2.636,00
Profit Factor	4,48	4,13	4,98
Profitabilität	70,24 %	65,22 %	76,32 %

Tabelle 28: Auswertung 08.08.2007

Tag 4 – Donnerstag, 9. August 2007

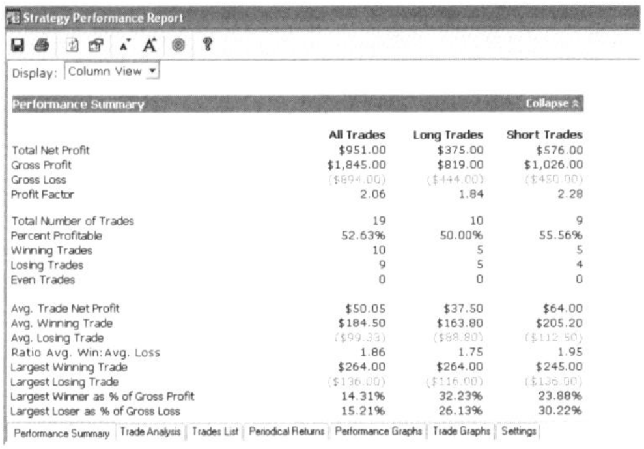

Strategy Performance Report

Display: Column View

Performance Summary — Collapse

	All Trades	Long Trades	Short Trades
Total Net Profit	$951.00	$375.00	$576.00
Gross Profit	$1,845.00	$819.00	$1,026.00
Gross Loss	($894.00)	($444.00)	($450.00)
Profit Factor	2.06	1.84	2.28
Total Number of Trades	19	10	9
Percent Profitable	52.63%	50.00%	55.56%
Winning Trades	10	5	5
Losing Trades	9	5	4
Even Trades	0	0	0
Avg. Trade Net Profit	$50.05	$37.50	$64.00
Avg. Winning Trade	$184.50	$163.80	$205.20
Avg. Losing Trade	($99.33)	($88.80)	($112.50)
Ratio Avg. Win:Avg. Loss	1.86	1.75	1.95
Largest Winning Trade	$264.00	$264.00	$245.00
Largest Losing Trade	($136.00)	($116.00)	($136.00)
Largest Winner as % of Gross Profit	14.31%	32.23%	23.88%
Largest Loser as % of Gross Loss	15.21%	26.13%	30.22%

Performance Summary | Trade Analysis | Trades List | Periodical Returns | Performance Graphs | Trade Graphs | Settings

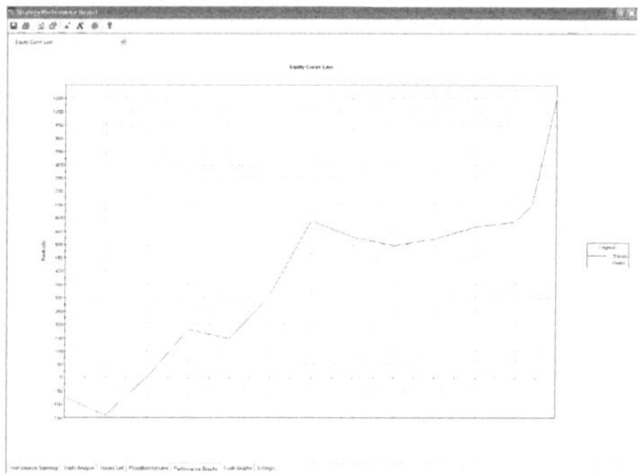

Abbildung 98: Performance Report und Performance Graph, 09.08.2007

Tagesauswertung	Gesamt	Long	Short
Gewinn	1.845,00	819,00	1.026,00
Verlust	–894,00	–444,00	–450,00
Ergebnis	951,00	375,00	576,00
Profit Factor	2,06	1,84	2,28
Profitabilität	52,63 %	50,00 %	55,56 %

Tabelle 29: Auswertung 09.08.2007

Am vierten Tag stellte sich das System kurz nach Handelsbeginn ab, da sich die Profitabilität deutlich verschlechtert hatte; sie lag lediglich bei ca. 50 Prozent. Das System meldete dieses Problem, und es wurde dementsprechend eine Problemanalyse durchgeführt. Es kam zur Anpassung und Feinjustierung der Inputs, und das System wurde somit für den nächsten Handelstag wieder vorbereitet.

Tag 5 – Freitag, 10. August 2007

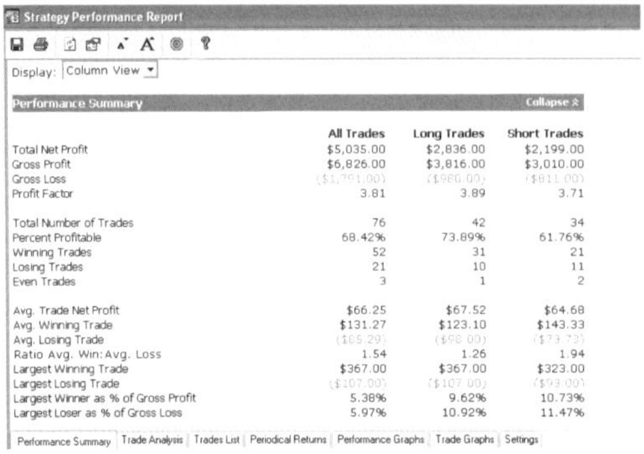

Strategy Performance Report

Display: Column View

Performance Summary — Collapse

	All Trades	Long Trades	Short Trades
Total Net Profit	$5,035.00	$2,836.00	$2,199.00
Gross Profit	$6,826.00	$3,816.00	$3,010.00
Gross Loss	($1,791.00)	($980.00)	($811.00)
Profit Factor	3.81	3.89	3.71
Total Number of Trades	76	42	34
Percent Profitable	68.42%	73.89%	61.76%
Winning Trades	52	31	21
Losing Trades	21	10	11
Even Trades	3	1	2
Avg. Trade Net Profit	$66.25	$67.52	$64.68
Avg. Winning Trade	$131.27	$123.10	$143.33
Avg. Losing Trade	($85.29)	($98.00)	($73.73)
Ratio Avg. Win:Avg. Loss	1.54	1.26	1.94
Largest Winning Trade	$367.00	$367.00	$323.00
Largest Losing Trade	($107.00)	($107.00)	($93.00)
Largest Winner as % of Gross Profit	5.38%	9.62%	10.73%
Largest Loser as % of Gross Loss	5.97%	10.92%	11.47%

Performance Summary | Trade Analysis | Trades List | Periodical Returns | Performance Graphs | Trade Graphs | Settings

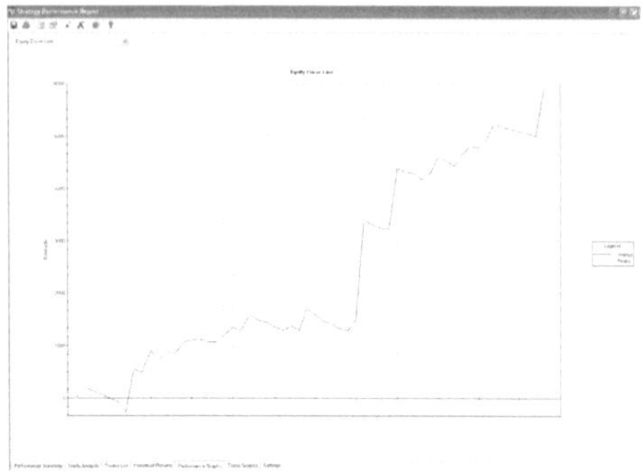

Abbildung 99: Performance Report und Performance Graph, 10.08.2007

Tagesauswertung	Gesamt	Long	Short
Gewinn	6.826,00	3.816,00	3.010,00
Verlust	–1.791,00	–980,00	–811,00
Ergebnis	5.035,00	2.836,00	2.199,00
Profit Factor	3,81	3,89	3,71
Profitabilität	68,42 %	73,89 %	61,76 %

Tabelle 30: Auswertung 10.08.2007

Wochenauswertung

Wochenauswertung	Gesamt	Long	Short
Gewinn	25.705,00	14.263,00	11.442,00
Verlust	–6.776,00	–3.866,00	–2.910,00
Ergebnis	18.929,00	10.397,00	8.532,00
Profit Factor	3,79	3,69	3,93
Profitabilität	73,35 %	74,62 %	71,86 %

Tabelle 31: Wochenauswertung 06. – 10.08.2007

Live-Trading-Event in Dubai, 13. – 17.08.2007

In diesem Kapitel werden die Live-Trading-Tage des Coachings in Dubai vom 13. bis 17. August 2007 ausgewertet, das im Anschluss an das im vorigen Abschnitt erläuterte Coaching stattgefunden hat. Gehandelt wurde auf einem Konto, dessen Kontostand zu Beginn des Coachings bei 506.245,68 Dollar lag. Das System durfte mit einem maximalen Hebel von zwei handeln, wodurch die Kaufkraft ca. 1.000.000 Dollar betragen hat. Am Ende eines Handelstages wurde eine Auswertung für den vergangenen Tag vorgenommen, die im Folgenden aufgeführt ist.

Tag 1 – Montag, 13. August 2007

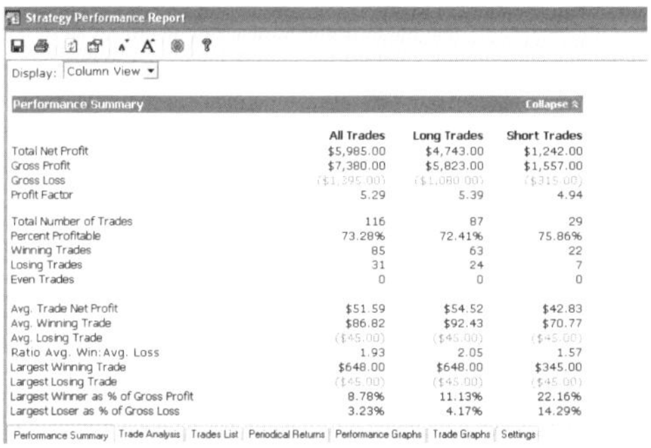
Strategy Performance Report

Display: Column View

Performance Summary — Collapse

	All Trades	Long Trades	Short Trades
Total Net Profit	$5,985.00	$4,743.00	$1,242.00
Gross Profit	$7,380.00	$5,823.00	$1,557.00
Gross Loss	($1,395.00)	($1,080.00)	($315.00)
Profit Factor	5.29	5.39	4.94
Total Number of Trades	116	87	29
Percent Profitable	73.28%	72.41%	75.86%
Winning Trades	85	63	22
Losing Trades	31	24	7
Even Trades	0	0	0
Avg. Trade Net Profit	$51.59	$54.52	$42.83
Avg. Winning Trade	$86.82	$92.43	$70.77
Avg. Losing Trade	($45.00)	($45.00)	($45.00)
Ratio Avg. Win:Avg. Loss	1.93	2.05	1.57
Largest Winning Trade	$648.00	$648.00	$345.00
Largest Losing Trade	($45.00)	($45.00)	($45.00)
Largest Winner as % of Gross Profit	8.78%	11.13%	22.16%
Largest Loser as % of Gross Loss	3.23%	4.17%	14.29%

Performance Summary | Trade Analysis | Trades List | Periodical Returns | Performance Graphs | Trade Graphs | Settings

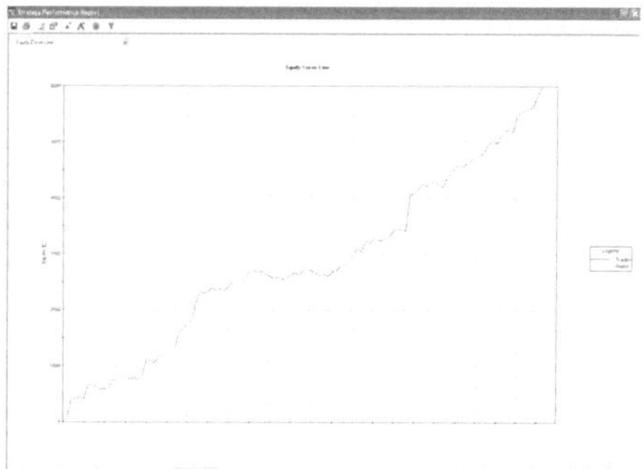

Abbildung 100: Performance Report und Performance Graph, 13.08.2007

Tagesauswertung	Gesamt	Long	Short
Gewinn	7.380,00	5.823,00	1.557,00
Verlust	–1.395,00	–1.080,00	–315,00
Ergebnis	5.985,00	5.823,00	1.242,00
Profit Factor	5,29	5,39	4,94
Profitabilität	73,28 %	72,41 %	75,86 %

Tabelle 32: Auswertung 13.08.2007

Tag 2 – Dienstag, 14. August 2007

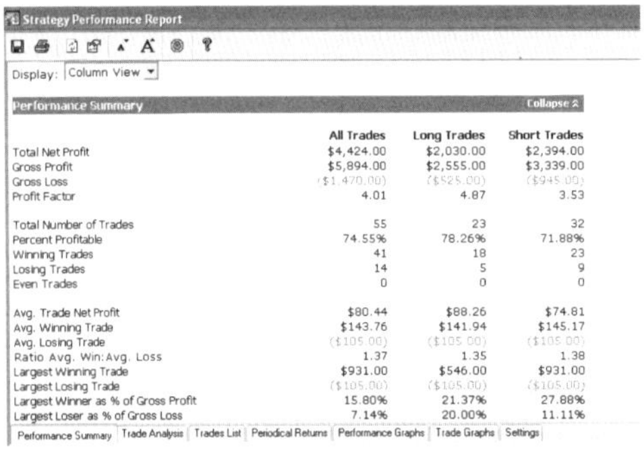

Strategy Performance Report

Display: Column View

Performance Summary — Collapse

	All Trades	Long Trades	Short Trades
Total Net Profit	$4,424.00	$2,030.00	$2,394.00
Gross Profit	$5,894.00	$2,555.00	$3,339.00
Gross Loss	($1,470.00)	($525.00)	($945.00)
Profit Factor	4.01	4.87	3.53
Total Number of Trades	55	23	32
Percent Profitable	74.55%	78.26%	71.88%
Winning Trades	41	18	23
Losing Trades	14	5	9
Even Trades	0	0	0
Avg. Trade Net Profit	$80.44	$88.26	$74.81
Avg. Winning Trade	$143.76	$141.94	$145.17
Avg. Losing Trade	($105.00)	($105.00)	($105.00)
Ratio Avg. Win:Avg. Loss	1.37	1.35	1.38
Largest Winning Trade	$931.00	$546.00	$931.00
Largest Losing Trade	($105.00)	($105.00)	($105.00)
Largest Winner as % of Gross Profit	15.80%	21.37%	27.88%
Largest Loser as % of Gross Loss	7.14%	20.00%	11.11%

Performance Summary | Trade Analysis | Trades List | Periodical Returns | Performance Graphs | Trade Graphs | Settings

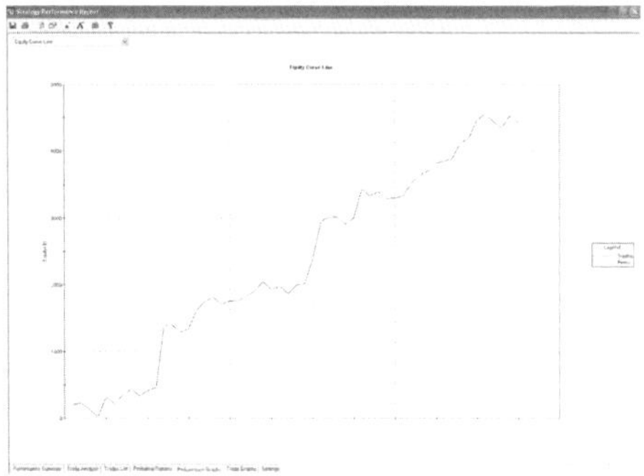

Abbildung 101: Performance Report und Performance Graph, 14.08.2007

Tagesauswertung	Gesamt	Long	Short
Gewinn	5.894,00	2.555,00	3.339,00
Verlust	−1.470,00	−525,00	−945,00
Ergebnis	4.424,00	2.030,00	2.394,00
Profit Factor	4,01	4,87	3,53
Profitabilität	74,55 %	78,26 %	71,88 %

Tabelle 33: Auswertung 14.08.2007

Tag 3 – Mittwoch, 15. August 2007

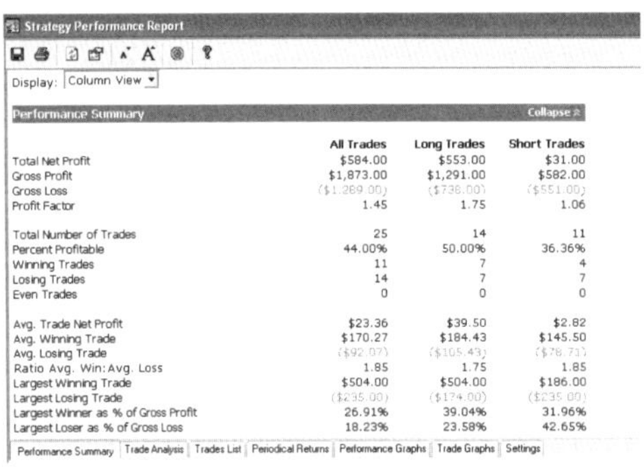

Strategy Performance Report

Display: Column View

Performance Summary — Collapse

	All Trades	Long Trades	Short Trades
Total Net Profit	$584.00	$553.00	$31.00
Gross Profit	$1,873.00	$1,291.00	$582.00
Gross Loss	($1,289.00)	($738.00)	($551.00)
Profit Factor	1.45	1.75	1.06
Total Number of Trades	25	14	11
Percent Profitable	44.00%	50.00%	36.36%
Winning Trades	11	7	4
Losing Trades	14	7	7
Even Trades	0	0	0
Avg. Trade Net Profit	$23.36	$39.50	$2.82
Avg. Winning Trade	$170.27	$184.43	$145.50
Avg. Losing Trade	($92.07)	($105.43)	($78.71)
Ratio Avg. Win:Avg. Loss	1.85	1.75	1.85
Largest Winning Trade	$504.00	$504.00	$186.00
Largest Losing Trade	($235.00)	($174.00)	($235.00)
Largest Winner as % of Gross Profit	26.91%	39.04%	31.96%
Largest Loser as % of Gross Loss	18.23%	23.58%	42.65%

Performance Summary | Trade Analysis | Trades List | Periodical Returns | Performance Graphs | Trade Graphs | Settings

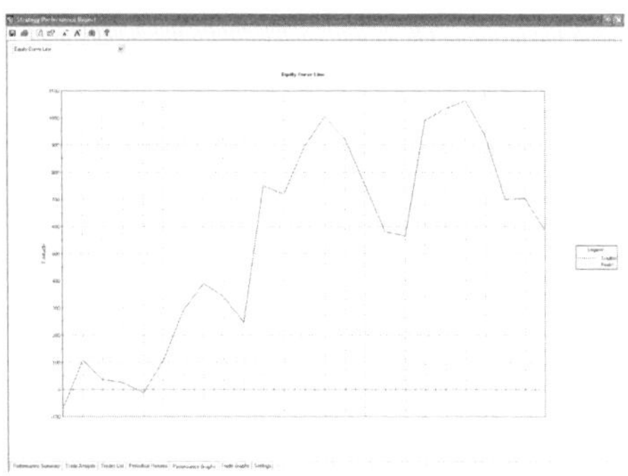

Abbildung 102: Performance Report und Performance Graph, 15.08.2007

Tagesauswertung	Gesamt	Long	Short
Gewinn	1.873,00	1.291,00	582,00
Verlust	–1.289,00	–738,00	–551,00
Ergebnis	584,00	553,00	31,00
Profit Factor	1,45	1,75	1,06
Profitabilität	44,00 %	50,00 %	36,36 %

Tabelle 34: Auswertung 15.08.2007

Am dritten Tag stellte sich das System etwa 60 Minuten nach Handelsbeginn ab, da die Profitabilität der getätigten Trades nicht im Bereich der Vorgaben gelegen war. Sie betrug lediglich 44 Prozent.

Tag 4 – Donnerstag, 16. August 2007

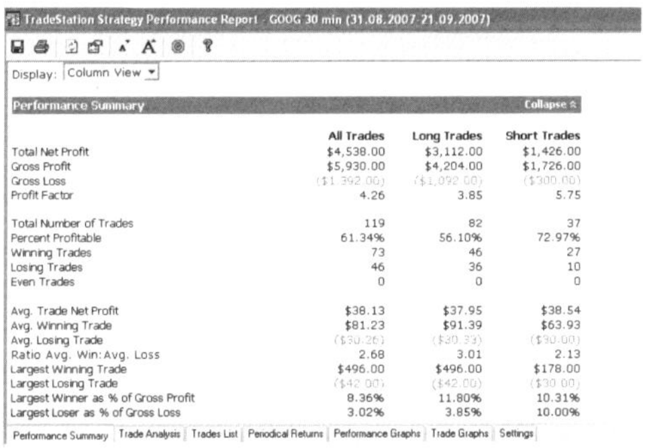

TradeStation Strategy Performance Report - GOOG 30 min (31.08.2007-21.09.2007)

Display: Column View

Performance Summary — Collapse

	All Trades	Long Trades	Short Trades
Total Net Profit	$4,538.00	$3,112.00	$1,426.00
Gross Profit	$5,930.00	$4,204.00	$1,726.00
Gross Loss	($1,392.00)	($1,092.00)	($300.00)
Profit Factor	4.26	3.85	5.75
Total Number of Trades	119	82	37
Percent Profitable	61.34%	56.10%	72.97%
Winning Trades	73	46	27
Losing Trades	46	36	10
Even Trades	0	0	0
Avg. Trade Net Profit	$38.13	$37.95	$38.54
Avg. Winning Trade	$81.23	$91.39	$63.93
Avg. Losing Trade	($30.26)	($30.33)	($30.00)
Ratio Avg. Win:Avg. Loss	2.68	3.01	2.13
Largest Winning Trade	$496.00	$496.00	$178.00
Largest Losing Trade	($42.00)	($42.00)	($30.00)
Largest Winner as % of Gross Profit	8.36%	11.80%	10.31%
Largest Loser as % of Gross Loss	3.02%	3.85%	10.00%

Performance Summary | Trade Analysis | Trades List | Periodical Returns | Performance Graphs | Trade Graphs | Settings

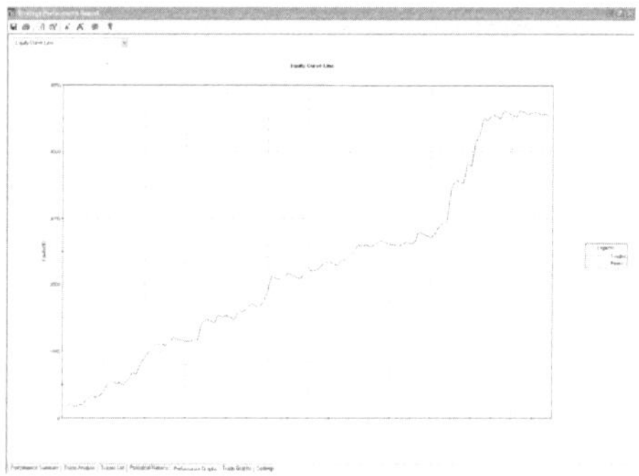

Abbildung 103: Performance Report und Performance Graph, 16.08.2007

Tagesauswertung	Gesamt	Long	Short
Gewinn	5.930,00	4.204,00	1.726,00
Verlust	–1.392,00	–1.092,00	–300,00
Ergebnis	4.538,00	3.112,00	1.426,00
Profit Factor	4,26	3,85	5,75
Profitabilität	61,34 %	56,10 %	72,97 %

Tabelle 35: Auswertung 16.08.2007

Tag 5 – Freitag, 17. August 2007

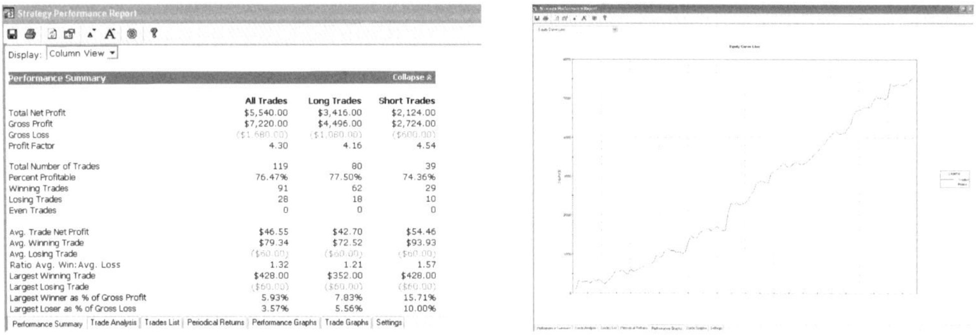

	All Trades	Long Trades	Short Trades
Total Net Profit	$5,540.00	$3,416.00	$2,124.00
Gross Profit	$7,220.00	$4,496.00	$2,724.00
Gross Loss	($1,680.00)	($1,080.00)	($600.00)
Profit Factor	4.30	4.16	4.54
Total Number of Trades	119	80	39
Percent Profitable	76.47%	77.50%	74.36%
Winning Trades	91	62	29
Losing Trades	28	18	10
Even Trades	0	0	0
Avg. Trade Net Profit	$46.55	$42.70	$54.46
Avg. Winning Trade	$79.34	$72.52	$93.93
Avg. Losing Trade	($60.00)	($60.00)	($60.00)
Ratio Avg. Win:Avg. Loss	1.32	1.21	1.57
Largest Winning Trade	$428.00	$352.00	$428.00
Largest Losing Trade	($60.00)	($60.00)	($60.00)
Largest Winner as % of Gross Profit	5.93%	7.83%	15.71%
Largest Loser as % of Gross Loss	3.57%	5.56%	10.00%

Abbildung 104: Performance Report und Performance Graph, 17.08.2007

Tagesauswertung	Gesamt	Long	Short
Gewinn	7.220,00	4.496,00	2.724,00
Verlust	–1.680,00	–1.080,00	–600,00
Ergebnis	5.540,00	3.416,00	2.124,00
Profit Factor	4,30	4,16	4,54
Profitabilität	76,47 %	77,50 %	74,36 %

Tabelle 36: Auswertung 17.08.2007

Im Folgenden wird die Auswertung der Woche präsentiert:

Wochenauswertung	Gesamt	Long	Short
Gewinn	28.297,00	18.369,00	9.928,00
Verlust	–7.226,00	–4.515,00	–2.711,00
Ergebnis	21.071,00	13.854,00	7.217,00
Profit Factor	3,92	4,07	3,66
Profitabilität	69,35 %	68,53 %	70,95 %

Tabelle 37: Wochenauswertung 13. – 17.08.2007

Anhang 1

Rendite WP 1:

$$(27)\quad \mu_1 = 0,2 \cdot 8\% + 0,2 \cdot (-16\%) + 0,2 \cdot 42\% + 0,2 \cdot 0\% + 0,2 \cdot 26\% = 12\%$$

Rendite WP 2:

$$(28)\quad \mu_2 = 0,2 \cdot 10\% + 0,2 \cdot 8\% + 0,2 \cdot 2\% + 0,2 \cdot (-4\%) + 0,2 \cdot 24\% = 8\%$$

Risiko WP 1:

$$(29)\quad \sigma_1 = \sqrt{0,2 \cdot (8\% - 12\%)^2 + 0,2 \cdot (-16\% - 12\%)^2 + 0,2 \cdot (42\% - 12\%)^2 + 0,2 \cdot (0\% - 12\%)^2 + 0,2 \cdot (26\% - 12\%)^2} \approx 20,199\%$$

Risiko WP 2:

$$(30)\quad \sigma_2 = \sqrt{0,2 \cdot (10\% - 8\%)^2 + 0,2 \cdot (8\% - 8\%)^2 + 0,2 \cdot (2\% - 8\%)^2 + 0,2 \cdot (-4\% - 8\%)^2 + 0,2 \cdot (24\% - 8\%)^2} \approx 9,381\%$$

Anhang 2

Kovarianz:

$$(31)\quad Cov_{12} = 0,2 \cdot (8\% - 12\%) \cdot (10\% - 8\%) + 0,2 \cdot (-16\% - 12\%) \cdot (8\% - 8\%) + 0,2 \cdot (42\% - 12\%) \cdot (2\% - 8\%) + 0,2 \cdot (0\% - 12\%) \cdot (-4\% - 8\%) + 0,2 \cdot (26\% - 12\%) \cdot (24\% - 8\%) \approx 0,0036$$

Korrelationskoeffizient:

$$(32)\quad Corr_{12} = \frac{0,0036}{0,20199 \cdot 0,09381} \approx 0,18999$$

Anhang 3

Anteil WP1	Anteil WP2	Rendite μ	Risiko σ
0 %	100 %	8,00 %	9,38 %
10 %	90 %	8,40 %	9,05 %
20 %	80 %	8,80 %	9,17 %
30 %	70 %	9,20 %	9,74 %
40 %	60 %	9,60 %	10,69 %
50 %	50 %	10,00 %	11,92 %
60 %	40 %	10,40 %	13,35 %
70 %	30 %	10,80 %	14,93 %
80 %	20 %	11,20 %	16,62 %
90 %	10 %	11,60 %	18,38 %
100 %	0 %	12,00 %	20,20 %

Tabelle 38: Rendite-Risiko-Verhältnisse verschiedener Wertpapiermischungen

Anhang 4

Das Risiko eines beliebigen Portfolios mit n verschiedenen Wertpapieren

$$(33) \quad \sigma_p^2 = \sum_{i=1}^{n} \sum_{j=1}^{n} x_i \cdot x_j \cdot Cov_{ij}$$

ist zu minimieren unter der Nebenbedingung, dass die gesamte Anlagesumme investiert wird:

$$(34) \quad \sum_{i=1}^{n} x_i = 1$$

Die Varianz des Portfolios ist nun nach den Gewichten der einzelnen Wertpapiere partiell abzuleiten und Null zu setzen. Es ergeben sich folgende Formeln für die Portfoliovarianz:

$$(35) \quad \sigma_p^2 = x_1^2 \cdot \sigma_1^2 + x_2^2 \cdot \sigma_2^2 + 2 \cdot x_1 \cdot x_2 \cdot Cov_{12}$$
$$= x_1^2 \cdot 0,0408 + x_2^2 \cdot 0,0088 + 2 \cdot x_1 \cdot x_2 \cdot 0,0036$$

Da die Gewichte der beiden Wertpapiere auf Grund der Nebenbedingung der Vollinvestition der Anlagesumme 100 Prozent betragen müssen, gilt:

$$(36) \quad x_2 = 1 - x_1$$

Somit können x_2 ersetzt und die Portfoliovarianz nach x_1 abgeleitet werden:

$$(37)\quad \frac{\partial \sigma_p^2}{\partial x_1} = 0,0816 \cdot x_1 - 0,0176 \cdot (1 - x_1) + 0,0072 - 0,0144 \cdot x_1$$

Diese erste Ableitung wird nun Null gesetzt, nach x_1 umgestellt, und man erhält folgende Gewichte für die beiden Wertpapiere im Minimum-Varianz-Portfolio:

$$(38)\quad x_1 = 12,264\%$$
$$x_2 = 87,736\%$$

Damit beträgt die erwartete Rendite des Portfolios:

$$(39)\quad \mu_p = 0,1226 \cdot 12\% + 0,8774 \cdot 8\%$$
$$\approx 8,49\%$$

Die Standardabweichung des risikominimalen Portfolios beträgt:

$$40)\quad \sigma_p = \sqrt{0,1226^2 \cdot 0,0408 + 0,8774^2 \cdot 0,0088 + 2 \cdot 0,1226 \cdot 0,8774 \cdot 0,0036}$$
$$\approx 9,03\%$$

Anhang 5

Die Renditequantifizierung für das Wertpapier 1 und den zugehörigen Index berechnet sich wie folgt:

Szenario z	p_z	WP 1	Index
1	20 %	8 %	6 %
2	20 %	–16 %	4 %
3	20 %	42 %	12 %
4	20 %	0 %	4 %
5	20 %	26 %	8 %
erwartete Renditen		12 %	6,8 %

Tabelle 39: Renditeerwartung von Wertpapier 1 und zugehörigem Index

Die Renditen wurden unabhängig voneinander für das Wertpapier 1 und den Index berechnet. Aus diesen Angaben kann nun die Regressionsgerade gebildet werden, indem die Wertepaare in ein Koordinatensystem eingetragen werden:

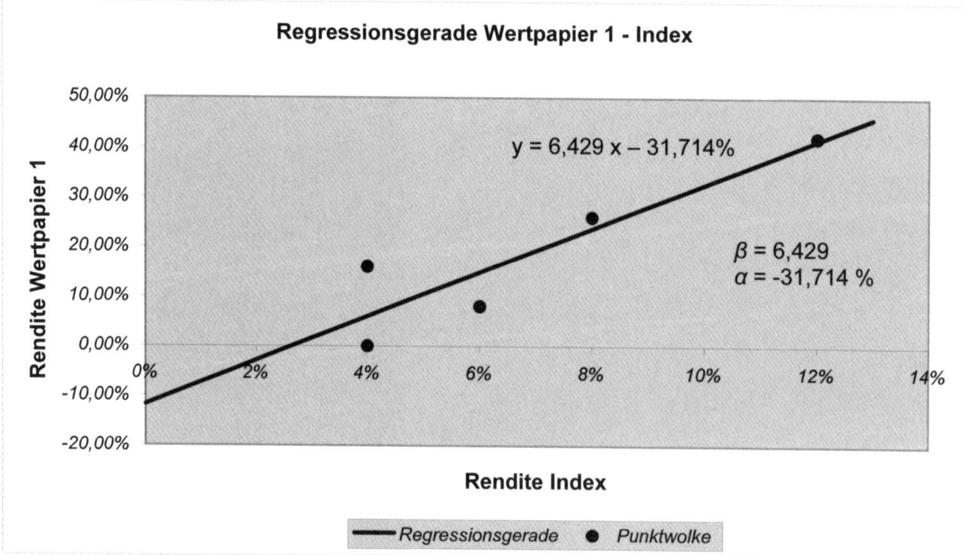

Abbildung 105: Punktwolke und Regressionsgerade zwischen Wertpapier 1 und Index

Damit ergibt sich die erwartete Rendite indexbezogen wie folgt:

$$(41)\quad \begin{aligned}\mu_1 &= \alpha_1 + \beta_1 \cdot \mu_I \\ &= -31{,}714\% + 6{,}429 * 6{,}8\% \\ &\approx 12\%\end{aligned}$$

Die Renditequantifizierung für das Wertpapier 2 und den zugehörigen Index berechnet sich wie folgt:

Szenario z	p_z	WP 2	Index
1	20 %	10 %	6 %
2	20 %	8 %	4 %
3	20 %	2 %	12 %
4	20 %	−4 %	4 %
5	20 %	24 %	8 %
erwartete Renditen		8 %	6,8 %

Tabelle 40: Renditeerwartung von Wertpapier 2 und zugehörigem Index

Die Renditen wurden unabhängig voneinander für das Wertpapier 2 und den Index berechnet. Aus diesen Angaben kann nun die Regressionsgerade gebildet werden, indem die Wertepaare in ein Koordinatensystem eingetragen werden:

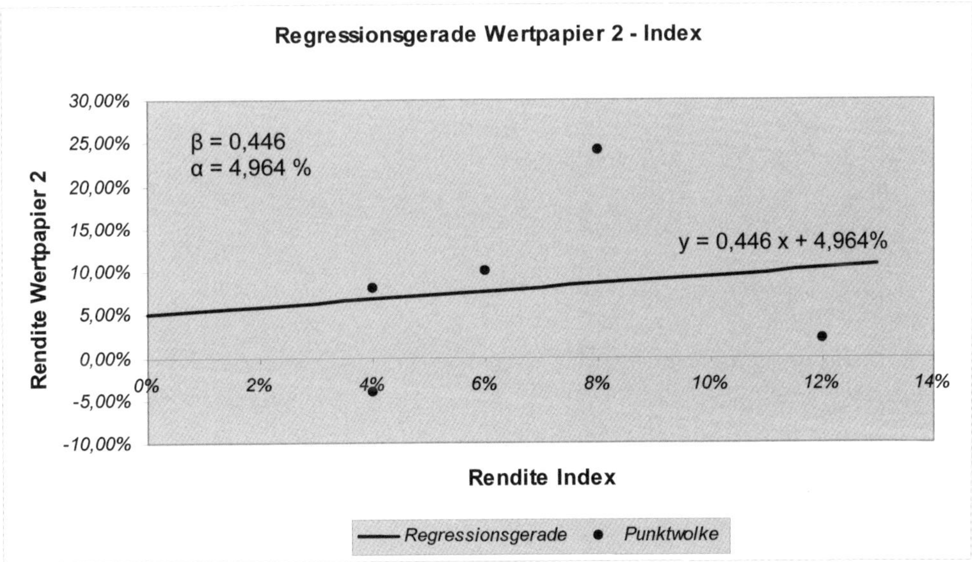

Abbildung 106: Punktwolke und Regressionsgerade zwischen Wertpapier 2 und Index

Damit ergibt sich die erwartete Rendite indexbezogen wie folgt:

$$(42)\quad \begin{aligned} \mu_2 &= \alpha_2 + \beta_2 \cdot \mu_I \\ &= 4{,}964\% + 0{,}446 * 6{,}8\% \\ &\approx 8\% \end{aligned}$$

Anhang 6

Die Standardabweichung als Risikomaß eines Wertpapiers ergibt sich aus dem Indexmodell nach der Formel 15. Dabei kann die Formel in den systematischen und den unsystematischen Teil zerlegt werden.

$$(15)\quad \sigma_i^2 = \beta_i^2 \cdot \sigma_I^2 + \sigma_{\varepsilon_i}^2$$

$\beta_i^2 \times \sigma_I^2$ = systematischer Teil
$\sigma_{\varepsilon_i}^2$ = unsystematischer Teil

Das systematische Risiko lässt sich mit den bereits ermittelten Werten berechnen. Für das unsystematische Risiko gilt die Formel 16:

$$(16)\quad \sigma_{\varepsilon_i}^2 = \frac{1}{z}\sum_{z=1}^{z}(r_z^i - \alpha_i - \beta_i \cdot r_z^I)^2$$

Die benötigten Inputdaten zur Berechnung des Risikos nach dem Indexmodell aus dem laufenden Beispiel sind in der folgenden Tabelle aufgeführt:

Szenario z	p_z	WP 1	WP 2	Index
1	20 %	8 %	10 %	6 %
2	20 %	−16 %	8 %	4 %
3	20 %	42 %	2 %	12 %
4	20 %	0 %	−4 %	4 %
5	20 %	26 %	24 %	8 %
β-Faktor		6,429	0,446	
α		−31,71 %	4,96 %	
Risiko				2,99 %

Tabelle 41: Inputdaten zur Risikoquantifizierung nach dem Indexmodell

Für das systematische Risiko ergeben sich folgende Werte:

	WP 1	WP 2
Rechnung	$6{,}429^2 \times 0{,}299^2$	$0{,}446^2 \times 0{,}299^2$
syst. Varianz	0,03703	0,00017

Tabelle 42: Berechnung des systematischen Risikos

Für das unsystematische Risiko ergeben sich folgende Berechnungen:

(43)

$$\begin{aligned}\sigma_{\varepsilon_1}^2 &= 0,2\cdot(0,08+0,3171-6,429\cdot0,06)^2+0,2\cdot(-0,16+0,3171-6,429\cdot0,04)^2+\\ &\quad 0,2\cdot(0,42+0,3171-6,429\cdot0,12)^2+0,2\cdot(0+0,3171-6,429\cdot0,04)^2\\ &\quad 0,2\cdot(0,26+0,3171-6,429\cdot0,08)^2\\ &= 0,00377\end{aligned}$$

(44)

$$\begin{aligned}\sigma_{\varepsilon_2}^2 &= 0,2\cdot(0,1-0,0496-0,446\cdot0,06)^2+0,2\cdot(0,08-0,0496-0,446\cdot0,04)^2+\\ &\quad 0,2\cdot(0,02-0,0496-0,446\cdot0,12)^2+0,2\cdot(-0,04-0,0496-0,446\cdot0,04)^2\\ &\quad 0,2\cdot(0,24-0,0496-0,446\cdot0,08)^2\\ &= 0,00862\end{aligned}$$

	WP 1	WP 2
unsyst. Varianz	0,00377	0,00862

Tabelle 43: Darstellung des unsystematischen beziehungsweise Residuenrisikos

Durch Addition der Teilrisiken wird das Gesamtrisiko basierend auf den Index berechnet. Die Ergebnisse müssen mit den bereits ermittelten Risiken für die Wertpapiere 1 und 2 übereinstimmen:

	WP 1	WP 2
Gesamtvarianz	0,0408	0,0088
Standardabw.	20,2 %	9,4 %

Tabelle 44: Ermittlung des Gesamtrisikos

Die Ergebnisse stimmen mit den vorher berechneten Werten überein.

Anhang 7

Die benötigten Daten zur Ermittlung der α-Werte, der β-Werte sowie der Renditen und Risiken von Portfolios sind im laufenden Beispiel:

	WP 1	WP 2
β-Faktor	6,429	0,446
α	−31,71 %	4,96 %
unsyst. Varianz	0,00377	0,00862
Indexvarianz	0,000896	

Tabelle 45: Inputdaten zur Ermittlung von α, β, Rendite und Risiko

Ermittlung der Portfolio-α und Portfolio-β:

Anteil WP 1	Anteil WP 2	$\alpha_P = \sum_{i=1}^{n} \alpha_i \cdot x_i$	$\beta_P = \sum_{i=1}^{n} \beta_i \cdot x_i$
0 %	100 %	4,96 %	0,446
10 %	90 %	1,30 %	1,044
20 %	80 %	−2,37 %	1,643
30 %	70 %	−6,04 %	2,241
40 %	60 %	−9,71 %	2,839
50 %	50 %	−13,38 %	3,438
60 %	40 %	−17,04 %	4,036
70 %	30 %	−20,71 %	4,634
80 %	20 %	−24,38 %	5,232
90 %	10 %	−28,05 %	5,831
100 %	0 %	−31,73 %	6,429

Tabelle 46: Portfolio-α und Portfolio-β bei unterschiedlicher Zusammensetzung des Portfolios

Ermittlung der Portfoliorenditen und Portfoliorisiken nach Formel 21:

$$(21)\quad \sigma_P = \sqrt{\sum_{i=1}^{n} x_i^2 \cdot \beta_i^2 \cdot \sigma_I^2 + \sum_{i=1}^{n} x_i^2 \cdot \sigma_{\varepsilon_i}^2 + \sum_{i=1}^{n}\sum_{j=1}^{n} x_i \cdot x_j \cdot \beta_i \cdot \beta_j \cdot \sigma_I^2}$$

Anteil WP 1	Anteil WP 2	$\mu_P = \alpha_P + \beta_P \cdot \mu_I$	σ_P
0 %	100 %	8,00 %	9,38 %
10 %	90 %	8,40 %	9,05 %
20 %	80 %	8,80 %	9,17 %
30 %	70 %	9,20 %	9,74 %
40 %	60 %	9,60 %	10,69 %
50 %	50 %	10,00 %	11,92 %
60 %	40 %	10,40 %	13,35 %
70 %	30 %	10,80 %	14,93 %
80 %	20 %	11,20 %	16,62 %
90 %	10 %	11,60 %	18,38 %
100 %	0 %	12,00 %	20,20 %

Tabelle 47: Portfoliorendite und Portfoliorisiko bei unterschiedlicher Portfoliozusammensetzung

Anhang 8

Erwartete Inputdaten zu den beiden weltweit einzig existierenden Wertpapieren:

	WP 1	WP 2
erwartete Rendite	12 %	8 %
Standardabweichung	20,2 %	9,4 %
Varianz	0,0408	0,0088
Korrelation	0,19	
Kovarianz	0,0036	

Tabelle 48: Erwartete Rendite und Risikoparameter für Wertpapiere 1 und 2

Die Gewichte der beiden Wertpapiere im Tangentialportfolio ermitteln sich wie folgt:

$$\begin{aligned} 12\% - 7\% &= Y_1 \cdot 0,0408 + Y_2 \cdot 0,0036 \\ 8\% - 7\% &= Y_1 \cdot 0,0036 + Y_2 \cdot 0,0088 \end{aligned} \tag{45}$$

$$\rightarrow \quad \begin{aligned} Y_1 &= 116,7 \\ Y_2 &= 65,8 \end{aligned}$$

Somit setzt sich das Tangentialportfolio aus den folgenden Anteilen zusammen:

$$\begin{aligned} x_1 &= \frac{116,7}{116,7 + 65,8} \approx 63,92\% \\ x_2 &= \frac{65,8}{116,7 + 65,8} \approx 36,08\% \end{aligned} \tag{46}$$

Aus diesen Angaben lassen sich nun Renditeerwartung und Risiko berechnen:

(47) $$\sigma_P = \sqrt{0,6392^2 \cdot 0,0408 + 0,3608^2 \cdot 0,0088 + 2 \cdot 0,6392 \cdot 0,3608 \cdot 0,0036}$$
$$\approx 13,96\%$$

(48) $$\mu_P = 0,6392 \cdot 12\% + 0,3608 \cdot 8\%$$
$$\approx 10,56\%$$